西南大学伊朗研究系列丛书

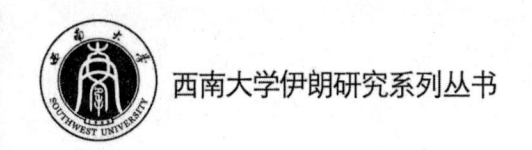

当代伊朗人文地理研究

A Human Geographical Study of Contemporary Iran

一个东西方文化交融、互动的文明古国 & 一个恪守传统、向现代化迈进的地区大国

杨珊珊 杨兴礼 冀开运 陈俊华 刘 苏◎著

时事出版社
北 京

图书在版编目（CIP）数据

当代伊朗人文地理研究/杨珊珊等著 . —北京：时事出版社，2018.2
ISBN 978-7-5195-0135-8

Ⅰ.①当… Ⅱ.①杨… Ⅲ.①人文地理—研究—伊朗—现代 Ⅳ.①K937.3

中国版本图书馆 CIP 数据核字（2017）第 239948 号

出 版 发 行：	时事出版社
地　　　　址：	北京市海淀区万寿寺甲 2 号
邮　　　　编：	100081
发 行 热 线：	（010）88547590　88547591
读 者 服 务 部：	（010）88547595
传　　　　真：	（010）88547592
电 子 邮 箱：	shishichubanshe@ sina.com
网　　　　址：	www.shishishe.com
印　　　　刷：	北京朝阳印刷厂有限责任公司

开本：787×1092　1/16　印张：17.75　字数：300 千字
2018 年 2 月第 1 版　2018 年 2 月第 1 次印刷
定价：110.00 元

（如有印装质量问题，请与本社发行部联系调换）

目　录

第一章　高原为主的地形　/ 1
　　第一节　喜马拉雅运动奠定的地质基础　/ 2
　　第二节　四周的褶皱山地　/ 4
　　第三节　中央盆地和低山　/ 10
　　第四节　南北边缘的狭窄平原　/ 11
　　第五节　地形对人类活动的影响　/ 13

第二章　暖温带大陆性气候　/ 27
　　第一节　风系和风向　/ 27
　　第二节　气温和气压　/ 28
　　第三节　降水和地表水系　/ 32
　　第四节　气候对人类活动的影响　/ 37

第三章　中东的世界文明古国　/ 40
　　第一节　中东的人口大国　/ 40
　　第二节　波斯族为主的多民族国家　/ 56
　　第三节　悠久的历史　/ 61

第四章　伊斯兰政治模式　/ 71
　　第一节　当代伊朗政治体制与结构　/ 71
　　第二节　伊朗政治体制中的伊斯兰因素　/ 78
　　第三节　伊朗政治体制对社会经济的影响　/ 81

第五章　当代中东的经济大国 / 84

第一节　伊朗经济在中东的地位 / 84

第二节　伊朗综合经济实力与发展潜力 / 91

第三节　伊朗产业部门地理 / 114

第四节　伊朗经济发展的地理基础 / 155

第六章　伊朗伊斯兰文化 / 160

第一节　伊斯兰文明在伊朗的萌生与发展 / 160

第二节　伊斯兰教与伊朗伊斯兰文化的关联与特征 / 165

第三节　伊朗伊斯兰文化的空间扩展 / 173

第七章　国际环境对伊朗经济社会发展的影响 / 183

第一节　"国际通道"上的地理位置 / 183

第二节　伊斯兰革命时期的国际环境 / 184

第三节　两伊战争时期的国际环境 / 186

第四节　伊朗核问题及伊核协议以来的国际形势 / 187

第五节　国际环境带给伊朗的机遇和挑战 / 190

第八章　六大人文地理区域 / 196

第一节　发展水平最高的首都核心区 / 196

第二节　发展水平较高的西部地区 / 206

第三节　里海沿岸传统农耕经济地理区 / 211

第四节　滞后的南部地区（南部沿海陆海经济地理区） / 213

第五节　发展中的中部地区 / 218

第六节　待开发的东部地区 / 221

第九章　伊朗与中国合作的人文地理前景 / 224

第一节　伊朗在"新丝绸之路"上的地位与作用 / 224

第二节　伊朗与中国的利益契合点 / 226

第三节　伊朗与中国的合作现状　/ 234

第四节　伊朗与中国合作的人文地理前景　/ 269

主要参考文献　/ 272

后记　/ 276

第一章 高原为主的地形

伊朗是伊朗伊斯兰共和国的简称，面积约 164.8 万平方千米[①]，居中东第四位（次于阿尔及利亚、沙特、利比亚）。国土绝大部分位于 25°N—40°N、44°E—63°E 之间，边界线总长约 4500 千米，其中海疆长 2400 多千米。

伊朗国土大部分位在亚洲西南部的伊朗高原的中部和西部，高原的东部、东南部主要是阿富汗和巴基斯坦。把伊朗高原谓之"高原"，一是有山地四周环绕，使高原形成封闭的盆地形势；二是高原内部地形复杂多变：有高原，有山地，也有平原，还有盆地、沟谷和丘陵，山地和沟谷相间分布，排列大多比较规则。

因此，其地形特征主要表现为：一是伊朗的北部、西部—西南部边缘分别围绕着高峻连绵的塔利什山—厄尔布尔士山脉、扎格罗斯山脉，两列山系向西北延伸，与高加索山脉等汇聚成亚美尼亚高原（山结），形成地势高峻的伊朗西北部高原山地，东部主要是呼罗珊盆地、卢特荒漠和锡斯坦盆地，但是这些盆地和荒漠的东侧，则是西北—东南向的科比特山系、几近南北向的萨尔哈德高原，南部则是大致东西向、并与海岸平行的莫克兰丘陵（高地）；伊朗高原内部的中北部分布有广阔的卡维尔盐漠，这些盆地、荒漠、盐漠之间多有山脉阻隔。二是封闭型高原盆地中，又分布着众多大小不一、走向各异的山脉、盆地，形成山中有山、盆中套盆的地貌形态，其中，与主体山脉扎格罗斯山脉走向大致平行、同样西北—东南走

[①] 此数据源自 Country Profile 1987-1988、赵国忠主编：《简明西亚北非百科全书》，中国社会科学出版社，2000 年版，第 512 页；范毅、周敏主编：《世界地图集》，中国地图出版社，2005 年版，第 234 页，则标为"1645000 平方千米"。

向的库赫鲁德山是扎格罗斯山系的分支，其气势恢宏、绵长、庞大的山体，又被分割成众多的小山系，其间沟谷遍布，山麓、沟谷、盆地成为伊朗人民自古生活劳作的宜居之地。在扎格罗斯山脉西南侧是胡泽斯坦平原和阿曼湾沿岸平原（波斯湾沿岸平原），厄尔布尔士山脉北侧则是里海沿岸平原①，这些地方是伊朗主要的平原分布区。

受到纬度位置、海陆位置的影响，伊朗气候属于温带、亚热带干旱大陆性气候，东部和内陆属于亚热带草原和沙漠气候，冬冷夏热，干燥少雨是其显著特征；西部山区多属地中海式气候，北部地区的里海南岸气候温和湿润。伊朗土地资源比较丰富，矿产资源主要有石油、天然气、铜矿、锌矿、铬矿、大理石、煤矿、铀矿等，其中石油、天然气资源的储量、产量和出口量都具有世界意义。② 通常情况下，伊朗还是世界上鱼子酱、藏红花、开心果的最大生产国和主要出口国之一。

第一节 喜马拉雅运动奠定的地质基础

喜马拉雅运动是发生在新生代的地壳运动的统称，主要是第三纪的褶皱运动，这次运动导致了新生代及其之前的地层发生褶皱、断裂和变质，影响的地区广达地中海沿岸、高加索地区、伊朗高原、喜马拉雅山系、缅甸西部、马来半岛、苏门达腊岛、爪哇岛，再折向东亚岛弧的中国台湾岛、菲律宾群岛、日本列岛、堪察加半岛③，与太平洋东岸的科迪勒拉山系一起，形成了几乎环绕全球的现代新构造运动活跃区，即全球火山地震多发区。伊朗高原地处中东地区北层，位于亚美尼亚高原、帕米尔高原、印度河平原与美索不达米亚平原之间。这里是环球新构造运动与火山地震活跃和集中分布地区的组成部分，地质构造复杂，新构造运动强烈，褶皱山地环绕四周。伊朗高原和四周山地主要形成于从中生代到新生代的阿尔卑斯运动以及其后的多次地质构造运动。扎格罗斯山西北部主要由一系列

① 贝达棣：《伊朗》，商务印书馆，1974年版，第9—28页。
② 范毅、周敏主编：《世界地图集》，中国地图出版社，2005年版，第84、85、234页。
③ 刘德生主编：《世界地理》，高等教育出版社，1992年版，第53页。

上白垩系、中新统、上新—更新统的地块组成，受到过强烈的扰动、断裂、差别挠曲的影响，断裂和岩层变位导致岩浆大量上升形成了显著的褶皱构造和高峰群①，断裂谷地、陷落盆地分布比较广泛，"阶梯地形"特征也比较明显。阿拉斯河谷就是在几个地堑或断层槽地之上由河流侵蚀而成的，其河谷具有开阔部分与狭窄部分交替出现的状况；内陆咸水湖乌米耶湖湖盆就是一个巨大的陷落盆地，而萨瓦兰山、萨罕德山、土耳其境内的大阿勒山山峰则是巨大的火山锥②。受新构造运动的影响，伊朗北部和西部地区正是当今的地震多发区。

加兹温—哈马丹公路一线以南到布什尔是扎格罗斯山的主体部分，这里的山系大都比较规则地呈西北—东南走向平行排列，它们主要是褶皱构造的产物。山系的东侧由于碰到伊朗高原内陆比较稳定地块的阻挡，形成了迭瓦构造和大面积的上冲断层，因而山系东缘地势较高、地貌崎岖、走向复杂，山系西缘则是地势较低、比较开阔的山麓地带。

扎格罗斯山南部是指卡伦河流域和阿巴斯港之间的地区。本区主要岩层是上中生界（主要是白垩纪的）和下第三系（主要是中新统）的岩层，山脉仍然大致呈西北—东南走向，但是山脊比较分散，成为"指状高地"，向斜构造低地出现了近期沉积和风成沉积，并且越向南边，山脉的走向也越呈东西走向，还出现了大规模的盐栓和岩穹③。

阿尔卑斯运动以前，现今伊朗高原与安纳托利亚高原、亚美尼亚高原、两河流域、波斯湾及其周围地区都是浩瀚的古地中海（或称特提斯海）的组成部分。新生代（包含第三纪、第四纪，始于约6700万年前）中期开始的新阿尔卑斯运动使古地中海海槽发生强烈褶皱上升，海水逐渐退出，形成横贯东西的安纳托利亚高原、亚美尼亚高原和伊朗高原，亚美尼亚高原还是火山众多、新期喷发和褶皱山地遍布的典型地区。

伊朗高原南北两侧，由于受到其西南面阿拉伯古陆台、东南面印度古陆台、北面亚洲古陆台的阻挡、顶托和挤压，形成了弧形的、几列大致平

---

① ［英］W. B. 费舍尔主编，北京大学地质地理系经济地理专业译：《伊朗》，北京人民出版社，1977年版，第4页。
② ［英］W. B. 费舍尔主编，北京大学地质地理系经济地理专业译：《伊朗》，北京人民出版社，1977年版，第5页。
③ ［英］W. B. 费舍尔主编，北京大学地质地理系经济地理专业译：《伊朗》，北京人民出版社，1977年版，第17—19页。

行的褶皱山系，使南北两侧的巨大山系大致朝东西向延伸，对伊朗高原形成弧形包围，西部在亚美尼亚高原处逐渐收敛（与托罗斯山系和高加索山系渐渐汇成亚美尼亚山结）、东部在帕米尔高原收敛（南侧山系受到印度古陆台顶托转向东北成为苏莱曼山脉，与北侧的兴都库什山脉汇聚成帕米尔山结），因此，高原的东南西北四面边缘都形成了高大绵延的褶皱山系，中间则发育了广阔的、地块状的、地貌类型多样的高原：纵横交错的中高山将高原分隔成几个较封闭的大盆地——如卡维尔荒漠盆地、卢特荒漠盆地、锡斯坦盆地（赫尔曼德河低地）以及众多的山间盆地。

依据地理区位、地形特征，伊朗国土大致可以分为西部—西南部山地、北部山地、东部山地和内陆盆地状高原四大部分地形区。

第二节 四周的褶皱山地

一、西北—东南走向的山地——扎格罗斯山系：伊朗高原的西缘长城

扎格罗斯山系长约2000千米，宽约400—600千米，海拔一般2000米以上，是伊朗高原西面和西南面的屏障，也是伊朗高原西部主要的构造骨架，它北接亚美尼亚高原，呈西北—东南方向延伸，南到霍尔木兹海峡转而向东西延伸，伊朗境内的扎格罗斯山地约占伊朗国土的一半。扎格罗斯山地大致可以分为三段：

西北段：加兹温—哈马丹—克尔曼沙赫一线以北的西北部山地，是扎格罗斯山和厄尔布尔士山两大山系汇集的山结，平均海拔3000米左右，由一系列高峻险陡的中生世、新生世褶皱山脉以及众多的台地和陷落盆地组成，包括伊朗境内的从北向南、向东倾斜的亚美尼亚熔岩高原区。山峰高度一般在2100—2800米之间，最高峰为海拔4821米的萨瓦兰山。由于多断裂谷地和陷落盆地，加之本区降水较多且时间集中，河流在裂谷中发育，雨水侵蚀和流水切割强烈，山原面因此变得破碎崎岖、山峰高耸、峡谷幽深，著名的陷落盆地有乌米尔耶湖（原名雷扎耶湖）盆地、霍伊低地、阿尔德比勒盆地等，阿拉斯河谷、阿哈尔河谷等则是典型的断层谷地。因为雨水侵蚀和河流冲积，加上近期火山活动，易于抵御寒风，降水

比较充沛的一些高地成为良好的牧区,而在这些河谷低地、盆地,因为土壤比较深厚肥沃、水草丰满,成为伊朗农业最早发展、规模最大,除里海低地以外的主要农耕地区和传统农牧业发达的地区。

扎格罗斯山区的牧民多数是定居的居民,他们常与低地的耕作业相联系。但是西部山区的库尔德牧民,主要进行游牧和季节性移牧,有时越界进入土耳其或伊拉克,有时进入偏东的木甘草原。

中段:本段从加兹温—哈马丹—克尔曼沙赫开始,向东南延伸到霍尔木兹海峡,长约1000千米,宽300—400千米,是扎格罗斯山脉的主体,由一系列西北—东南走向、平行排列的褶皱山体组成,海拔4547米的扎尔德山(Zard Kuh)是其最高峰。平行排列的山体在北部排列比较紧凑,向南则逐渐展开,山系主轴走向也逐渐由直线变成弧形。整个山体的东缘地势较高,地表崎岖,西部地势较低,逐渐向美索不达米亚平原倾斜并融为一体。扎格罗斯山愈向东南靠近霍尔木兹海峡,山系就越分散,走向也愈近于东西向,并逐渐降落为起伏不大的高地——莫克兰丘陵,降水也更趋稀少,致使大规模的盐栓和岩穹普遍出现。本区北部,降水稍多,因而形成了较多的河流和深窄的峡谷,当逼近底格里斯河或波斯湾时,谷地则变得比较开阔;本区南部,降水较少,河流短小,大多变成消失在封闭盆地或谷地中的间歇河,即便上游是大河的卡尔黑河,其大部分河水最终也消失在阿瓦士和阿马拉之间的沙地和沼泽中。中段山区的气候,冬季严寒,夏季炎热,裸岩和峡谷广布,但仍有大片的林地,林地之上还有高山草地,冲积土堆积而成的河谷盆地也发展了耕作业,在比较宽敞、肥沃的迪兹河上游谷地和卡伦河流域,从山上到谷地分布着高山牧场、零散林地、冲积阶地、山麓和谷底草场。使得移牧、游牧和耕作业自古以来同时发展,因而本区农耕活动以牧业为主,牧耕结合,规模较小,与外界比较隔绝,是移牧和半游牧盛行的地区。在石油工业及其相关工业迅速兴起的影响下,古老的部族生活迅速衰落,当地居民大量外出,受雇于工业。但在僻远的、两岸陡峭狭窄的基尔散河上游谷地、梅赫兰河流域和佐赫雷河谷地,氏族部落的社会形态却很难消除。

受到历届政府鼓励游牧民定居的政策,加之本区是通往伊拉克的重要通道也是伊朗最重要的石油产区等因素的影响,20世纪20年代以来,游牧民定居的规模和发展速度都比过去快得多,人们比较集中的居住在用石头修筑的坚固的永久性村庄中，以众多小群体为基础的氏族组织是本区社会经济生活的重要特征。

东段：是位于扎格罗斯山系主体部分以东并与之平行的库赫鲁德山，长约900千米，宽100—200千米，海拔2000—3000米，年降水量100—300毫米。库赫鲁德山主体也分为几支，呈西北—东南走向，地表切割不强，起伏比较和缓，中南部有比较开阔的山间盆地，山地有森林牧场，山麓与绿洲是经济活动活跃和人口集中居住的地区。

二、伊朗高原的北部屏障——厄尔布尔士山系

厄尔布尔士山脉构成北部山地的主体，山系平均高度超过3000米。死火山锥德马万德峰是厄尔布尔士山的最高峰，也是伊朗境内的最高峰，海拔5671米[1]。北部山地是伊朗最重要的森林区，水利资源丰富。

厄尔布尔士山系紧靠里海南岸，呈弧形东西方向延伸，山系西起阿斯塔拉，东到伊朗东北部的贾杰鲁姆，越过峡谷可到古昌城和马什哈德城，长约1000多千米；从东向西主要由阿拉姆山、德马万德山、高达尔高达克山、鲁延山、沙赫山等组成[2]，把中央高原和里海隔开，成为伊朗高原的北部壁障；山系最宽处约130千米，最窄处约60千米，平均宽度约100千米。由于山系较窄和雨水冲刷、河流切割强烈，厄尔布尔士山势险峻，特别是其北坡非常陡峭崎岖，仿佛是从里海南岸平原上升起来的一面又高又长的墙壁，虽然其间也有几条峡谷穿过；但是在其南侧，则比较平缓地下降，经过山麓、坡地，再下降到平坦的荒漠。

厄尔布尔士山系的西北段为西北—东南向的狭长的塔利什丘陵（或称塔利什山），海拔2000米左右，流水切割比较严重，流入里海的格泽勒乌赞河在山的主体处切割出了一条长约2千米、宽百余米的峡口，然后急转弯约90度向北流去。由于本区靠近海岸处，藤本植物茂密，水道众多，土质粘重，疟疾流行，给经济活动造成了较大困难，只有卡尔甘河流域，因为盆地比较开阔，成为当地最大的耕作区。厄尔布尔士山系的中段和东段

---

[1] 范毅、周敏主编：《世界地图集》，中国地图出版社，2005年版，第84—85页。
[2] ［英］W. B. 费舍尔主编，北京大学地质地理系经济地理专业译：《伊朗》，北京人民出版社，1977年版，第26页。

是山系的主体，在卡拉季—恰卢斯以东变得最宽，三列主要山脊夹着不规则的高原面，高耸的德马万德火山锥终年积雪，山峰、高地之间镶嵌着峡谷、盆地，峡谷、山口成为穿越山链的通道。首都德黑兰就位于厄尔布尔士山中段南麓海拔1220米的地方。在较高处的山坡或山麓上，常见小村庄式的居民点。山系再向东延伸，高度降低了，走向也更不规则，到戈尔甘以东，厄尔布尔士山山系便逐渐消失在起伏的高原面之中，被其他山地取而代之了。

由于厄尔布尔士山大多逼近里海岸边，沿海平原狭窄，加之北坡多雨，雨水和河流切割严重，所以，山地北坡多茂密森林，南坡则缓慢倾向内陆高原，在经过陡崖和台地处仍然显得比较陡峭，广布灌木丛。里海沿岸平原东西长约800千米，南北宽度从几千米到几十千米，由里海退缩和源出厄尔部尔士山的河流冲积而成，土质肥沃，适于农业。

三、东部和东南部高地

科彼特山、哈扎尔马斯杰德山北起伊朗东北与土库曼斯坦交界处，向南经过比纳卢德山、普什特山、加恩山—比尔兼德高原，到东南部靠近巴基斯坦的萨尔哈德高原及塔夫坦山，并连接霍尔木兹海峡以东的莫克兰高地。

（一）东部山地和高原

东部山地—高原大致西北—东南向延伸，长约1300千米，宽约300千米，实际上是山地—高原—盆地相间分布的地区，山链破碎，山地分散且不规则，地表的切割和起伏较小，但是盆地、低地的海拔大都在1000米以上。远离国家经济文化中心的位置和干燥的气候加剧了本区经济活动和与外界交往的困难。然而，在科彼特山北部和西北部，在那些地形开阔又面对西来湿润气流的地方，雨量比较充沛，因而牧草茂盛、灌丛浓密，还有小片树林出现；北部一些河谷（例如，自东南向西北流进里海的阿特拉克河）和冲击扇上，发展了灌溉农业。出于安全原因，当地人们选择在位置较高且不易通达的山谷中定居。向南，由于雨量减少，牧场和耕地也在减少，谷地作为重要的交通线而发展起来一些小市镇，如古昌、希尔万、搏季努尔德等。东北部最大城市马什哈德的发展，不仅因其座落在山间盆地中，更是因其位于伊朗东北部通往中亚、阿富汗和伊朗东南部的便捷通道上，长期作为商队歇脚之处和贸易中心以及什叶派的朝圣中心发展起来，但是因为缺乏雨水，马什哈德只能依靠坎儿井和泉水提供饮水和灌溉。

（1）东部山地。位于伊朗东北部的北呼罗珊省、呼罗珊省地区，从北往南有科彼特山、古卢勒山、阿拉胡阿克巴尔山、哈扎尔马斯杰德山等山脉组成山系的外列，内列山系则由厄尔布尔士山系向东南方向延伸而来的阿拉山、比纳卢德山、普什特山等组成[①]；从马什哈德盆地向南进入南呼罗珊省，接踵而至的是苏尔克山、比贾克山、赫瓦夫山等组成的高地，在这些山地之间有几块平地，其底部有时是卡维尔（盐漠），有时是比较低平的沙（砂）质平原，最低处是东面靠近阿富汗的名叫纳马克萨尔湖的湖盆低地，是一些海拔600—800米左右的盐质沙漠，但居民大多居住在海拔1300—1700米左右的地方，这个高程正是本地多数地区的平均海拔高度。

（2）高原。再向南是加恩—比尔詹德高地，是由众多的山脊和几块比较低平的盐质荒漠（或称"卡维尔"）和沙质平原组成，由卡拉特山、赫瓦杰山、巴巴兰山、沙赫山等组成[②]，其东南，是低平的赫尔曼德盆地（锡斯坦）；再向南，则与萨尔哈德高原相接。这些盐质低地多是寸草难生且多尘沙的不毛之地；较高的地方多西北风，夏季干旱冬天寒冷，只有在海拔1300米左右的地方易于受湿润气流影响，有较茂密的牧草和树木，易于小块耕种，永久性居民点规模小而且数量少，多分布在这些高地以及河流附近绿洲般的小块耕地上。加延和比尔詹德是本区最大的城镇。

再向南就是萨尔哈德高原，海拔4045米的塔夫坦山是其最高峰。它是一个至今仍在活动的巨大火山锥，离火山锥较远的高地则呈现出缓倾或平坦的地势。塔夫坦山实际上把萨尔哈德高原分成两部分，北面的叫扎黑丹高原，多山脊，也有比较平坦、广阔的高原面；南面的是由岩屑填充宽谷而形成的哈什盆地。哈夫坦山坡冬春时节草地繁茂，是季节性的山地牧场，还有小块耕地；扎黑丹高原上的谷地，可以用山峰积雪或地下水作为

---

① ［英］W.B.费舍尔主编，北京大学地质地理系经济地理专业译：《伊朗》，北京人民出版社，1977年版，第43—44页。
② ［英］W.B.费舍尔主编，北京大学地质地理系经济地理专业译：《伊朗》，北京人民出版社，1977年版，第50—51页。

水源，堆积的岩屑发育成宜耕的土壤，因而形成了以坎儿井灌溉农业为主、畜牧业为辅的拉迪兹、扎黑丹等农业"绿洲"和交通中心；南面的哈什平原，因其地下水比周围地区更加丰富而稳定、岩屑土层更厚，加之利用畜粪施肥，使之成为伊朗南部农业生产条件最好的小块地区之一。

在加延—比尔詹德高地与萨尔哈德高原之间，有一块面积比较广阔、呈椭圆形的陷落低地—锡斯坦盆地（或称赫尔曼德盆地），面积约35万平方千米，但是大部分位于阿富汗境内。盆地中的赫尔曼德湖全部位于伊朗境内，另一个湖泊萨比里湖则位于伊朗—阿富汗边界两侧，湖的北部属于阿富汗，南部属于伊朗，较小的普扎克湖也位于阿富汗。赫尔曼德河、哈什河、法腊河、舒尔河等河流分别从东、北、西三面汇集于此，赫尔曼德湖通过沙格拉河与地势更低的高德济雷盐沼相连，由于蒸发旺盛、降水稀少、降水年变率和季节差异大，湖面也因此变化不定。虽然部分湖沼地区适宜于农耕和畜牧业，但是由于本区盛行剧烈、干燥的"120日风"（每年5—10月，经常盛行于锡斯坦盆地及其周围地区的夏季风，该风干燥炎热，风力猛，吹蚀强，刮走地表土壤和砂石，毁坏作物和建筑物，加剧地面蒸发，危害很大），大大限制了土地的利用和农作物的生长，因而这里的农耕大多以冬季作物为主。然而，对于"水比油贵"的伊朗高原来说，锡斯坦盆地丰沛的地表水资源无疑是其经济发展的优势，如果解决了交通问题以及地表盐分过重问题，该地区将不再是偏僻之地，如果采用现代技术进行综合治理和开发，并与阿富汗开展互惠的国际合作，锡斯坦的未来是大有希望的。

（二）莫克兰高地

莫克兰高地又称"密克兰""密克隆"海岸山地，西起阿巴斯港附近，北到哈利勒河—伊朗沙赫尔，向东进入巴基斯坦境内，南到阿拉伯海北岸，包括伊朗东南部的霍尔木兹甘省、克尔曼省、锡斯坦—卑路支省等三省的南部。实际上，本区是扎格罗斯山系折向东西方向延伸后的褶皱山系和丘陵。总体上，山体宽200—350千米，山系和高地基本上都是东西向走向，并且与海岸线平行，少部分地区海拔在1500—2000米，多数地区海拔1500米以下；沿海有宽30—100千米的平原，海拔不到1000米，从沿海向北（内陆），海拔升高到2000米以上，比较绵长的巴沙吉尔德山脊构成莫克兰高地的北缘①，向斜谷、背斜山、山谷相间的地貌特征比较常见。本区雨量较少，且多以暴雨形式在短时间内降落，气温年较差达40°C以上，加之强烈的"120日风"，地表因此遭受严重的侵蚀，干旱和洪灾时常相伴而来，给农牧业生产造成困境，在灌溉条件较好的地区或山间牧场，才有规模不大、比较粗放的分散耕地和畜牧业。

第三节 中央盆地和低山

伊朗的中央盆地是伊朗高原的西部主体，实际上是高原内部一个比较封闭的高原型盆地，有学者称其为"中央荒漠盆地"②，其中盆地、高地、丘陵、低山都有分布，因为整体海拔较高，也被叫作中央高原。

伊朗的中部是伊朗高原的内陆，群山环抱，形成了周高中低的盆地状中央高原，总面积近80万平方千米，平均海拔800—1000米，高原内部地表起伏比较和缓，基本保留了高原面的特色，其间，一些海拔2000—3000米或者更高的山链、分水岭又把它分成了南北两列盆地，这些盆地有的很大，有的较小，但都有一个共同点，即没有外流入海的河流。高原内部大部分地区年均温15°C—20°C，年降水量小于100毫米，且主要降在秋冬时节，夏季炎热干燥，冬天寒冷，夜间辐射强烈，日较差大。多砂石、少植被是高原内部常见的荒漠自然景观，又可分为干荒漠（达什特 Dasht）、沙质荒漠（雷吉 Rig 或 Reg）、盐质荒漠（卡维尔 Kavir）等几种，卢特（Lut）则是荒漠盆地的概括性称呼。

北边一组盆地位于厄尔布尔士山脉南侧，主要是盐质盆地（卡维尔盆地：卡维尔的表面是一层厚约1—10厘米的盐层，主要是碳酸钾为主的碳酸盐层；其下是盐质粘泥层，主要是含有三种元素的硫酸盐层；最底层是钾、钠、镁的氯化物，常在盆地低处和低地出现），西起古姆，东到伊朗东部高地，由马西勒赫、桑法尔什、塞姆南、达姆甘、马济南、布祖尔

---

① ［英］W. B. 费舍尔主编，北京大学地质地理系经济地理专业译：《伊朗》，北京人民出版社，1977年版，第56、57、59页。

② ［英］W. B. 费舍尔主编，北京大学地质地理系经济地理专业译：《伊朗》，北京人民出版社，1977年版，第62页。

格、比吉斯坦等卡维尔①，再加上靠南边的阿尔德斯坦—亚兹德盐质盆地、克尔曼山间盆地组成。布祖尔格卡维尔以东还有大卡维尔盆地，面积约3万平方千米，地面高程约900米，其上还分布有零星的光秃的蚀余山峰和孤立的坚硬岩柱。

南边一组盆地也主要是盐质盆地，自西向东，分别是伊斯法罕—锡尔兼盆地、锡尔兼盆地、靠南的尼里兹盆地、东南部的贾兹木里安盆地，这些盆地的海拔一般都在1500米左右，显然比北边的盆地要高。

但是，在库赫鲁德山东南段的东侧分支萨格达尔山、扎巴勒巴里兹山的东侧、亚兹德—克尔曼—苏尔加兹铁路北侧、加恩—比尔兼得高原和扎黑丹高原西侧、塔夫坦山南侧，有一个广阔的盆地，那就是比较低矮的卢特荒漠，其中分布着南北狭长、东西狭窄的纳马克萨尔盐湖，盐湖面海拔不到300米，盐湖长约180千米、宽约20千米；盐湖以东80—100千米处是"沙赫尔卢特"的长圆形沙丘，沙丘宽约50千米、长约180千米，是伊朗境内最大的沙丘，由于气温变化剧烈，多大风，地表剥蚀强烈，沙丘经常移动，形态也变化不定②。

第四节 南北边缘的狭窄平原

一、西南部平原

西南部平原是指由胡泽斯坦平原和阿曼湾沿岸平原构成的平原，位于扎格罗斯山脉西南侧和波斯湾和阿曼湾之间，其中位于波斯湾湾头的胡泽斯坦平原，即卡伦河下游平原，由底格里斯河和卡伦河合力冲积而成，是伊朗最大的平原，总面积约113500多平方千米。

胡泽斯坦平原西起伊拉克国境，南到波斯湾北岸，呈三角形，以卡伦河为中轴呈扇状展开。政区上，基本上位于伊朗胡泽斯坦省，扎格罗

---

① ［英］W. B. 费舍尔主编，北京大学地质地理系经济地理专业译：《伊朗》，北京人民出版社，1977年版，第64—65页。

② ［英］W. B. 费舍尔主编，北京大学地质地理系经济地理专业译：《伊朗》，北京人民出版社，1977年版，第66—67页。

斯山向西南呈阶梯状下降，由山地转变为丘陵，然后演变为低平原。由于地表低平，分散成许多支流的卡伦河和卡尔黑河受阻或河水改变流向，形成广布的沼泽。靠近波斯湾的地区，由于每天两次的海潮上涨，顶托河水形成了淡水沼泽。本区大部分地区年均温25°C以上，年较差小，年雨量200—400毫米，由西南向东北递增。比较丰富的地表水资源和充足的热量、光能资源，是本区发展农业生产的潜在优势——如果灌溉得当，这里非常适合谷物、甘蔗、甜菜等农作物的种植。现在，在靠近山麓的地区已经发展了灌溉耕作业，在阿拉伯河附近有一条宽1—2千米的椰林带。本地区丰富的石油、天然气资源对于伊朗经济现代化有着重大的影响。

二、里海南岸平原

伊朗北部的里海沿岸平原，面积5.8万多平方千米。

里海南岸在行政区划上属于吉兰、马赞德兰、戈莱斯坦三省，这个狭长的、略呈凹形的低地平原东西长约650千米，南北宽约20—30千米，偶尔，最窄之处只有1.5千米宽。该区属湿润亚热带气候，年均温15°C以上，年较差较小，气候暖热且湿度大，年降水400毫米以上，但自西向东递减，特别是平原西段和靠近里海海岸，年降雨都在600毫米以上，吉兰省拉什特附近，降水达1800毫米，是伊朗降水最多的地方。受降水量的影响，该带的自然景观，也自西向东演变为半干旱、干旱草原景观，从而完成了向中亚干旱区的过渡。从里海岸边开始，该带从北向南，地带性变化表现为岸边沙丘、沙嘴、沙坝地带，地势低平的潟湖或淡水湿地地带，较高的干燥地带，厄尔布尔士山麓地带。沙丘地带长有茂密的粗草、灌木和灌丛植被，向东变得逐渐稀疏；湿地—潟湖地区则有芦苇、菅茅和其他水生植物，较高的平原和山麓地带则生长着里海槭树林。较高处的平原和山麓地带地表平缓，热量充足，降水丰沛，土壤肥沃，成为伊朗的水稻、棉花、玉米、烟草、茶叶、糖料、甘桔、桑树等亚热带作物的重要产地，也是伊朗人口最稠密的地区之一。东部的戈尔甘草原畜牧业发达，发展耕作业的条件也较好。耕作业特别是水稻种植业的发展，使得平原和山麓地带的森林大大退化，有些地方森林则完全消失了。

第五节 地形对人类活动的影响

地形对人类活动的影响可以分为直接影响和间接影响，也可以分为单独影响和综合影响。但是无论怎么分类，地形对人类活动的影响始终都是无所不在、恒久存在的。伊朗的地形条件对伊朗人民生活生产活动的影响从古至今就没有停止过。可以说，伊朗历史上、今天以及未来的人类活动轨迹，都是适应地形条件、地理环境影响的结果。

一、地形条件对人类活动的直接影响

第一，地形影响人们生产类型和部门的选择。伊朗传统耕作业主要分布在山间盆地、河岸及海岸平原、山麓地带以及丘陵地区，放牧业（游牧业）主要分布在山腰地带，山腰以上则是森林、草甸分布区域，而道路交通穿越山隘、沿河谷海岸等现象，就是地形对人类活动影响最直接、最普遍也是最有说服力的明证。

第二，地形影响人们对居住地址的选择。从古至今，村庄、城镇主要分布在山间盆地、山麓地区、河岸海岸湖泊岸边地带，对于地形以山地高原为主的伊朗来说，更是如此，因为，这样的地形区，可以给人们提供更加宽阔和更加安全的居住建设用地，而且出行更加方便、物产更加丰富、水源更加有保障，建设成本也会更加低廉。

第三，地形影响人们的出行方式、出行便捷度和出行成本。一般而言，山区高峻崎岖，难以通行，道路应当选择在山隘沟口或者河谷、平原、平地地区，尽量把生产地—消费地—居住地以及各个消费地、居住地之间联结起来。而且，传统上，山区选择步行、马帮托运，平地可以采用车运，河流、湖泊沿岸可以运用水运方式；现代交通虽然可以挖掘隧道、架设桥梁解决地形的阻碍，但是建设成本和技术难度却要增加很多。

二、地形条件对人类活动的间接、综合影响

第一，地形条件通过影响气候条件、土壤条件，间接影响人们的生活生产活动。地形条件作为形成气候类型的下垫面条件，对降水、气温、蒸发、太阳辐射等都产生着直接和间接的影响，除了当地的纬度位置以外，当地的地貌类型及其海拔高度、山脉朝向与走向（特别是迎风坡和背风坡）等，对降水、气温、太阳辐射与地面辐射强度、蒸发等状况影响巨大，进而影响到当地的土壤类型及其自身肥力、生物生产能力等与人类生存直接相关的重大问题。

第二，地形条件通过对人类技术水平的限制，间接影响人们对土地资源及其他自然资源的开发利用。无论是农业用地还是工业用地、居住用地、城镇建设用地以及交通用地，自古以来，人类对地形的选择都是因时而异、与时俱进、从易到难、从少到多来演变的，其主要原因，就是地形条件带来的综合影响所致。

第三，地形特别是山脉通过对大气环流的阻挡或疏通、对河流分水岭的划分以及对河流流向的改造，间接对人类活动产生影响（如伊朗高原内部的"120日风"、卢特荒漠的水系流向等）。

综上可见，以自然地理环境为基础，产生的伊朗地区经济差异是明显的：（1）里海沿岸区。气候温暖湿润，夏种水稻、棉花、烟草，冬种小麦与豆类，还有桑茶和柑橘等。工业以轻纺业为主。（2）中部以德黑兰为中心的工业区。集中全国工业近80%，部门较齐全。农业以绿洲农业为主。（3）波斯湾沿岸产油区。工业以采油、炼油和石油化工为主，并发展起钢铁、原子能工业。农业以椰枣，柑橘为主。在灌溉区出产甘蔗和棉花。从伊朗30个省份的地域范围看，西北地区的省面积小、密度大；东部、南部的省面积大、密度小，这也是对地形和地理环境的一种适应。

表1—1 伊朗分省海拔高度

省份	海拔高度（米）
东阿塞拜疆	1316
西阿塞拜疆	1313

续表

省份	海拔高度（米）
阿尔达比勒	1314
伊斯法罕	1600
伊拉姆	1363
布什尔	20
德黑兰	1190
恰哈马哈勒—巴赫蒂亚里	1991
南呼罗珊	1491
呼罗珊	990
北呼罗珊	1091
胡齐斯坦	23
赞詹	1663
塞姆南	1171
锡斯坦—俾路支斯坦	1370
法尔斯	1488
加兹温	1278
库姆	877
库尔德斯坦	1373
克尔曼	1754
克尔曼沙阿	1322
科吉卢耶—博耶尔艾哈迈迪	1880
戈莱斯坦	13
吉兰	−7
洛雷斯坦	1125
马赞达兰	23
中央	1708
霍尔木兹甘	10
哈马丹	1749
亚兹德	1230

资料来源：Iran statistics yearbook 1391。

三、地理环境对伊朗社会经济发展影响的实例分析——地理伊斯兰化

（一）霍梅尼时期——地理伊斯兰化

霍梅尼时期是新建立的伊斯兰政权与国内外敌人作殊死搏斗的急剧动荡的时期。在此期间，伊朗伊斯兰共和国的内外政策带有强烈的霍梅尼主义的意识形态色彩，其基调是激进的伊斯兰化。

克蒂认为霍梅尼主义带有强烈的"第三世界主义"的倾向，作为第三世界主义者，霍梅尼将伊朗的许多问题归咎于西方资本帝国主义，主张摆脱西方的政治经济控制，清除西方文化的影响。而阿杰曼德认为，霍梅尼主义作为20世纪大众政治动员和民族一体化突出浪潮的重要组成部分，本质上是"反对自由民主，反对资产阶级，反对共产主义"的，是"将反对外来政治意识形态与鲜明地主张伊斯兰教和伊朗文化传统结合起来"了，故可称之为"革命传统主义"。

1. 国家政治体系的地理伊斯兰化

国家政治体系的伊斯兰化是整个社会伊斯兰化的先决条件。霍梅尼通过两次公民投票基本解决了国家宪政体系伊斯兰化的问题。国家机器的伊斯兰化一方面有赖于摧毁旧的君主制的国家机器，清洗旧政权的军政要员；另一方面需要建立忠于伊斯兰革命准则的新的国家机器，激进派教士集团特别重视军队伊斯兰化。宪法规定，"伊斯兰共和国的军队必须是一支伊斯兰军队，即忠于伊斯兰意识形态的、必须由赞成伊斯兰革命的目标并准备为实现这些目标献身的人组成的军队"。实施伊斯兰法是伊斯兰化的核心内容。1982年8月，最高司法委员会宣布废除1907年以来的"非伊斯兰的"法律和法规。司法体系伊斯兰化的结果，世俗法官被乌拉玛取代，伊斯兰法和著名阿亚图拉的教令成为法庭审判的唯一法律准绳。1983年议会通过一项法案，恢复了伊斯兰传统刑法，1967年的《家庭保护法》废除后，多妻制重新合法化。社会生活伊斯兰化导致两性的社会隔离，妇女着装的伊斯兰化是这方面最显著的标志。此外，舞厅和酒吧被禁，音乐和影视也不得违背伊斯兰价值标准。

霍梅尼的政治体系伊斯兰化是反对自由民主，反对资产阶级，反对共产主义的，而三权分立的原则又是从西方拿来的，可见他在反西方的同时

又在学习西方的东西为自己所用。

霍梅尼的政治体系伊斯兰化在城市的推行受到一些阻碍，因为城市的居民已经受到西方文化的影响，思想已经有了一定的西方化。因此，伊斯兰法律、法规的变更等方面对城市居民来说还需要一个适应的过程。而农村地区则更容易推行伊斯兰化，因为，本来巴列维时期就不重视农村的发展，农村地区受到西方文化的影响很少，更多的是保留着本来的伊斯兰生活习惯。

2. 教育系统的地理伊斯兰化

为了保障整个社会伊斯兰化及其延续，伊朗伊斯兰政府的主要措施是在师资方面以忠于霍梅尼主义的教士取代世俗知识分子，在政治意识形态教育方面以伊斯兰主义取代君主主义和东西方"文化帝国主义"。高校是遭受"文化帝国主义"入侵的重灾区，当然也是教育系统伊斯兰化的重要阵地。因为城市受西方文化影响广泛深重，加之城市是大学集中之地，所以城市成为推行教育系统伊斯兰化的主要地区。

为此，伊斯兰共和党和激进伊斯兰学生组织建议在大学搞"文化革命"，1980年5月，霍梅尼下令成立"文化革命委员会"领导运动，该委员会在高校大规模清洗"非伊斯兰分子"，甚至一度关闭了所有大专院校。

3. 经济体系的地理伊斯兰化

经济体系的伊斯兰化主要表现为平民主义和国家主义，或称伊斯兰国家社会主义。宪法规定，伊朗伊斯兰共和国的经济由国有、合作和私有三个部门构成，"并建立在系统和健全的计划基础之上"。国有部门包括所有关键性的行业和大企业。革命初期出现了国有化的浪潮，与国王及外国有关联的企业和财产、逃亡者和被镇压者的财产、大企业等是国有化的主要对象。伊朗原本就存在各种宗教基金会，"革命法庭"将没收的巨额财产转交给新成立的一些政治基金会，从而使基金会在伊朗经济中扮演更加重要的角色。1983年通过的政府"第一个发展计划"集中体现了激进派教士的经济思想，该计划的内容不但包括国有化、价格管制、补贴和限制贸易等政策，而且还提出使伊朗自给自足、消灭失业和为民众提供基本的社会福利的目标和计划。在革命与战争的特殊条件下，伊朗经济的国家社会主义和内向性发展到极致。

经济体系的伊斯兰化，不得不说是学习了中国等社会主义国家的发展经验，其经济的国有化，实行有计划的经济，都有中国发展的影子。

4. 外交政策的地理伊斯兰化

外交政策伊斯兰化体现为激进的第三世界主义和伊斯兰主义，即所谓"既不要西方，也不要东方，只要伊斯兰"。在激进教士集团看来，西方，尤其是被称为"大撒旦"的美国是伊斯兰民族的压迫者和敌人；以苏联为首的东方集团被视为异己甚至敌对的力量。同情和支持第三世界是伊朗伊斯兰共和国外交政策的重要特征。此外，霍梅尼主张泛伊斯兰主义，梦想建立"世界伊斯兰政府"，宣称"将向世界各地输出我们的革命"，为此伊朗当局成立"全球革命部"，联络和支持世界各地的激进伊斯兰主义运动。霍梅尼时期，发生了三件涉及伊朗利益的重大国际事件：扣留美国人质危机（1979—1981 年）、苏联入侵阿富汗（1979 年）和两伊战争（1980—1988 年）。人质危机事件和阿富汗事件使伊朗同两个超级大国的关系极度紧张，伊拉克入侵伊朗导致长达八年的两败俱伤的惨烈战争。

霍梅尼上台后，他大力输出革命，企图建立伊斯兰世界秩序，这是伊朗寻求地区霸权的另一种表现形式。

（二）哈梅内伊时期——地缘政治化

1989 年 6 月霍梅尼逝世后，"专家委员会"推选总统哈梅内伊为"领袖"，伊朗进入哈梅内伊时期。就伊朗伊斯兰共和国的内外政策而言，哈梅内伊时期同霍梅尼时期有较明显的区别。如果说霍梅尼时期的政策基调是激进伊斯兰化的话，那么，哈梅内伊时期的政策基调则是改革与务实主义，即实际上的日趋非伊斯兰化。

1. 哈梅内伊—拉夫桑贾尼时期的地缘政治战略

拉夫桑贾尼任总统时期的突出特点是哈梅内伊与拉夫桑贾尼形成比较和谐的"共治"局面。作为"领袖"和总统，两人之间在合作的同时存在非正式分工：哈梅内伊主管宗教事务和与其他伊斯兰运动的关系；拉夫桑贾尼主管经济和外交。伊斯兰共和国犹如一艘政治之舟，其航向最终取决于哈梅内伊，其实际驾驶者却是几乎不受干预的拉夫桑贾尼。哈梅内伊与拉夫桑贾尼首先设法修订已经不适应新形势需要的伊斯兰宪法。1989 年 7 月，修宪一方面为新"领袖"提供了合法性，另一方面增加了总统的行政权力，为两人以后合作共治奠定了基础。此外，取消总理职位后，行政权力相对集中于总统,有利于拉夫桑贾尼实施改革和重振备受革命与战争摧残的经济。面临改革与重建的严峻挑战,拉夫桑贾尼总统强调务实,反对激进派的原教旨主义,宣称"不教条","不支持极端主义"。在内政方面,拉夫桑贾尼主张"新现实主义",在政治上,他致力于改革行政系统,削弱某些激进派控制的组织和机构的权力,加强行政机构的统一和专业化;在经济上,他提出"十年重建"的口号,为此实行了某种程度的市场导向的经济自由化改革。在外交方面,拉夫桑贾尼主张"新思维",强调伊朗"必须停止树敌",尽快摆脱伊朗在国际上的孤立局面。[1]

2. 哈梅内伊—哈塔米时期的地缘政治战略:文明对话、和平共处

1997年5月23日,伊朗总统选举竞争激烈,举世瞩目,哈塔米获近70%的选票。哈塔米获胜被其支持者称为"第二次革命"和"第三共和国"的开端。哈塔米上台以来,内政方面最明显的变化是政府放宽了对出版物的限制,支持哈塔米的报刊如雨后春笋般发展起来,打破了控制电台和电视台的保守派对舆论的垄断,社会和文化政策更加宽松。在外交上,哈塔米倡导"文明之间的对话",以"化敌为友",力争同除以色列以外的一切国家发展正常的国家关系。但是保守派仍然控制着国家权力机构,可以对改革派进行钳制和反击,使哈塔米在深化政治经济改革方面举步维艰。2001年6月,哈塔米再次以压倒性优势赢得总统选举。"领袖"哈梅内伊一方面公开表示支持哈塔米总统,强调经济改革的必要性,甚至谈论"宗教民主",另一方面又给人留下在政治上基本倾向于保守派的印象。伊斯兰政治体系分裂以及哈梅内伊与哈塔米之间的微妙关系在一定程度上影响到伊朗政治体系和决策机制的正常运作[2]。

哈塔米政府的外交取得了巨大成就,伊朗的国际形象大为改善,国际地位进一步提高。伊朗不仅缓和了与海湾各国的关系,还积极介入中亚事务,其对塔吉克斯坦内战的调停得到国际社会的好评。同时,伊朗还注重与大国发展关系。这些都为哈塔米政府建立新型国际关系,融入国际社会打开了通道。1998年6月,意大利前总统普罗迪的伊朗之行堪称"破冰之举",为哈塔米政府建立新型国际关系打开了局面。伊朗在"米克诺斯事

---

[1] Mark Downes, *Iran's Unresolved Revolution*, Burlington: Ashgate Publishing Limited, 2002.

[2] Wilfried Buchta, *Who Rules Iran? The Structure of Power in the Islamic Republic*, Washington: Washington Institute for Near East Policy and Konrad Adenauer Stiftung, 2000.

件"上的让步，使欧盟大使顺利返回德黑兰，为伊朗与欧洲大国的政治和解扫清了道路。英伊之间也因伊朗取消了《撒旦诗篇》作者英籍作家拉什迪的全球追杀令，使两国逐步恢复了大使级外交。1999年5月3—5日，伊斯兰关于不同文明之间的对话研讨会在德黑兰召开，会议通过了《德黑兰不同文明之间的对话宣言》。在伊朗总统哈塔米的倡议下，2001年被联合国宣布为"文明对话年"。与海湾合作委员会关系的变暖是哈塔米政府外交取得的又一成绩，尤其是伊朗与沙特的和解。1997年12月，沙特王储阿卜杜拉出席在德黑兰召开的伊斯兰国家首脑会议时与伊朗领导人举行了会谈，双方强调应改善关系、加强合作，并在石油减产提价和解决阿富汗内战等问题上达成共识。与此同时，伊朗与科威特、卡塔尔、巴林关系也有改善，贸易额逐年攀升，甚至与阿联酋就一直未解决的边界纠纷和领土问题进行了协商，承诺将有争议的地区暂时维持现状，这一建议得到了海湾各国的积极响应。[1]

3. 哈梅内伊—内贾德时期的地缘政治战略：展示肌肉，强硬抗美，扩张中东

内贾德就任伊朗总统后，采取强硬激烈的外交政策，核危机骤然升温，伊美关系也更加紧张。2006年以来，伊朗核危机不断升级。伊朗国家安全面临最紧迫的问题莫过于美国可能会对伊朗实施武力打击，当时美国在伊拉克、阿富汗等伊朗周边地区驻有大批军队，已对伊朗形成合围之势。然而，细究伊朗的强硬外交可以发现，伊朗的意图绝非要与美国激烈对抗，而是促使美国与自己进行直接谈判，从根本上解决核问题。伊拉克战争后，内外交困的处境正是促使伊朗寻求伊美关系缓和的根本原因。但是，强硬并非无条件、无原则，强硬下的适度妥协是伊朗的必然选择。[2]

内贾德政府在展示强硬外交政策的同时实施了缓和的外交战略：

一是积极开展周边外交，谋求扩大地区影响力。

内贾德政府延续哈塔米政府的睦邻外交政策，将周边外交作为重中之重，寻求与邻国建立良好的关系。出于共同战略利益考虑，伊朗与叙利亚结成更紧密的关系。继2004年两国签署《战略合作协议》后，2006年6

---

[1] 蒋真：《后霍梅尼时代伊朗政治发展研究》，西北大学博士学位论文，2007年版。
[2] 宋晨：《从文明冲突论看后冷战时代美伊博弈》，《湖北广播电视大学学报》，2008年第10期。

月,两国又签署了双边军事条约,并签署一项附加军事合作协议。2007年7月,内贾德总统访问叙利亚,双方签署了全方位战略合作的秘密协定。伊朗抓住什叶派主导伊拉克政局之机,着力重建和加强与其关系。2008年3月,内贾德首次访问伊拉克,向伊拉克提供10亿美元贷款并签署多项经济合作协议。伊朗重视发展同美国的北约盟国土耳其的睦邻关系,经贸合作是伊朗与土耳其发展关系的纽带。2008年8月,内贾德访问土耳其,双方签署安全与经济等五个合作协议,并推动能源合作项目。据土方估计,2008年两国贸易额将超过110亿美元。海湾地区是伊朗地缘政治的前沿阵地,伊将改善和发展同海湾国家的关系,视为其强化周边外交及缓和同阿拉伯国家关系的重点。2007年3月和5月,内贾德先后访问了沙特和阿联酋。同年12月,内贾德首次出席在多哈召开的海湾合作委员会第28届首脑会议,提出加强海湾国家合作的10点建议。2008年9月,伊朗国防部长访问卡塔尔,希望建立深入的战略伙伴关系,并提出建立波斯湾安全联盟的构想。伊朗与巴林、摩洛哥等阿拉伯国家的关系近年来也有了明显的改善和发展,与埃及的复交进程也在加速。在大中亚地区,伊朗利用历史文化的影响,加强与阿富汗、塔吉克斯坦这两个波斯语国家的关系。2008年3月和9月,伊朗同塔吉克斯坦、阿富汗召开了两届三国首脑会议,推动三国在经济与人文领域的一体化联系。此外,伊朗积极发展与哈萨克斯坦、吉尔吉斯斯坦、土库曼斯坦、阿塞拜疆、亚美尼亚等独联体国家的关系。2007年10月,伊朗成功组织召开第二届里海沿岸国家首脑峰会。伊朗与俄罗斯等国共享里海,俄罗斯是伊朗最大的传统邻国,更是伊朗外交的主要着力点。2007年10月,俄总统普京访问伊朗,成为60多年来首位访问伊朗的俄罗斯国家元首。俄罗斯不顾美国反对,坚持完成伊朗布什尔核电站项目。[1]

二是稳步推进"东向政策"。

伊朗重视发展同中国、日本、印度、韩国、东盟等亚洲国家的关系,将此作为抗衡西方压力的主要外交手段,将东亚国家作为引进外资与先进技术的主要渠道。近年来,伊朗与亚洲国家的高层往来频繁,总统、议

---

[1] Asghar Schirazi, *The Constitution of Iran: Politics and the State in the Islamic Republic*, London: I. B. Tauris 2010.

长、外长等访问了马来西亚、印度尼西亚、中国、巴基斯坦、印度、韩国和日本等国。其中，2008年4月28—29日，内贾德总统对巴基斯坦、印度的访问颇为引人注目。因为巴基斯坦是美国的反恐盟友；印度作为南亚霸主，是美国极力拉拢的战略伙伴，内贾德对印、巴的访问被媒体称为"踏进敌人的领土"[①]。

三是加强与反美国家的关系。

2007年1月和9月，内贾德总统两度出访拉美，分别访问了委内瑞拉、尼加拉瓜、厄瓜多尔和玻利维亚。这些拉美国家的左翼领导人或明或暗地与美国大唱反调。特别是委内瑞拉前总统查韦斯、拉美国家反美的旗手，与伊朗关系极为密切。2007年，查韦斯两度访问伊朗。两年内，两国签署了150多项协定，协议总金额超过200亿美元。在非洲，伊朗加强与苏丹、津巴布韦、塞内加尔等国家的关系。2006年和2007年，伊朗与白俄罗斯实现元首互访。2008年10月，伊朗副总统阿克巴里与外长穆塔基接踵访问朝鲜，双方表示在维护国家主权的斗争中相互支持和声援。

四是充分利用联大舞台，提升国际形象。

内贾德总统自2005年上台以来，每年均赴纽约出席联合国大会，将联合国大会作为其宣示伊朗和平核政策，抨击美国霸权主义的舞台。2008年9月，内贾德再次在联大抨击美国穷兵黩武，指出美国金融泡沫破裂意味着美国对世界"绝对统治"及西方对世界"金融统治"时代已经结束。伊朗重视不结盟运动的作用。2007年1月，伊朗邀请国际原子能机构中来自不结盟运动国家的代表访问其核设施，争取他们的同情与支持。2008年7月，伊朗主办第15届不结盟运动部长级会议，呼吁不结盟运动国家加强团结，在国际事务中发挥关键作用。伊朗还积极发展与上海合作组织的关系，2005年7月，伊朗成为上海合作组织的观察员。自2006年以来，内贾德总统连续三年出席上海合作组织峰会。2008年3月，伊朗正式向上海合作组织秘书处提交了加入该组织的申请。

伊朗是世界能源大国，因此，能源成为了伊朗拓展外交空间、分化遏伊阵线，打破西方制裁的重要武器。

[①] 鲁莎莎：《21世纪初期伊朗地缘政治研究》，西南大学硕士学位论文，2009年版。

4. 哈梅内伊—鲁哈尼时期的地缘政治战略：巩固周边，温和向西，解套"核危机"

正在日益兴起并标志着伊朗伊斯兰革命第二阶段的"什叶派新月带"，正在改变着海湾地区什叶派长期遭受逊尼派压制的传统局面，并直接关系到拥有世界最大石油资源的海湾地区的安全秩序和政治前景。

但是强势的国际逊尼派势力（以沙特、埃及以及土耳其为代表）力图阻止伊朗"什叶派"的西进，终于从黎巴嫩、叙利亚问题的幕后遮掩转变为在也门公开走上前台的武力对抗（沙特为首的阿拉伯联军轰炸伊朗支持的胡塞武装）。

在中东，如果失去美国或其他大国的支持，表面上团结、实际上内部一盘散沙状态的阿拉伯世界最终将不敌伊朗。

（三）伊朗现代政治发展中的地缘政治特点

1. 政治制度中的地理思想——政治文明对地理环境的适应

伊朗位于亚、欧、非三大洲的交界处，是东西方文化交流的枢纽，多元宗教在此交相辉映。地缘的优势，使它在阿契美尼德文化的基础上，在多次反复的被毁—复兴—发展中，汲取了希腊文明、印度文明、中国文明中的精华，接受了伊斯兰教信仰，形成独具一格的伊朗文明。

公元651年，伊朗全境为阿拉伯人所征服，伊斯兰教随之传入。一方面，1000多年来，绝大部分伊朗琐罗亚斯德教（琐罗亚斯德教于公元前6世纪创立，中国古代称为拜火教或祆教）信徒陆续改信了伊斯兰教；另一方面，伊朗人以其固有的文化传统对伊斯兰教进行了诠释和改造，经历了伊斯兰教在伊朗的地方化和民族化。[①] 1502年，伊斯玛仪建立沙法维王朝，他宣布什叶派是伊朗国教，什叶派十二伊玛目说符合波斯传统的君权神授思想以及当时建立波斯民族国家的需要，保留了波斯文明和波斯民族的独特性格，表明伊斯兰教已经适应了伊朗的水土人情，完成了在伊朗的民族化过程，从此什叶派教义成为伊朗占主导地位的传统文化，什叶派教义成为伊朗民族主义之魂。

---

① 刘今朝：《古代伊朗宗教文化特征初探》，《重庆科技学院学报（社会科学版）》，2006年2月。

2. 政治经济权力分配的地域法则

伊朗的西北部和东南部相比，自然地理条件更适合人类的生存和经济建设。因此伊朗的经济集中区、人口集中区、城市分布集中区、交通设施集中区均位于西北地区。伊朗的东南部则因气候过于干旱，基础设施落后等原因，成为了经济发展滞后的地区，这就是响应和继承地理环境的结果。

伊朗不同地区对政治敏感性的认知是不同的。从2005年和2009年的选举地图来看，支持内贾德的地区均位于伊朗的西北部的政治中心附近及其周边地区，但是伊朗的边疆地区往往各省都有不同的支持对象。这种情况很可能是边疆地区距离全国政治中心较远，更多获得的政治信息是关于本地区头面人物的，这也和伊朗的边疆地区的自然、经济条件差，基础设施落后有关。

3. 精神力量控制——地理环境孕育了宗教文化

伊斯兰教是在阿拉伯半岛独特的地理环境下形成的，表明伊斯兰教具有与当地地理环境相适应的特点，伊斯兰教在伊朗的传播也是一个适应伊朗地理环境的过程。

第一，伊斯兰教的产生是阿拉伯半岛的地理环境与古阿拉伯历史长期发展演变的必然结果。阿拉伯半岛主要是沙漠和荒漠草原，气候炎热干燥，雨水稀少，只有少数绿洲地带才有肥沃土地，适宜定居和农耕。

伊朗高原内部的地理环境和阿拉伯半岛的地理环境在某些方面比较相似，干旱的气候和广布的荒漠、沙漠、戈壁是他们共同的特征。地理环境的相似性是伊斯兰教在伊朗传播和扎根的基础。

第二，伊斯兰教产生前夕，贝都因人以畜牧为生，逐水草而居，过着游牧的生活。贝都因人的生活方式及部族特性对在此背景下产生的伊朗兰教有着某种程度的影响。初期的伊斯兰教传播，是和阿拉伯对外征服同时或紧继征服之后进行的。今天，除基督教之外，伊斯兰教是教徒人数最多的宗教，约有11亿人口，约占世界全部信教总人口的1/3以上，占世界总人口的1/5。[①] 但是，伊斯兰世界集中连片分布的地区却始终是在干旱贫穷的游牧地区及其边缘地带，这就是地理环境对宗教信仰、意识形态的支配

[①] 秦惠彬主编：《伊斯兰文化与现代社会》，沈阳出版社，2001年版。

性影响的空间体现。

第三，伊斯兰教的产生从精神上解救了穷苦人民。伊斯兰教是一个为穷苦人民而生的宗教，它很容易被农民及穷困人民所接受。伊朗的农村面积广大，农民生活艰苦，这是伊斯兰教在伊朗快速传播的重要因素。

第四，伊斯兰教具有很强的生命力，伊朗的地理环境和历史文化背景为具有强大适应能力的伊斯兰教的落地生根提供了土壤。

4. 地域权力的再分配——伊朗核问题的地缘政治诠释

早在20世纪50—60年代，伊朗在西方国家尤其是美国的帮助下开始了自己核力量的建设。1974年签署《不扩散核武器条约》，开始迅速与西方协商有关建设核电站事宜。"伊斯兰革命"后霍梅尼曾经暂停核研究，两伊战争的残酷促使伊朗领导人把它重新提上议事日程，1984年核计划重新启动，伊朗的核力量就逐步发展起来。可见，伊朗核问题的始作俑者是以美国为首的西方国家，但是，在"伊斯兰革命"以前，并未出现"伊朗核危机"，因为那时的伊朗是美国在中东"最铁心"的盟国。伊朗伊斯兰共和国建立，宣告一个在中东出现了敢于挑战美国利益的国家，因此伊朗的国际安全环境至此处于恶劣、孤立的状态就不难理解了。

从地缘关系的角度来看，伊朗和美国并无交集，但是伊朗却处在美国全球战略格局中的关键环节。美国与伊朗30多年的恩怨实质上体现了国家利益和权力在当今国际关系格局中所扮演的角色。从战略层面来看，改变伊朗伊斯兰政权并进而控制中东，是美国长期推行的全球战略的重要目标之一。美国一直利用其超强的政治、经济、军事优势，巩固其在全球事务中的主导地位，防止在地区乃至全球范围内出现对其具有挑战能力的国家或国家集团，用其"绝对优势"来争取"绝对安全"。伊朗在中东波斯湾地区恰恰扮演着对美国霸权具有挑战能力的国家，与具有全球霸权欲望的美国发生对抗不可避免。

"9·11"事件后，美国出于控制波斯湾地区石油和反恐的需要，先后推翻了阿富汗的塔利班政权和伊拉克的萨达姆政权，客观上为伊朗铲除了东、西边的两个隐患和敌人，使其在本地区迅速坐大，填补了地区大国的空白。八年的两伊战争过后，伊朗目睹了发生在"自家门口"的海湾战争、阿富汗战争和伊拉克战争，眼看着美国在伊朗周边建立军事基地、美军舰队在其领海出没，近邻的印度、巴基斯坦和以色列都相继拥有了核武器，美欧的核霸权政策以及在核问题上的双重标准也令伊朗非常反感。最近十多年来，美国利用核问题不断加大对伊朗的恫吓力度，强加给伊朗的帽子，从"流氓国家"到"邪恶轴心"，继而到"暴政前哨"，这些都加剧了伊朗的生存危机感，直到2015年7月，伊朗核问题协议签订，高悬在伊朗头顶的"核危机之剑"才被解除。但是，美国对伊朗的大部分制裁和封锁依然保留，两国的敌对状态并没有完全消除。

第二章 暖温带大陆性气候

第一节　风系和风向

一、风系和气压

伊朗国土几乎全部位于北纬25°—39°、东经44°—63°之间，处于副热带地区，加之位于亚洲西南部，大部分地区被山地包围，气候受海洋的影响较小，属于亚热带—暖温带大陆性气候类型，常年盛行东北风和西北风，冬春多有自西向东的地中海锋面气旋活动，故其气候以亚热带干旱和半干旱气候占优势，夏季干燥、炎热，冬春多雨，春季凉爽而短促，气温年较差和日较差都比较大，少云少雨、晴朗干燥是伊朗气候的基本特征，年降雨量一般在200—400毫米之间。

冬季，伊朗位于西伯利亚——蒙古高压的西南部，虽然距离高压轴心较远，但是整个冬季都受到该高压的控制，盛行东北风，对东部、东北部以及高原内陆地区来说，造成的气候是干燥的；伊朗冬季盛行的气团在北部是来自于格陵兰岛、西伯利亚、大西洋等方向的极地大陆气团、南部是来自于地中海上空、伊朗高原、阿拉伯海上空等方向的热带气团，各种极地气团和各种热带气团相遇形成的极锋则位于地中海上空和西亚地区中部，该极锋的西部即地中海极锋，东部叫亚洲极锋，亚洲极锋的锋面雨较少，只有地中海极锋给扎格罗斯山西侧以及伊朗西北部地区带来较多的冬春降水。

夏季，伊朗大部分地区被热带气团控制，伊朗高原和印度西北成为亚洲低压中心地区，对大西洋亚速尔高压沿地中海向东延伸起着牵引作用，伊朗高原因此主要吹西风或西北风，但是该风从高纬吹向低纬地区，温度逐渐升高、相对湿度逐渐减少，只有少数迎风坡地区有一定的降水量，而大部分地区却绝少成雨，从而造成伊朗大部地区夏季炎热干燥的气候特征。

二、区域差异：气温和降水

伊朗北部和西部是两个降水量较多的地区：一个是里海沿岸和厄尔布尔士山北坡，年平均降水量达500毫米左右，里海南岸有些地方年平均降水量可达1000毫米以上（例如吉兰省），为全国降水量最高的地区；另一个地区是西北部山地和扎格罗斯山西部。这两个地区降水的时间以冬季和春季为主，带有明显的地中海式气候特征。这些地区降水较为丰沛，冬季积雪也多，为气候干燥的伊朗提供了宝贵的淡水资源。北部山区1月平均气温-10℃，常有降雪，而波斯湾沿岸气温可达14℃—19℃。

伊朗境内大部分地区降水稀少，成为西起撒哈拉大沙漠，东至蒙古高原的亚非大陆干旱地带的组成部分。中央高原及其边缘山地和南部沿海一带年降水量常在200毫米以下，有些地方则不到100毫米（例如亚兹德省），属亚热带—热带干旱和半干旱气候。东部和内地属大陆性亚热带草原和沙漠气候，东部沙漠地区降水减少到100毫米左右，有些地区甚至不足100毫米（例如锡斯坦—俾路支省），大陆性显著，寒暑变化剧烈，冬季多风，大部分地区1月平均气温5℃—10℃；夏季炎热，7月平均气温中央高原在28℃以上。南部波斯湾、印度洋沿岸地区更高达到32℃以上。中央高原中心（例如亚兹德省）是全国降水量最少的地区之一，分布着广袤的盐漠、沙漠—荒漠。

第二节　气温和气压

一、气温及其区域差异

由于距西伯利亚冷高压的中心较远和高山对冷空气的阻挡作用、夏季又是热低压的中心区，伊朗有19个省的年平均气温在15℃以上（见表2—1)，比同纬度的许多地方都高。但是伊朗气温较差大，夏季炎热，冬季寒冷，气温日较差也大，具有明显的大陆性，例如首都德黑兰，年均气温17.4℃，但是其绝对最高气温达到43℃、最低气温只有-15℃，相差58℃；绝对温差库尔德斯坦省最大达到了75℃（见表2—1)。冬季，伊朗大部分地区在西伯利亚寒流的影响之下，1月平均气温大都在10℃以下。夏季，在干燥大陆气团的影响下，除沿海一带外，其他地区得不到海洋气流的调剂，炎热干旱。7月平均气温，中央高原在28℃以上，南部沿岸和中央高原低盆地，达到32℃以上，绝对气温超过40℃，是伊朗最热的地方。南部胡齐斯坦省的年平均气温25.6℃，其省府所在地阿瓦士的绝对最高温达到54℃，布什尔省的年平均气温24.9℃，省会的绝对最高温达到47℃，分别居于全国第一、第二位；中部库姆省的年平均气温18.2℃，绝对最高温达到46℃，塞姆南省年平均气温18.3℃，绝对最高气温达到44℃（见表2—1)，均为全国较高水平。

表2—1　伊朗各省和省会城市气温状况　　　　（单位:℃）

省名	省会城市	绝对最高温	绝对最低温	平均气温
东阿塞拜疆	大不里士	42	-25	12.6
西阿塞拜疆	乌尔米耶	39.2	-22.8	11.6
阿尔达比勒	阿尔达比勒	39.8	-33.8	9.3
伊斯法罕	伊斯法罕	43	-19.4	16.3
伊拉姆	伊拉姆	41.4	-13.6	17
布什尔	布什尔	47	4	24.9
德黑兰	德黑兰	43	-15	17.4
恰哈马哈勒—巴赫蒂亚里	沙赫尔库尔德	42	-32.4	11.8
南呼罗珊	比尔詹德	44	-21.5	16.6
呼罗珊	马什哈德	43.8	-28	14.3
北呼罗珊	博季努尔德	42.3	-25	13.4
胡齐斯坦	阿瓦士	54	-7	25.6
赞詹	赞詹	43	-30	11.2

续表

省名	省会城市	绝对最高温	绝对最低温	平均气温
塞姆南	塞姆南	44	-12.6	18.2
锡斯坦—俾路支斯坦	扎黑丹	43	-22	18.5
法尔斯	设拉子	43.2	-14	17.8
加兹温	加兹温	43	-24	14.1
库姆	库姆	46	-23	18.3
库尔德斯坦	萨南达季	44	-31	13.6
克尔曼	克尔曼	42	-30	15.9
克尔曼沙阿	克尔曼沙阿	44.1	-27	14.5
科吉卢耶博耶尔—艾哈迈迪	亚苏季	40.4	-19	15.2
戈莱斯坦	戈尔甘	45	-11.8	17.8
吉兰	拉什特	37.5	-13.6	16.4
洛雷斯坦	霍拉马巴德	47	-14.6	17.2
马赞达兰	萨里	46	-11	16.8
中央	阿拉克	44	-30.5	14
霍尔木兹甘	阿巴斯港	51	2	27
哈马丹	哈马丹	40	-32.8	11.5
亚兹德	亚兹德	45.6	-16	19.3
厄尔布尔士	卡拉季	42	-17	15.1

资料来源：Iran statistics yearbook 1391（即公元 2013 年）。

二、气压

冬季，亚洲大陆西伯利亚高压中心气压可达 1035 毫巴，然后向四面降低，其外缘向西经过里海北部延伸到欧洲，在亚美尼亚—安纳托利亚高原上形成一个高压脊，伊朗高原内部就经常处在该高压控制之下。与此对应，北面里海上空形成一个暖低压中心、西面地中海上空也有一个暖低压中心，地中海东部的塞浦路斯附近有一个半永久性暖低压中心，在波斯湾和阿曼湾也可能出现低压中心，在这种气压分布形势下，冬季伊朗的西北部和东北部，分别形成了一个气压均为1024毫巴的高压中心，然后气压向南部、西南部逐渐降低到1020—1018毫巴，到霍尔木兹海峡西岸，更降低到1016毫巴，形成一个小范围的低压中心。①

夏季，伊朗气压普遍较低，其分布特征是北高南低。自北向南，伊朗绝大部分地区的气压从1010毫巴递减，到霍尔木兹海峡西岸内陆，形成994毫巴的低压中心（与冬季的低压中心位置差不多）。夏季气压等压线分布形式基本是东西延伸、向南递减，与冬季气压等压线分布特征类似，不过等压线密度更高些。②

三、风向

受气压分布和气团的影响，伊朗的风向特征表现如下：

第一，冬季，受来自东北方向的稳定的、强大的极地大陆性气团控制，形成东北、西北的高亚中心，伊朗大部分地区盛行西北风或东北风；但是地中海温暖、湿润的海洋性气团也经常从西向东入侵伊朗，使空气增温，同时带来降雨。

第二，夏季，伊朗北部依然处于局部高压之下，高亚中心位于西北，因此大部分地区仍然吹西北风或北风。

第三，地形对风向的影响较大。伊朗的山区多、地貌特征复杂，因而山区的风向极端不稳定，狭窄山谷的山谷风在白昼和晚间的风向则截然相反；越过厄尔布尔士山和扎格罗斯山脉的的湿润气流还产生了强烈的"焚风效应"；伊朗夏季的地方性风中，波斯湾的"沙马尔风"和锡斯坦的"120日风"闻名遐迩；沿海地区的海风受地形限制，影响范围较小。③

---

① ［英］W. B. 费舍尔主编，北京大学地质地理系经济地理专业译：《伊朗》，北京人民出版社，1977年版，第77—78页。
② ［英］W. B. 费舍尔主编，北京大学地质地理系经济地理专业译：《伊朗》，北京人民出版社，1977年版，第79页。
③ ［英］W. B. 费舍尔主编，北京大学地质地理系经济地理专业译：《伊朗》，北京人民出版社，1977年版，第80—81页。

第三节 降水和地表水系

一、降水

伊朗全国的年均降水量为400毫米①，接近半湿润区的下界标准和半干旱区的上界标准。伊朗降水的时间分布属于地中海型，降水比较集中在冬—春时段，夏—秋时节则很少降水，成为干燥的季节。

降水时间分布不平衡、空间差异大的特征使得伊朗大部分地区都成为了半干旱区和干旱区。伊朗年降雨量达到或超过40毫米的地方只是小部分地区——里海沿岸和处于迎风坡的厄尔布尔士山以及扎格罗斯山海拔约1000—1700米的山麓、丘陵地区，这些地区的年均降水超过了400毫米，而内陆、东部和南部沿海地区的年均降水量都大大低于400毫米。

伊朗降水量的地域变化特征是：自西向东、自北向南递减。伊朗降水量较多的有两个地区：一个是里海沿岸和厄尔布尔士山北坡，为全国降水量最高的地区，吉兰省年降水量达到1337.5毫米，马赞达兰省达到738.9毫米，戈莱斯坦省也达到583.8毫米，分别居于全国各省降水量最多的第一位、第三位、第四位；另一个地区是西部、西北部扎格罗斯山山脉西坡地区，其中科吉卢耶博耶尔—艾哈迈迪省年降水量达到823.3毫米、伊拉姆省达到583.7毫米，分别位于全国的第二位、第五位（见表2—2），这些地区可以划入湿润和半湿润地区。

伊朗年降水量在200毫米以下的地区范围广大，主要是南部、东南部和伊朗高原内陆地区，特别是中央高原和南部沿海地区降水稀少、蒸发量又高。中央高原中心是全国降水量最少的地区，分布着广袤的盐漠、荒漠和沙漠。其中，年降水量不足100毫米的有中部的亚兹德省（年降水量59.2毫米）、东南部的锡斯坦—俾路支斯坦省（89.3毫米），年降水不到200毫米的省有中部的伊斯法罕（125.0毫米）、塞姆南（140.7毫米）、

---

① [英] W. B. 费舍尔主编，北京大学地质地理系经济地理专业译：《伊朗》，北京人民出版社，1977年版，第92页。

库姆（148.2毫米）、克尔曼（148.0毫米），东部的南呼罗珊（168.5毫米）、南部的霍尔木兹甘（176.1毫米）（见表2—2）。因此，伊朗成为西起北非撒哈拉大沙漠、东至蒙古高原的世界上最辽阔的干旱地带的重要组成部分。自古以来，普遍存在于伊朗山区、内陆的"坎儿井"，就是伊朗人民根据水源及地形特征来科学开发利用水资源、解决干旱缺水问题的智慧的体现。

伊朗其余地区的年降水量都在200—500毫米之间（见表2—2），属于半干旱地区。

表2—2 伊朗各省海拔和降水、地下水资源状况

省名	平均海拔（m）	平均降水量（mm）	地下水径流量（min cu m）
东阿塞拜疆	1648.42	283.80	1301
西阿塞拜疆	1687.46	338.90	1860
阿尔达比勒	1339.82	295.50	391
伊斯法罕	1551.76	125.00	5979
伊拉姆	852.98	583.70	350
布什尔	312.67	268.00	591
德黑兰	1801.73	232.70	3938
恰哈马哈勒—巴赫蒂亚里	2260.17	321.80	4635
南呼罗珊	1277.87	168.50	1145
呼罗珊	1238.52	251.50	6496
北呼罗珊	1279.39	267.80	942
胡齐斯坦	343.29	209.20	1272
赞詹	1774.81	311.10	1284
塞姆南	1069.26	140.70	1024
锡斯坦—俾路支斯坦	928.67	89.30	1646
法尔斯	1550.01	334.70	8776
加兹温	1590.20	314.40	2018
库姆	1124.42	148.20	903
库尔德斯坦	1866.14	449.90	1222
克尔曼	1329.65	148.00	6572
克尔曼沙阿	1422.96	439.20	2666

续表

省名	平均海拔（m）	平均降水量（mm）	地下水径流量（min cu m）
科吉卢耶博耶尔—艾哈迈迪	1484.68	823.30	1698
戈莱斯坦	501.95	583.80	1179
吉兰	820.59	1337.50	868
洛雷斯坦	1702.87	504.30	1900
马赞达兰	1377.22	738.90	1716
中央	1815.04	337.10	3060
霍尔木兹甘	571.43	176.10	1507
哈马丹	1897.17	317.70	2112
亚兹德	1230.45	59.20	1241
厄尔布尔士			

资料来源：Iran statistics yearbook 1389 – 1391。

伊朗西部（扎格罗斯山地区）降水属地中海型，冬季在湿润的西风带影响下，里海沿岸、厄尔布尔士山北坡和扎格罗斯山区降水最多，全国其他地区或多或少也有一些降水；夏季，西风带北移，伊朗处于干燥的大陆性气流的影响下，降水较少，中央高原、南部沿海和东部山地很多地方非常干燥。

二、地表水系之一：河流

如果不把里海作为世界上最大的咸水湖（内流湖）的话，伊朗高原西面、北面和南面的山脉脊峰往往就是外流河与内流河的分水岭。同时，山间盆地四周的山峰或高地也通常是内流湖盆的集水界线。地形还使水分集中在伊朗国土的北边和西边，中央核心部分则因为缺水而遍布荒芜之地。

降水量决定河流的流量、地形决定河流的流向，伊朗的河流大都发源于高原周围的山地，分别流入低处的波斯湾、阿曼湾、里海和内陆山间盆地、湖盆低地。由于干燥气候的影响和山地的限制，这些河流都比较短小，流量也不太大。只有北部、西北部和西南部山区，气候比较湿润，降水较多，又有高山冰雪融水的补给，河流流量较大。河流流量的季节变化是和降水的季节分布一致的：冬春（通常是头年10月—次年5月之间）流量大，夏秋（6—9月）流量小。由于高山陡峭，河谷深邃、河床坡度大、水流湍急，有利于水能资源的开发。由于降水和地形的原因，伊朗缺少真正的（按照河流流程、流量、流域面积等指标衡量）大河，主要河流有卡伦河、克孜勒乌赞河、阿拉斯河、卡尔黑河等。

卡伦河发源于扎格罗斯山扎尔德峰北坡，切过扎格罗斯山进入胡齐斯坦平原，在霍拉姆沙赫尔附近汇入阿拉伯河，到阿瓦士为止，流域面积达5.7万平方千米，长850千米[1]，是伊朗最长的河流，也是唯一一条可部分通航的河流，在阿瓦士附近有约3千米左右的瀑布河段，之后可以通行小船，与阿拉伯河汇合后的河段可以通行较大的船舶。卡伦河最大流量为2100立方/秒，迪兹河是其最大支流。

克孜勒乌赞河又名萨菲德河（萨菲德河袭夺了克孜勒乌赞河和沙赫河作为其上游），长785千米，流域面积5.8万千米，是伊朗北部最大的河流，该河发源于东阿塞拜疆省的山区，切穿厄尔布尔士山脉向北注入里海，冲积成为里海南岸的吉兰平原，其河谷成为德黑兰到吉兰省的主要通道。

卡尔黑河是一条内流河，发源于扎格罗斯山中段，主要源头有两个，一个是塞德马勒河，另一个是克什冈河，分别位于多鲁德的东西两侧，两源汇合后称之为卡尔黑河，长约460千米，流域面积约3.25万平方千米，下游无出海口，河水分散流入胡齐斯坦平原西部的沼泽、湿地之中。

阿拉斯河又名阿拉克斯河，是库拉河的主要支流，位于伊朗西北边界线上，发源于高加索山南侧土耳其东北部的宾格尔山，是亚美尼亚与土耳其的界河，也是伊朗与亚美尼亚、阿塞拜疆的界河，在伊朗与亚美尼亚、阿塞拜疆两国的边界线上长约420千米，在阿塞拜疆共和国比尔迈处进入阿塞拜疆共和国，在该国萨比拉巴德处汇入库拉河，汇入库拉河不久后折向东南流入里海。[2]

此外，伊朗还有较多的内流河，重要的内流河有流入伊斯法罕绿洲的

---

[1] 陈光裕主编：《世界地名词典》，上海辞书出版社，1981年版，第295页。
[2] 范毅、周敏主编：《世界地图集》，中国地图出版社，2005年版，第86页。

扎延德河、流入腊马克湖的加纳苏河、古姆河，从南面注入雷扎耶胡的扎林内河以及注入贾兹木里安湖的哈利勒河等。

三、地表水系之二：湖泊

受降水、蒸发和地形的影响，伊朗境内的湖泊大多是咸水湖。除伊朗对世界上最大的咸水湖里海南部拥有主权外，主要的湖泊有乌米尔耶湖、纳马克湖、萨比里湖等。

乌米尔耶湖又名雷扎耶湖，位于伊朗西北部亚美尼亚山区的东、西阿塞拜疆两省交界处的陷落盆地内，乌米尔耶湖在乌米尔耶城的东面、土耳其—伊朗铁路的南侧，大致呈南北长（约140千米）、东西窄（40—56千米）的形态，南北向分布，湖面平均海拔1276米，面积在5200—6000平方千米之间变动，湖中还有50多个小岛，是伊朗、也是西亚地区最大的湖泊，东面有塔勒赫河、南面有扎林内河注入，春季水深4—6米，盐度8‰—11‰，夏季水深1—2米，盐度26‰—28‰，湖岸土地含盐度高，多为荒地，部分地区有集约化农业。

纳马克湖位于伊朗中北部库姆省与伊斯法罕省、塞姆南省交界处，卡维尔盐漠的西沿，湖面大致成圆形，湖面约350—400平方千米，有加拉河从西面注入。

萨比里湖位于东部与阿富汗交界处锡斯坦—俾路支斯坦省东北边沿，属于锡斯坦低地底部，与南面的赫尔曼德湖、阿富汗境内的普扎克湖都依靠赫尔曼德河、法拉河等提供水源补给，5月水面最大，三湖连通，面积达3000平方千米，经过向盐沼排水，湖水可以成为淡水；5月以后水面下降，三个湖泊分开①，湖水退落后，部分退落出来的原来的湖面成为沼泽，部分成为牧场。如果对传统的灌溉设施进行改造，湖区周边可以成为良好的农耕区。

由上可见，受气候和地形的影响，伊朗缺少大河：河流流程短、流量少，很多都是处于幼年期的山区河流，除山区外，伊朗缺少常年性河流，山区外流河分别顺着北面、西南面—南面两大斜面注入里海（里海其实是

---

① 陈光裕主编：《世界地名词典》，上海辞书出版社，1981年版，第1153—1134页。

世界上最大的内流湖)、波斯湾—阿拉伯海,最大的几条河流分别是:向西南流出扎格罗斯山的卡伦河、穿过厄尔布尔士山西部流入里海的克孜勒乌赞河(又名萨菲德河)、西北部伊朗—阿塞拜疆界河阿拉斯河以及卡尔黑河、赫左雷河、曼德河等;除了卡伦河外,伊朗河流一般都没有航运价值,许多河谷因为深窄险峭也不利于交通和贸易,但是河水却为农业提供了灌溉之利,内流河水和地下水则是绿洲农业和居民生活存在的依据。乌米尔耶湖是伊朗、也是西亚最大的咸水湖(里海除外),纳马克湖、纳马克萨尔湖、贾兹木里安湖等则是主要的盐沼湖,赫尔曼德湖和萨巴里湖是伊朗少见而宝贵的淡水湖。

第四节 气候对人类活动的影响

哈佛大学法学院教授威廉·费舍尔认为:"天气几乎对人类活动的各个方面都有决定性的影响,……"[1] 他认为伊朗高原上能够支持人类生活的地区,都是有赖于春季因融雪而暴涨的河流从山上冲下来的地方。降水和气温两个主要的气象指标及其组合状况,成为影响人类最直接和最重要的气象因素,根据这些主要因素综合考虑的气候类型区,在很大程度上揭示了气候活动与人类的关系,反映了气候对人类活动的影响。

一、伊朗的气候类型区

由于纬度地带性规律、经向地带性规律和垂直地带性规律(海拔与地形条件)以及陆海距离等条件的综合影响,根据热量和降水指标,伊朗的气候类型区与分布大致可以分为五个:

第一,亚热带湿润气候区。主要分布在伊朗北端的里海南岸和厄尔布尔士山北坡地区,行政区主要涉及吉兰省—马赞达兰省—戈莱斯坦省的北部。

---

[1] [英] W. B. 费舍尔主编,北京大学地质地理系经济地理专业译:《伊朗》,北京人民出版社,1977年版,第76页。

第二，亚热带半湿润山地气候区。主要包括伊朗西北部的亚美尼亚山区和西部扎格罗斯山系的北段和中段地区，行政区划上主要包括东西阿塞拜疆省、阿尔达比勒省、赞詹省、库尔德斯坦省、哈马丹省、克尔曼沙阿省、伊拉姆省、洛雷斯坦省、中央省、恰哈马哈勒—巴赫蒂亚里省等的全部或大部地区。

第三，亚热带半干旱气候区。该区范围面积广大，占伊朗国土的一半以上，主要包括伊朗高原内陆大部、厄尔布尔士山南坡、扎格罗山系南段、库赫鲁德山系大部、东部东南部山地高原盆地、南部莫克兰丘陵（山地）地区等，行政区划上涉及伊斯法罕、亚兹德、克尔曼、法尔斯、锡斯坦—俾路支斯坦、北呼罗珊、德黑兰、马赞达兰、戈莱斯坦、霍尔木兹甘等省的全部或大部地区。

第四，亚热带干旱气候区，该气候区位于伊朗高原中北部，行政区划上主要包括：塞姆南省、库姆省、南呼罗珊省的大部地区，以及伊斯法罕省的北部、克尔曼省的东北部地区。

第五，热带干旱气候区，主要包括西南部的胡齐斯坦省（胡齐斯坦平原）、布什尔省—霍尔木兹甘省—锡斯坦—俾路支斯坦省的波斯湾—阿曼湾—阿拉伯海海岸狭窄地带。

二、伊朗的气候对人类活动的影响

众所周知，气候是影响经济地域差异的主要地理基础之一。影响伊朗自然景观、人类社会和经济活动最重要的自然因素之一是气候。在气候条件中，最重要的当属降水和热量因素。总的说来，伊朗降水不足，而且季节分配比较集中，加之降水主要受来自西面气流和盆地状的地形条件的影响，使得降水比较集中在伊朗的北缘、西部和西南部，中部内陆和东部地区大多表现为少雨干旱的荒漠景观。虽然全国的平均降水可达 400 毫米，实际上，年降水 400 毫米的地方只占全国很少一部分，而且主要是在厄尔布尔士山、扎格罗斯山海拔 1000—1700 米左右的山麓、丘陵迎风坡以及里海沿岸，这些地区的年均降水量超过了 400 毫米，内陆和东部、南部地区则成了少雨干旱区。每年 10 月—次年 5 月，是伊朗降水的主要时节，伊朗全国 2/3 以上地区且年降雨量的 50% 以上来自冬季，因此冬季成了伊朗的雨季。对于伊朗来说，气象诸要素中，水分的影响更为突出，因为伊朗大部分地区降水比较稀少、蒸发比较强烈，淡水资源对伊朗经济社会的发展举足轻重，尤其是对人口—城镇的分布、农牧业的布局以及航空产业的发展起着很强的指引和限制作用。这种影响，从古到今表现为伊朗的自然景观的区域差异，进而表现为人口—城镇分布的密度差异、农牧业生产类型的地域差异。这种差异，还将恒久地保持下去，因为，伊朗的这种气候条件和特征将会恒久地存在下去。当然，热量条件对伊朗的影响也是明显的：强烈的气温日较差、年较差，传递了大陆性气候的基本信息，也是影响人民生活、生产的重要地理因素。

第三章 中东的世界文明古国

第一节 中东的人口大国

一、伊朗的人口总量位居中东第二

人口数量是国家大小的主要衡量标准之一。2014 年伊朗人口总量已经达到 7868.74 万,位居中东第二位(与人口最多的其他两个中东大国比较:2012 年伊朗人口总量为 7642 万,同年埃及为 8072 万、土耳其为 7400 万[①]),人口众多是伊朗作为中东大国的一个主要体现。

二、伊朗的人口发展

(一)伊朗人口数量变化的历史轨迹

2015 年,伊朗人口总数已经达到 8000 万(按照 2014 年人口增长率 1.69% 估算,见表 3—1。2012 年,中东的埃及人口增长率为 1.66%、土耳其为 1.28%[②]),达到这个规模经历了 5000 多年的漫长时期。伊朗是世界上最早出现农牧业生产的国家之一。据估计,中石器时代伊朗约为 3 万人口,到青铜时代末期(约公元前 7 世纪),已达 400 万人口。但在此后

---

① 中华人民共和国国家统计局主编:《中国统计年鉴(2014)》,中国统计出版社,2014 年版,第 923 页。
② [英] W. B. 费舍尔主编,北京大学地质地理系经济地理专业译:《伊朗》,北京人民出版社,1977 年版,第 77—78 页。

的 2000 多年的时间里，伊朗的人口数量却长期停滞不前，在 400 万上下波动，直到 17 世纪才达到 500 万人口。18 世纪后半期至 19 世纪初期，伊朗人口有大幅度下降。以后才进入了一个大体上持续增长的时期，根据 1956 年人口普查，当年伊朗总人口已达 1894.48 万人，其中农村人口占 69.9%、城市人口（居民超过 5000 人的 186 个城镇）占 30.1%。[①]

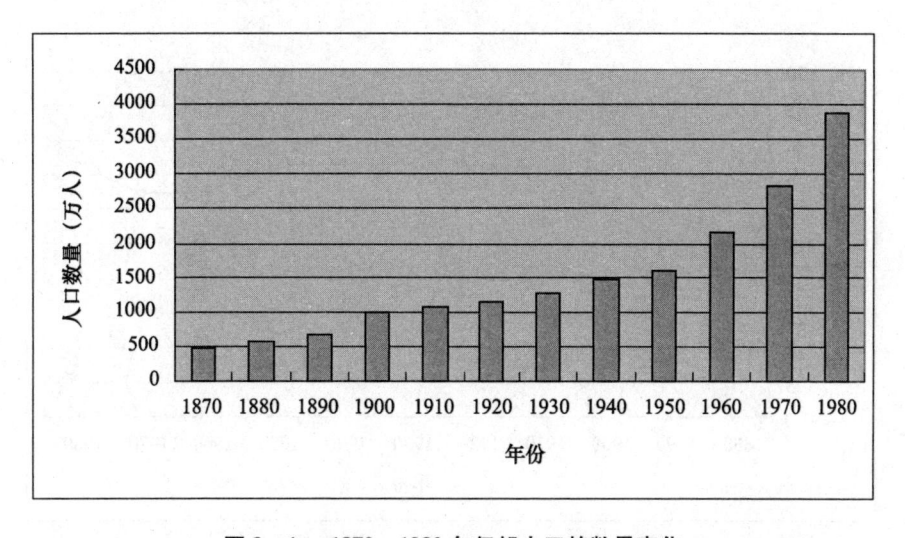

图 3—1　1870—1980 年伊朗人口的数量变化

资料来源：根据网站 www.populstat.info 提供的数据资料整理。

19 世纪以来，伊朗的人口数量进入了一个持续增长的时期。根据 1870—1979 年伊朗人口数量以及人口增长率的变化情况，把这个时期伊朗人口的数量变化过程大致分为三个阶段（见图 3—1）。

第一个阶段：1870 年到 20 世纪初期，伊朗人口进入了快速增长阶段。这 30 年时间内，伊朗人口数量增加了约 500 万人，人口增长率从 1880 年 17‰上升至 1900 年的 46‰，到 1900 年伊朗人口数量突破了 1000 万大关。这是因为"不管伊朗主动还是被动、自发还是自觉、情愿还是被迫，都被推进到国际斗争的旋涡里，被推进到世界发展的大潮中"。[②] 这个时

[①] ［英］W. B. 费舍尔主编，北京大学地质地理系经济地理专业译：《伊朗》，北京人民出版社，1977 年版，第 172 页、第 174 页。

[②] 冀开运、蔺焕萍：《二十世纪伊朗史》，甘肃人民出版社，2002 年版，第 22 页。

期，伊朗遭受了包括英国、俄国在内的欧洲列强国家的入侵，进入了殖民地半殖民地社会时期，开始被迫对外开放，被迫接受外来的西方文明，伊朗也开始引进西方的工业文明，架设电报线路，设立现代邮政制度，在一定程度上提高了生产力水平，人民可以安居乐业，进而导致人口的快速增长。

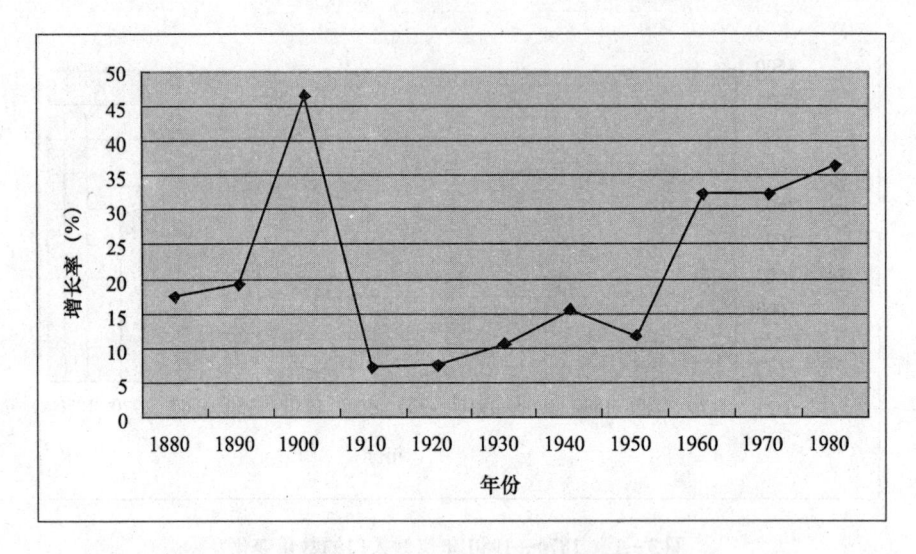

图 3—2　1880—1980 年伊朗人口增长率变化示意图

资料来源：根据网站 www.populstat.info 提供的数据资料整理。

第二个阶段：20 世纪初期到第二次世界大战结束，伊朗人口增长率骤降的时期。1910 年，伊朗的人口增长率已从 19 世纪初期的 45‰降至 7‰，此后 40 多年，人口增长率虽有所回升，但一直保持在 15‰以下的水平。这一阶段伊朗人口增长率与总量的变化是当时伊朗腐败的政治经济环境和动荡的世界政治经济格局的直接写照。

第三个阶段：20 世纪中叶到 20 世纪 70 年代，伊朗人口快速稳定增长的阶段。人口增长率保持在 3%的较高水平且变化幅度较小，1950 年伊朗人口数量仅为 1600 万，到了 1980 年已经增至近 3900 万。30 年间，人口总量净增长了 143.75%。这是因为，这个时期是世界格局整体上和平发展的时期，伊朗政局也比较稳定，政府推出的一系列雄心勃勃的经济发展计划取得了一定的成效，人民安居乐业，有利于伊朗人口的增长。

(二) 20 世纪 60 年代以来伊朗人口数量的变化

1960—2014 年，伊朗进入了一个人口持续增长的时期，历年伊朗人口变动情况见表 3—1。

表 3—1　1960—2014 年历年伊朗人口总数及增长率　　（单位：万人、%）

年份	人口总数	增长率
1960	2196	
1961	2254	2.63
1962	2313	2.64
1963	2374	2.65
1964	2437	2.66
1965	2502	2.67
1966	2570	2.69
1967	2639	2.71
1968	2711	2.73
1969	2785	2.72
1970	2861	2.71
1971	2938	2.71
1972	3018	2.73
1973	3102	2.78
1974	3192	2.88
1975	3288	3.01
1976	3390	3.11
1977	3499	3.22
1978	3617	3.37
1979	3747	3.58
1980	3889	3.80
1981	4044	3.99
1982	4210	4.11
1983	4385	4.16
1984	4567	4.15
1985	4753	4.07

续表

年份	人口总数	增长率
1986	4944	4.02
1987	5138	3.92
1988	5325	3.64
1989	5494	3.17
1990	5636	2.59
1991	5747	1.97
1992	5831	1.45
1993	5898	1.16
1994	5966	1.15
1995	6047	1.35
1996	6144	1.61
1997	6254	1.79
1998	6371	1.87
1999	6486	1.80
2000	6591	1.62
2001	6686	1.44
2002	6773	1.30
2003	6854	1.20
2004	6934	1.17
2005	7015	1.17
2006	7098	1.17
2007	7181	1.17
2008	7266	1.19
2009	7354	1.21
2010	7446	1.25
2011	7542	1.29
2012	7642	1.33
2013	7738	1.25
2014	7869	1.69

资料来源：根据http://www.phbang.cn/general/146543.html，2014年12月13日整理。

表3—1显示，从20世纪60年代到1979年，伊朗人口增长率一直呈

上升趋势,保持在2.63%—3.58%区间稳定上升;1980年到两伊战争结束的1988年,伊朗人口年均增长率稳定保持在高位运行3.64%—4.16%;1989年至2013年,伊朗人口增长进入了下跌、持续低速增长时期,从1989年的3.17%下降到1995年的1.15%,此后略为上升到1998年的1.7%,之后又进入新一轮的、增长率更低的下降通道;2013年以前的人口增长率基本在1.2%—1.3%之间,2014年才开始上升到1.69%。自20世纪60年代开始到21世纪初期的50多年时间内,伊朗人口增长率虽然呈现出从快速上升到骤降、再递减,再到低速增长的特点,但是伊朗人口总量却一直是逐年增加的,这也确立了伊朗的中东人口大国的地位,表明伊朗今后每年人口的净增量还会加大。

(三)影响伊朗人口数量变化的主要因素

1. 人口政策对增长率的影响:在控制增长与鼓励生育之间调整

伊朗的传统文化是鼓励人口多生多育的。古代和中世纪时期人口数量长期停滞不前是由于多种原因造成的,费舍尔教授认为,伊朗历史上多次遭到异族游牧民族(例如阿拉伯人、突厥人、蒙古人等)的入侵,"这些入侵正是直接、间接导致定居农民人数减少的主要原因"[1],此外,在2000多年的历史时期中,伊朗都保存着游牧或半游牧的生产方式,这种生产方式使得伊朗人口数量的增长缓慢,因为这种生产方式既不利于生产力的发展,也不利于人口自身的生产。

当代伊朗人口数量的变化,除了自然环境和资源的影响以外,经济形势和国家政策的变化是更加重要的影响因素。

一是巴列维王朝实施节制生育的人口政策。1960—1975年,伊朗推行节制生育政策,导致人口增长率保持在2.6%—3.01%之间。

二是伊斯兰政府的鼓励生育的人口政策。两伊战争前,最高领袖霍梅尼大力鼓励国民生育以制造战士,新政府废除了巴列维政权的《家庭保护法》,其人口生育政策由节制生育变为鼓励生育,降低男女结婚年龄,宣布堕胎非法;规定妇女在怀孕、哺乳期要保留其职位,还要享受带薪产假,哺乳期工作妇女每天可以有1个小时为孩子哺乳;特别是1980—1988

---

[1] [英]W. B. 费舍尔主编:《伊朗的土地》,剑桥大学出版社,1968年版,第413页。

年两伊战争期间，伊朗政府更加感到众多的人口是战胜敌国的根本力量。因此，1979—1989年，尽管有战争和革命的巨大影响，人口增长率却在3.17%—4.16%的高位上运行，尤其是两伊战争激烈的1982—1986年间，人口增长率都超过了4%。

三是伊斯兰政府重新控制生育的人口政策。两伊战争结束后，出于对人口爆炸的担忧，霍梅尼认为现有的经济规模养不活那么多人口，于是伊朗政府在20世纪八九十年代之交开始制定控制生育政策。1989—1997年，阿克巴尔·哈什米·拉夫桑贾尼担任总统期间，他说服宗教界领导人支持他的计划生育政策，鼓励（不是强制）每个家庭只生两个孩子，伊朗人口政策开始在1989年发生巨变。当时的伊朗政府认为，"养活不断增长的人口的成本，已经超出伊朗的能力。伊朗将无法为人民提供足够的粮食、教育、住房和就业机会。"于是宣布"伊斯兰最倾向于一家只生两个孩子"，每个家庭最多3个孩子。

1970年以后的30多年时间内，伊朗人口的出生率呈现出由高出生率向低出生率转变的趋势。1970年伊朗人口的出生率在45‰以上，到2003年，出生率已经降至17.6‰，30多年的时间出生率减少了27.4‰，呈现出大幅度下降的趋势（见图3—3）。

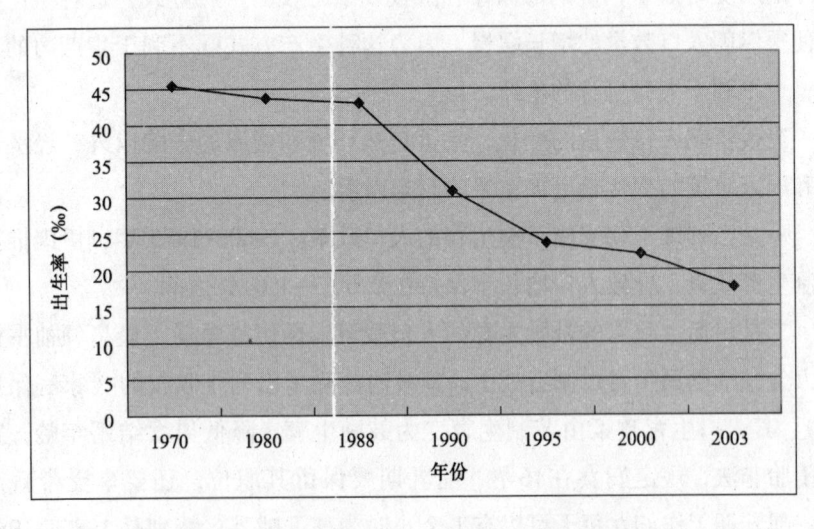

图3—3　1970—2003年伊朗人口出生率变化图

资料来源：中华人民共和国国家统计局编：《国际统计统计年鉴（2000—2005）》，中国统计出版社。

伊朗人口出生率的迅速下降，导致人口增长率开始从高峰时期的3.9%下降到2003—2008年期间的1.2%以下，2014年才略有回升到1.69%。

四是伊斯兰政府重新实施鼓励生育的人口政策。2010年以来，伊朗政府越来越担忧人口低增长率（2012年是1.33%，而1983年是4.16%）会最终导致人口负增长和严重老龄化，反观邻国伊拉克和沙特阿拉伯的生育率却仍然有4%左右。而且，伊朗降低生育率并没有为经济发展带来好处，以至于一些伊朗人士（包括2005年开始担任总统的艾哈迈迪·内贾德）认为应当修改拉夫桑贾尼总统的"两个孩子就够了"的人口政策。

实际上，2000年以后的伊朗政府都制定和实施了一系列鼓励生育的政策措施，但是，还是没有完全扭转伊朗人口增长率较低的趋势，2013年的增长率1.25%，比2012年还略降了0.08%，2014年回升到1.69%，比上年提升了0.44%。生育成本的高昂，才是当今伊朗年轻人不愿意多生育孩子的主要原因。根据世界银行数据，2013年，伊朗经济增长率出现大幅下滑（增长-5.80%），国内生产总值（GDP）为3689亿美元[①]，按当年7737万人计算，人均GDP仅为4768美元，明显低于网站数据"伊朗人均国民收入水平达到5780美元，人均寿命74岁"[②]的统计，可见，经济低迷是生育率不能提升的主要原因。

2. 人口出生率和增长率的区域差异显著

伊朗人口出生率的地区差异显著。以2005年伊朗30个省份的人口出生率为例。2005年伊朗人口出生率最低的省份是吉兰省，人口出生率为13.40‰；人口最高的省份是锡斯坦—俾路支斯坦省，人口出生率高达33.14‰。伊朗各省份的人口出生率中最高省份的人口出生率是最低省份的两倍多，可谓相差悬殊，地区差异显著，据此，可以将伊朗人口出生率划分为三类地区：

第一类是高出生率省份。该类省份仅有锡斯坦—俾路支斯坦省，人口自然增长率高达33.14‰，分布在伊朗的东南部。

[①] 中华人民共和国国家统计局主编：《中国统计年鉴（2014）》，中国统计出版社，2014年版，第926页。

[②] http://www.phbang.cn/general/146543.html，2014—12—13。

第二类是中等出生率省份。该类省份的人口出生率均大于17‰，最高的省份出生率达到22.98‰。共17个省份，包括北呼罗珊省、呼罗珊省、南呼罗珊省、克尔曼省、霍尔木兹甘省、亚兹德省、胡齐斯坦省、布什尔省、科吉卢耶—博耶尔艾哈迈迪省、恰哈马哈勒—巴赫蒂亚里省、伊拉姆省、克尔曼沙阿省、洛雷斯坦省、西阿塞拜疆省、东阿塞拜疆省、阿尔达比勒省和戈莱斯坦省，这类地区集中分布在伊朗的西南、西北和东北的边境地区和东南大部地区。

第三类是低出生率省份。该类省份的人口出生率最高的为16.85‰，最小的仅有13.40‰。主要是吉兰省、法尔斯省、伊斯法罕省、塞姆南省、赞詹省、加兹温省、马赞达兰省、德黑兰省、库姆省、中央省、哈马丹省和库尔德斯坦省，共计12个省份，集中分布在伊朗的中北部地区和中南部地区。

3. 人口死亡率持续下降，且地区差异大

第一，死亡率呈持续下降趋势。

1970—2003年，伊朗人口死亡率的变化大致可以分为三个阶段：1970—1988年为高死亡率阶段，死亡率虽然大幅度降低，但均高于8‰；1989—1995年死亡率持续降低，但降低幅度较前一阶段明显变缓；从1995年开始到现在，伊朗人口死亡率变化进入了稳定阶段，死亡率保持在6‰左右，变化幅度微乎其微。

第二，人口死亡率的地区差异明显。

伊朗各省的人口死亡率也存在很大的不同。2005年伊朗人口死亡率最低的省份是库姆省，为3.96‰，同年南呼罗珊省的人口死亡率却高达11‰。按照死亡率的高低，也可以把伊朗各省分为三类地区：

第一类是高死亡率省份。该类省份仅为南呼罗珊省，人口死亡率高达11‰，远高于伊朗的平均人口死亡率。

第二类是中等死亡率省份。该类省份的人口死亡率均大于6‰而小于10‰，包括呼罗珊省、亚兹德省、科吉卢耶—博耶尔艾哈迈迪省、中央省、吉兰省、赞詹省、哈马丹省、东阿塞拜疆省和洛雷斯坦省等9个省，主要分布在伊朗的东部和西北部地区。

第三类是低死亡率省份。该类省份的人口死亡率均小于6‰，共有20个省，分布面积广泛。包括北呼罗珊省、克尔曼沙阿省、西阿塞拜疆省、阿尔达比勒省、马赞达兰省、恰哈马哈勒—巴赫蒂亚里省、法尔斯省、锡斯坦—俾路支斯坦省、克尔曼省、霍尔木兹甘省、布什尔省、胡齐斯坦省、伊斯法罕省、塞姆南省、德黑兰省、加兹温省、库尔德斯坦省、戈莱斯坦省、伊拉姆省和库姆省。

（四）人口再生产类型的地区差异

伊朗目前各省份的人口再生产也呈现出不同的类型，大致可以划分为四种：

第一种类型是高出生率、高死亡率、低自然增长率的原始型省份。该类型的省份仅有南呼罗珊省，分布在伊朗的东部边境。

第二种类型是高出生率、低死亡率、高自然增长率的年轻型省份。该类型的省份数目比较多，共有8个省份，包括东阿塞拜疆省、洛雷斯坦省、科吉卢耶—博耶尔艾哈迈迪省、亚兹德省、呼罗珊省、克尔曼省、霍尔木兹甘省和锡斯坦—俾路支斯坦省，主要分布在伊朗的东南部地区，西部和西南部也有零散分布。

第三种类型是较低出生率、低死亡率、较低自然增长率的成年型省份。该类型省份数目最多，包括西阿斯拜疆省、阿尔达比利省、库尔德斯坦省、赞詹省、吉兰省、克尔曼沙阿省、哈马丹省、加兹德省、伊拉姆省、中央省、库姆省、胡齐斯坦省、布什尔省、法尔斯省、恰哈马哈勒—巴赫蒂亚里省、科吉卢耶—博耶尔艾哈迈迪省、戈莱斯坦省和北呼罗珊省共18个省份，主要分布在伊朗的西北、西南和东北地区。

第四种类型是低出生率、低死亡率、低自然增长率的衰老型省份。该类省份集中分布在伊朗的中北部地区，包括德黑兰省、塞姆南省、马赞兰达省和伊斯法罕省等四省份。

可见，随着伊朗经济的发展和社会文化环境的改善，这些年来，伊朗人口的出生率、死亡率和自然增长率都呈现出大幅度下降的趋势，但是与世界人口的发展水平相比，伊朗人口的出生率、死亡率和自然增长率还是较高，人口再生产类型为成年型，也预示了伊朗人口数量还将持续上升。

三、伊朗人口的年龄结构

（一）伊朗人口的年龄构成特征

1986—2003年，伊朗人口的年龄结构呈现出以下特点：

第一，年轻人比重趋于下降。0—14岁的人口比重在20多年的时间里呈现出逐年递减的趋势。1986年和1991年0—14岁的人口比重均大于40%，分别为45%和44%；从1996年开始出现转折，到2000年和2003年，这一年龄段的人口比重均小于40%，2003年甚至降到了30%的水平，这主要是由于伊朗人口出生率下降、自然增长率下降导致的。

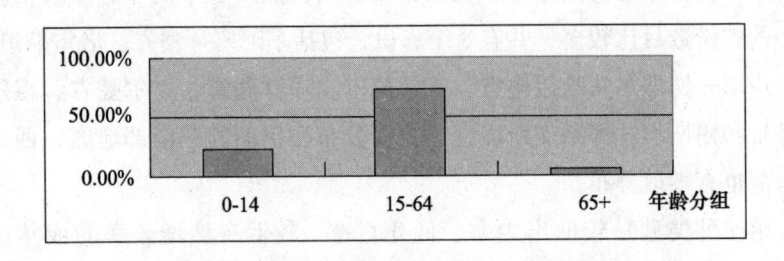

图3—4　2008年伊朗人口年龄结构柱状图

资料来源：http://en.wikipedia.org/wiki/Demographics_of_Iran。

第二，经济活动人口占比高、增长速度快。15—64岁的人口比重在这一时间段内呈现出逐年递增的趋势，而且增长的速度很快。1986年和1991年的时候15—64岁的人口比重刚超过50%，但到了1996的时候这一比重已经增加至56%，2000年达到59%，2003年已经上升为66%了，增长速度之快可见一斑。该数据预告伊朗的老龄化时代即将到来。

（二）伊朗人口的年龄结构变化趋势

根据图3—5显示，伊朗人口的年龄结构将无可避免地朝向老年化方向发展，老年人口占比上升是必然趋势。65岁及65岁以上的人口比重在近20多年的时间内呈现出变化幅度小、基本稳定但略有上升的态势。这一年龄段的人口比重已经由1986年的3%上升至2004年的4.7%，虽然变化的幅度非常小，但总体上呈现出上升的趋势。如果将时间后推20年，伊朗65岁以上人口所占比重将大大上升，表明伊朗将逐渐进入老年化社会。

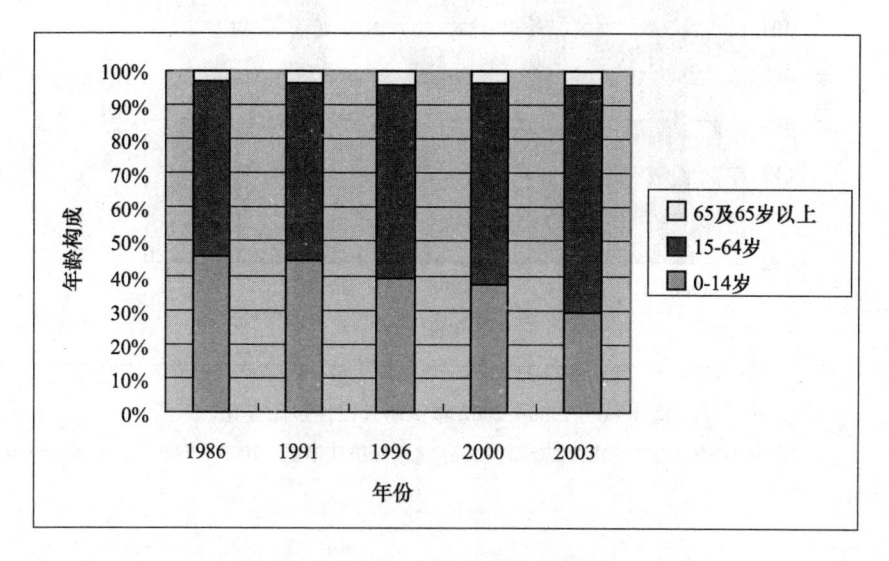

图3—5 伊朗人口年龄结构变化图

资料来源：中华人民共和国国家统计局编：《国际统计年鉴（2000—2005）》，中国统计出版社。

如果把人口年龄构成划分为年轻型、成年型和老年型三种类型的话，从近20多年的时间过程来看，伊朗的人口构成经历了从年轻型向成年型这一类型的转变：目前伊朗人口的年龄构成处于较为稳定的成年型阶段。

四、伊朗人口的性别结构

2014年，伊朗人口总数达到7868.74万人，其中男性人口数量为39904901人、女性人口数量为38782534人，伊朗男女性别比为50.7∶49.3。[①]

[①] http：//www.phbang.cn/general/146543.html，2014—12—13.

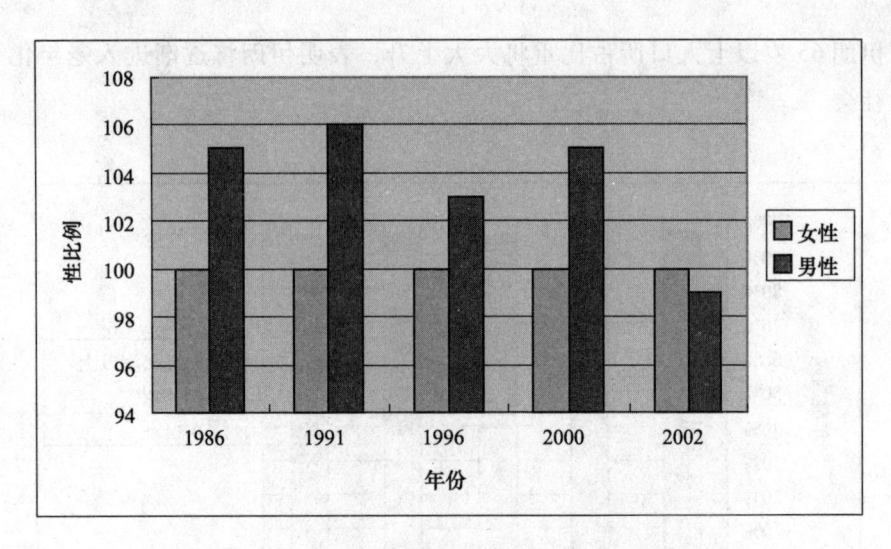

图 3—6　1986—2002 年伊朗人口性别比变化

资料来源：中华人民共和国国家统计局编：《国际统计年鉴（2000—2005）》，中国统计出版社。

据图 3—6 显示，1986—2002 年期间，伊朗人口的性别构成中基本上是男性人口的比重大于女性人口的比重，在 2000 年之前男女性别比例均大于 100∶102，而到了 2002 年男性人口的比重却小于女性人口比重，性比例出现逆转的情况，但是从对伊朗人口的总体研究情况来看，这应该属于特例，从整体上看，伊朗的男性人口数量应该大于女性人口的数量，这在 2014 年的数据中得到了验证。

需要指出的是，伊朗妇女的权益和地位在"伊斯兰革命"以后得到了很大的提升，伊朗婚姻法对伊朗妇女在家庭中的生活费用、离婚、分居、支配家庭财产、子女监护等权益方面都做了保护性规定，伊朗妇女已经开始普遍进入社会生活的方方面面，电影女导演、女演员、女教师、女老板、政府的女雇员，甚至女司机在伊朗并不少见，还出现了女政治家，如前总统哈塔米内阁七位副总统中就有女副总统玛苏梅·埃普特卡尔博士，前总统艾哈迈迪·内贾德内阁中也有一位女副总统兼环保组织主席，她就是筵法提梅·贾瓦迪博士。西方媒体也认为，伊斯兰革命后霍梅尼在学校推行的性别分离政策反而让许多保守家庭放心送女儿上学，女性的受教育率反而大大提高了①。事实上，当今伊朗经济社会各领域，妇女的作用和影响越来越突出：她们不仅抚养家庭老小、打理家务，而且是伊斯兰教戒律和伦理的践行者和维护者，还是伊朗传统文化精神的传播者，伊朗妇女的细密画绘画作品、编织的波斯地毯享誉世界。一些伊朗高校中，女生人数甚至超过了男生。

五、伊朗人口的城乡结构

如果把伊朗人口简单地划分为城市人口和农村人口的话，伊朗人口城乡构成变化的总体特点是近30多年来伊朗农村人口的比重持续下降，城市人口的比重逐年增加。以1980年为分界点，可以划分为两个阶段：第一阶段（1980年以前），这一时期伊朗的农村人口数量比重大于城市人口的比重；第二个阶段（1980年以来），其中1980年伊朗的农村人口和城市人口的比重相当，均为50%，但这之后，伊朗的城市人口数量开始增长，城市人口比重持续快速上升，到2006年城市人口比重上升至67%，同时农村人口比重大幅度下降，仅占全国人口的约1/3。

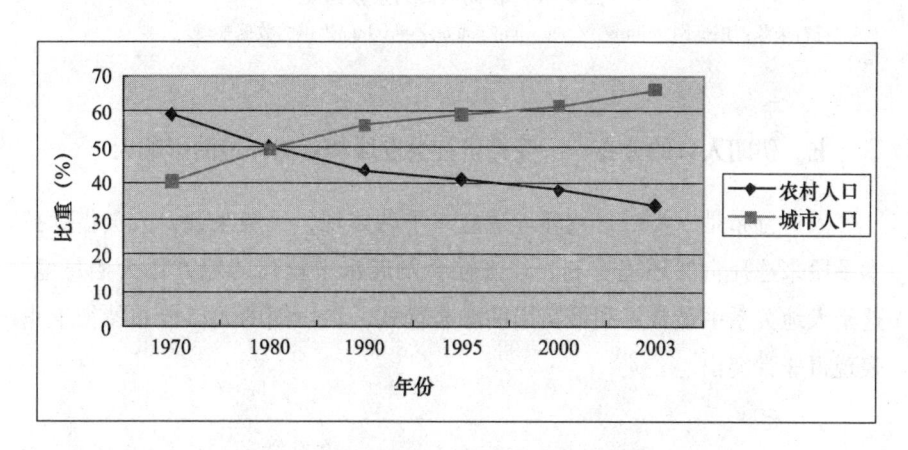

图3—7 伊朗人口的城乡结构变化

资料来源：中华人民共和国国家统计局编：《国际统计年鉴（2000—2005）》，中国统计出版社。

---

① 《洛杉矶时报》，2012年7月。

六、伊朗人口的宗教结构

伊朗民众的宗教信仰主要是信仰伊斯兰教，穆斯林占全国人口的98.8%，其中什叶派穆斯林占全部人口的89%，逊尼派穆斯林占10%，其余约1%的人口为琐罗亚斯德教徒、犹太教徒、基督教徒和巴哈教徒等。伊朗是琐罗亚斯德教①的发源地。

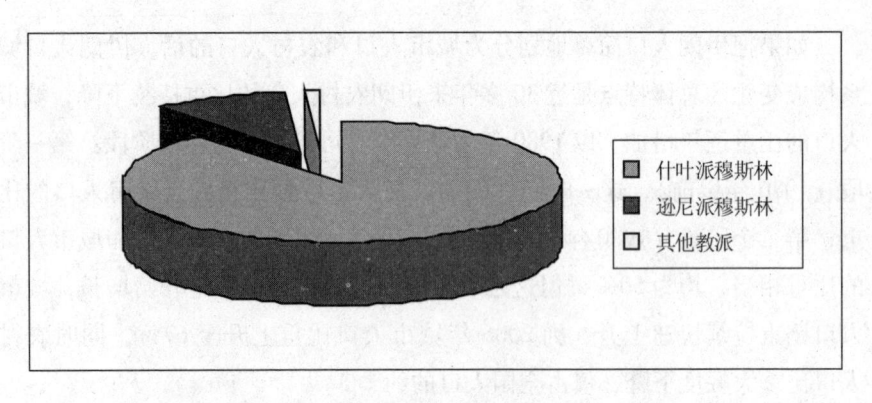

图3—8　伊朗人口的宗教构成
资料来源：根据网站 https://en.wikipedia.org/wiki/Iran 提供的数据整理。

七、伊朗人口的分布——受经济社会发展和自然环境的影响大

人口分布是人类对自然环境适应水平的体现，一般来说，人类借助技术手段来选择自然环境有利、经济社会发展水平较高的地方作为栖息地，这是人地关系中最常见和最实用的融合模式，在伊朗的人口分布特征上也表现得非常突出。

（一）伊朗人口分布特征

第一，人口密度较低。伊朗国土面积为164.5万平方千米，2014年伊朗人口数量达到7868.7万人，据此可知，伊朗人口密度为48人/平方千

---

① Iran Cultural Heritage and Tourism Organizzation, Persia_ visit Iran.

米，略低于世界平均人口密度（按照世界总人口约75亿、陆地总面积约1.5亿平方千米匡算，世界平均人口密度为50人/平方千米），也比中东另外两个人口大国埃及的81人/平方千米（2012年）、土耳其的94人/平方千米（2012年）的密度[①]低得多，说明伊朗国土资源的人口容量潜力较大。

第二，伊朗人口分布的区域差异大。2014年，伊朗人口分布比较集中的省份有德黑兰、伊斯法罕、法尔斯、胡齐斯坦、呼罗珊和东阿塞拜疆等。

其中，人口密集区是伊朗的"十字形"地带，约一半的人口集中分布在这里。这个"十字形"带状地区的中心是伊斯法罕，其横向地带主要包括胡齐斯坦省、伊斯法罕省和呼罗珊省，三省人口数量总计约为1400万；纵向地带包括德黑兰省、法尔斯省、马赞达兰省和库姆省，人口总计近2042万。这个"十字形"地带面积将近49.2万平方千米，占全国总面积的30%；人口数量却达到3400多万人，占全国人口总量的40%以上。

伊朗的中部东南和西北部地区面积广袤，但人口数量较少。

（二）影响伊朗人口分布的主要因素

影响伊朗人口分布的主要因素是经济社会因素和自然环境因素。

用SPSS软件对影响目前伊朗人口分布的地理环境进行相关性分析，结果显示：

经济因素是影响伊朗人口分布的主要因素，其中第三产业产值和国民生产总值这两个指标与人口数量的相关性最高，相关系数超过了0.9。可见，经济越发达、产业结构越高端的地方就是伊朗人口分布越集中的地方。此外，社会环境和自然环境也较大程度地影响着伊朗人口分布的地区差异：交通基础设施的便捷性、文化教育程度和可利用的淡水、土地资源以及矿产资源数量与开发便捷度等，都对人口分布有较大影响，与伊朗各省的自然地理环境和资源、社会经济环境的差异相对应，基本结果是：人

[①] 中华人民共和国国家统计局编：《中国统计年鉴（2014）》，中国统计出版社，2014年版，第923页。

口分布比较稠密的省份之经济社会发展水平较高、城镇比较密集、降水较多且处于山麓或山间盆地，因为那里宜于人们工作、居住和生活，例如德黑兰、伊斯法罕、法尔斯、呼罗珊、东阿塞拜疆、胡齐斯坦等省。

第二节 波斯族为主的多民族国家

一、伊朗是多民族国家

地理位置使伊朗成为历史上东西方民族的交汇之处，这是伊朗成为多民族国家的历史地理基础。通常认为伊朗有40多个民族，其中主要有波斯、阿塞拜疆、库尔德、阿拉伯、土库曼、俾路支、卢尔、塔莱什、巴鲁切、土耳其等民族，根据美国中央情报局的统计数据，伊朗目前的民族构成为：波斯人占51%、阿塞拜疆人占24%、基拉克人和马赞达兰人占8%、库尔德人占7%、阿拉伯人占3%、卢尔人占2%、俾路支人占2%、土库曼人占2%，塔利什人和突厥语部落群体等其他民族人口占1%。

主体民族波斯人主要居住在伊朗的中部和北部，少数民族主要居住在伊朗的边疆地区。民族的地区分布从一个侧面揭示了自古以来各民族在国家中的政治经济地位的差异。历史和现实中，主体民族与少数民族间也常有矛盾与摩擦，但"穆斯林皆兄弟"的宗教认同成为伊朗各民族团结的核心因素，宗教上的忠诚很容易转化为政治上对国家的认同，当代伊朗各民族之间的关系总体上是融洽的。毫无疑问，伊朗各民族共同书写了闻名世界的伊朗历史，共同创造了光辉灿烂的伊朗文化，共同维护了伊朗的国家主权和领土统一。

二、伊朗部分民族的基本情况

（一）波斯人

伊朗的主体民族，亦称伊朗人。主要居住在伊朗的中部和东部诸省。属欧罗巴人种南支地中海类型。语言属印欧语系伊朗语族。波斯人有记载的历史和文化始于公元前2700年。公元前2000年，古波斯人游牧部落自中亚进入今天的伊朗地区，排挤了当地的土著居民而定居下来。公元前8世纪，波斯人占领了法尔斯地区后获得了本族的名称，并建立起强大的波斯帝国。现代波斯人中的98%信奉伊斯兰教中的什叶派。波斯族人口约4620万人。在伊朗中部和高原上的城市地区，如德黑兰、克尔曼、设拉子、亚兹德、伊斯法罕、卡尚等地，是波斯人集中生活和工作的地方。波斯人的文化水平和科技水平在伊朗各民族中最高，他们容易接受西方的影响。波斯人从事农、工、商等各种职业。伊朗军队、国家、宗教的高级职务大多由波斯人担任，他们在全国政治、经济、文化各个方面占有非常重要的地位。

（二）阿塞拜疆人

阿塞拜疆人约占伊朗人口总数的1/4，是伊朗第二大民族。阿塞拜疆人主要居住在伊朗西北部的东、西阿塞拜疆省，也是哈马丹、加兹温、阿拉克和萨韦等城市的主要居民。阿塞拜疆人也被称为阿泽尔人，属欧罗巴人种西亚类型，与阿塞拜疆共和国的主体民族同属一个民族。使用阿塞拜疆语，属阿尔泰语系突厥语族西南语支，方言和土语较多，仍使用阿拉伯字母文字。一般认为阿塞拜疆人最早可追溯到青铜器时代，其祖先可能是那时就居住在南高加索东部地区的古代居民阿尔巴尼人、米底亚人、卡斯比亚人，多数阿塞拜疆人是什叶派穆斯林，主要从事农业、手工业和商业，并以擅长园艺和手织地毯著称。

（三）库尔德人

伊朗的库尔德族约有350万—400万人，是伊朗的第三大民族。主要分布在伊朗、土耳其、伊拉克和叙利亚四国边境交汇的地区，即库尔德斯坦，分别成为这四国的少数民族。伊朗的库尔德人主要分布在伊朗的扎格罗斯山脉地区的库尔德斯坦省及西阿塞拜疆省，属欧罗巴人种印度地中海类型，使用库尔德语，属印欧语系伊朗语支，文字以拉丁字母为基础，信仰伊斯兰教，多数属逊尼派。库尔德人是中东地区最古老的民族之一，相传是古代亚述人的后代。

库尔德人原先是游牧民族，现在大部分都已定居，从事农耕或畜牧，也有在城市里经商的。

（四）阿拉伯人

伊朗的阿拉伯人属于跨界民族，他们是伊朗的第四大民族，约有300多万人①，伊朗的阿拉伯人属欧罗巴人种地中海类型，使用阿拉伯语，属闪含语系闪语族，自公元6世纪开始使用源于阿拉米字母的阿拉伯文字，宗教上属于伊斯兰教逊尼派。大部分居住在伊朗西南部和靠近伊拉克边境的伊朗境内，主要在胡泽斯坦和波斯湾沿岸地区，这些人主要从事石油开采、农耕和航运等工作。他们居住的地方是伊朗出入波斯湾的大门，又是伊朗粮食和石油的主要产区，伊朗90%以上的石油和天然气产于此地，这里有著名的石油港霍拉姆沙赫尔和世界最大的炼油中心阿巴丹，其经济和战略地位十分重要。

还有少部分阿拉伯人分布在洛雷斯坦省、法尔斯省、克尔曼省与呼罗珊省东部，主要从事畜牧业。

伊朗的阿拉伯人的民族来源可以上溯到远古的闪米特人部落，在历史上与亚述人、阿拉米人、迦南人、腓尼基人、希伯来人等有亲缘关系。

（五）基拉客人和马赞达兰人

基拉客人和马赞达兰人自古以来就居住在伊朗境内的吉兰省和马赞达兰省。属欧罗巴人种地中海类型，使用基拉客语和马赞达兰语，两种语言相近，都属于印欧语系伊朗语族，无文字。信奉伊斯兰教什叶派，文化习俗与波斯人相近。基拉克族和马赞达兰族都属于里海人种。

（六）卢尔人

卢尔人约有160万人口，大多数分布于伊朗的扎格罗斯山区。卢尔人部落分为两个主要支派：一支为定居的农民，另一支为游牧民和半游牧民。卢尔人有两个部落居住在法尔斯省西部。定居在哈马丹和加兹温的卢尔人基本上被波斯人同化。

---

① Hussein D. Hassan Information Research Specialist Knowledge Services Group. Iran: Ethnic and Religious Minorities [OL] Updated November 25, 2008.

伊朗的卢尔人被认为是原始种族，与波斯人、阿拉伯人以及其他地方的人有混血关系。卢尔人讲的卢尔语是一种与波斯语极其相近的独立语言。卢尔人信奉伊斯兰教，大部分是什叶派穆斯林。在库尔德斯坦省，卢尔人集中分布在该省的北部。而在伊拉姆省则主要分布在南部地区。

（七）俾路支人

伊朗境内约有140万俾路支人。他们是跨境民族，主要分布于伊朗东南部边境、面积约为19万平方千米、战略地位十分重要的锡斯坦—俾路支斯坦省，少数俾路支人分布在克尔曼等省。伊朗的俾路支人主要从事农业、畜牧业和渔业。

伊朗境内的俾路支人属欧罗巴人种地中海类型。使用俾路支语，属印欧语系伊朗语族。信奉伊斯兰教，属逊尼派。俾路支人的发祥地大概在伊朗高原。古时候伊朗俾路支斯坦曾是通往印度河流域和巴比伦诸文明古国的陆上通道。

（八）土库曼人

伊朗的土库曼人约有55万人，他们大多居住在伊朗东北部与土库曼斯坦接壤的戈尔甘平原，少数人分布在其他地方。他们大部分属于游牧部落，主要从事畜牧业（特别是养羊），其次是农业。伊朗的土库曼人属欧罗巴人种与蒙古人种的混合类型，使用土库曼语，属阿尔泰语系突厥语族。1928年前使用阿拉伯字母，后改用拉丁字母，1940年起又改用斯拉夫字母。信奉伊斯兰教，属逊尼派。土库曼人的远祖可以追溯到古代草原地区使用伊朗语的马萨哥特人和萨尔马特—阿兰人，以及古代马尔基安纳、花剌子模等国的部分居民。

（九）巴赫蒂亚尔人

伊朗的巴赫蒂亚尔人约有100万人，他们是游牧和半游牧部落。与卢尔人相邻，他们以恰哈马哈勒—巴赫蒂亚里省为其主要聚居区。巴赫蒂亚尔人分为两个基本分支：恰哈马哈勒—巴赫蒂亚里省北部的哈夫特兰部落，他们大部分是游牧民；南部的查哈尔兰部落，他们基本上是定居农民。在伊朗西南部也有数量较多的巴赫蒂亚尔人，他们与阿拉伯人杂居，讲阿拉伯语。

（十）卡什凯伊人

伊朗的卡什凯伊人约有45万人，主要分布在法尔斯省和伊斯法罕省，是伊朗南部人数较少的突厥部落。他们主要从事游牧和打猎，冬季游牧的地方在设拉子以南、波斯湾附近的山岳地区。夏季在伊斯法罕通往设拉子的道路以西，春季则转移到遥远的北方。现已有半数以上的卡什凯伊人定居务农，还有人从事畜牧业、货物运输和织毛毯。

（十一）亚美尼亚人

伊朗的亚美尼亚人约有26万，属于跨国民族，与今天亚美尼亚共和国的主体民族同属一个民族。他们几乎定居于伊朗所有的大城市，其中以乌尔米耶市和伊斯法罕市最为集中，在伊斯法罕近郊有一个较大的亚美尼亚人聚居区。亚美尼亚人主要从事商业和手工业，信奉基督教。

（十二）其他民族

伊朗还有21万犹太人，他们自巴比伦时代起就一直住在伊朗。犹太人信奉犹太教，占全国人口的0.3%。此外，还有信奉琐罗亚斯德教的居民约7万—8万人，占全国人口的0.1%。

三、伊朗居民使用的主要语言

伊朗的官方语言是波斯语，通用英语，如前所述，有些少数民族还使用自己的语言。大致上，伊朗40多个民族分别属于三种语系：印欧语系印度—伊朗语族伊朗语支，包括波斯人、库尔德人、卢尔人、巴赫蒂亚尔人、俾路支人等；阿尔泰语系突厥语族，包括阿塞拜疆人、土库曼人、卡什凯伊人等；闪含语系的有阿拉伯人、犹太人等。伊朗的亚美尼亚人讲印欧语系波罗的海语族亚美尼亚语。

第三节 悠久的历史

一、史前时期

伊朗有着5000多年的文明史，是中东文明的摇篮之一，也是世界上历史最悠久的文明古国之一。据考古发现，早在距今10万年前的旧石器时代中期，伊朗西部高原地区就有人类居住；公元前1万年时，一些部落就居住在里海南岸地区。[①] 在公元前4000—3000年，现代伊朗地域上已经有了原始人类的文化。伊朗最早的居民是狩猎部落和畜牧部落：住在伊朗东部的是从事游牧的人，住在伊朗西部的则是定居的从事牧畜和农业的人，其他居民则从事狩猎。[②] 居住在伊朗高原西南部卡伦河流域及其以东的山地斜坡上的埃兰人建立了由众多小王国组成的埃兰王国。公元前3000年上半期，埃兰部落出现了奴隶制萌芽，公元前20世纪后半期，埃兰发展成为一个强大的国家，它于公元前1176年攻陷巴比伦，但是在公元前639年被亚述所灭。[③]

二、古代时期

居住在伊朗高原西北部和阿塞拜疆的米底人是中亚雅利安人的一支，他们从中亚南迁而来，并与土著融合，形成了伊朗人的主体。公元前10—前6世纪，伊朗西北部和阿塞拜疆属于米底王国，公元前6世纪初，米底人又征服了伊朗高原西南部（今法尔斯地区）的波斯部落（帕尔苏亚部落），进而占领了整个伊朗地区。公元前639—前550年，米底部落打败周围其他部落，建立了伊朗历史上第一个统一的国家米底王国[④]，其疆域大

[①] 孙博编：《伊朗》，中国旅游出版社，2006年版，第38页。
[②] ［苏］米·谢·伊凡诺夫著，李希泌等译：《伊朗史纲》，生活·读书·新知三联书店，1973年版，第5—6页。
[③] 赵国忠主编：《简明西亚北非百科全书》，中国社会科学出版社，2000年版，第54页。
[④] 赵国忠主编：《简明西亚北非百科全书》，中国社会科学出版社，2000年版，第54页。

致包括今土耳其安纳托利亚东部、伊朗西部、西南部和东部。

伊朗旧称波斯，中国古称"安息"。波斯部落最早居住在伊朗高原西南部，公元前558年，阿契美尼德族的居鲁士起义反对米底王国，成立了阿契美尼德国家。① 公元前550年，米底王国被波斯帝国居鲁士二世灭亡，居鲁士大帝统一伊朗各族，建立了波斯帝国（公元前550—前330年），并先后征服了巴比伦、埃及、大夏、花喇子模、希腊等地。

伊朗的古代史，上自公元前550年波斯帝国建立，下止于公元651年萨珊波斯帝国灭亡，历时1200余年。② 公元前6世纪后期到公元前5世纪前期（大流士一世时期：公元前522—前486年），帝国达到鼎盛，版图东到阿姆河和印度河流域，西到巴尔干半岛、尼罗河中、下游和埃塞俄比亚，北到亚美尼亚、黑海—里海之滨，南达波斯湾，近700万平方千米、70个民族5000万人口，成为世界上第一个地跨亚、欧、非三洲的大帝国。波斯帝国在公元前492年的波斯—希腊战争后走向衰落；公元前334年，马其顿亚历山大三世东侵波斯；公元前330年，波斯帝国被亚历山大大帝灭亡，波斯进入亚历山大帝国和塞琉古王国（有些著述称为"塞流西王国"）时期（公元前330—前247年）。亚历山大在波斯推行"希腊化"统治，他在公元前323年死后，帝国分裂，其部将塞琉古（马其顿人）夺取帝国东部广大地区，并于公元前312年称王，建立塞琉古王国，中国史称"条支"。

公元前247年，波斯帕尔尼部族击败了塞琉古军队，建立阿萨西斯王朝，中国史称安息王朝，西方史学家称帕提亚王朝，其统治直到公元224年被萨珊王朝推翻。

公元224—651年是萨珊王朝统治时期，萨珊波斯王朝是伊朗古代史上最强盛的朝代，其领土一度东扩至印度河中上游地区。之后，受与罗马帝国的战争、封建割据、人民起义、中亚游牧部落入侵、阿拉伯帝国侵略等的影响而衰落，公元651年，阿拉伯帝国哈里发奥斯曼·依本·阿帆推翻萨珊王朝③，伊朗沦为阿拉伯帝国下辖之一省，伊朗的古代史就此

---

① [苏]米·谢·伊凡诺夫著，李希泌等译：《伊朗史纲》，生活·读书·新知三联书店，1973年版，第8、9、603页。
② 范毅、周敏主编：《世界地图集》，中国地图出版社，2005年1月，第84、85、234页。
③ 孙博编：《伊朗》，中国旅游出版社，2006年版，第39页。

结束。

萨珊王朝统治的4个多世纪，伊朗社会完成了由奴隶制向封建制的转变，奴隶逐渐转变为佃农或自由农，奴隶贵族阶级也逐渐封建化了。在科斯洛埃斯改革后，伊朗经济较快发展，农业产量增加，手工业同农业分离，城市数量增多，商贸繁荣起来，开展了与拜占庭、中国、印度、中亚、阿拉伯地区的贸易往来，创造了融合东西文化，又保留自身文化特点的丰富多彩的萨珊文化；继承了阿契美尼德文化传统，又吸收了希腊、罗马、中国、印度的优秀文化成果。[1]

三、中古时期

7世纪中叶到18世纪，是阿拉伯人征服伊朗、伊朗社会伊斯兰化和进一步封建化的时期。期间，阿拉伯人、突厥人、蒙古人、阿富汗人相继入侵，先后经历了阿拉伯帝国伍麦叶王朝时期（661—750年）、阿拔斯王朝时期（750—1258年）、伊尔汗国时期（1258—1335年）[2]、帖木儿帝国时期（1370—1507年）、萨法维王朝时期（1502—1736年）。

阿拔斯王朝是阿拉伯大地主艾卜阿巴斯建立的阿拉伯帝国，公元762年迁都巴格达，王朝夺取政权和巩固政权都主要依靠伊朗人。期间，伊朗农业发展，手工业兴盛，商业繁荣，但是农民负担沉重，阶级矛盾尖锐，民族矛盾激化。

11世纪上半叶，塞尔柱人从吉尔吉斯草原南下布哈拉、呼罗珊；1055年进入巴格达，建立了包括伊朗在内的塞尔柱帝国；12世纪末，中亚花喇子模入侵伊朗。

13世纪10—20年代，成吉思汗入侵伊朗；1256年，成吉思汗之孙旭烈兀占领伊朗；1258年攻陷巴格达，灭亡阿拔斯王朝。旭烈兀以伊朗为中心建立伊尔汗国。

14世纪末，突厥族的帖木儿（1336—1405年）入侵伊朗，灭伊尔汗国，其子沙哈鲁（1405—1447年）死后，帝国分裂，东部呼罗珊一带由帖

---

[1] 赵国忠主编：《简明西亚北非百科全书》，中国社会科学出版社，2000年版，第57—58页。

[2] 据搜狗百科，伊尔汗国始建于1256年。

木儿后裔统治，伊朗西部以及法尔斯、克尔曼，还有阿塞拜疆、亚美尼亚、格鲁吉亚、美索不达米亚的部分地区则先后属于土库曼游牧部落建立的黑羊王朝（1378—1468 年）和白羊王朝（1378—1502 年）。白羊王朝1468 年灭黑羊王朝，白羊王朝在 1502 年被萨法维王朝灭亡。

萨法维王朝（1502—1736 年）的创建者是阿塞拜疆阿达比尔地区的酋长萨菲丁（1254—1334 年），其第六代孙伊斯玛仪（1487—1524 年）灭白羊王朝建立萨法维王朝，并自立为伊朗国王（1502—1524 年在位），定都大不里士。

伊斯兰教伴随阿拉伯人入侵传入伊朗，在征服、统治伊朗期间进一步传播、扎根、巩固下来，逐渐成为以后统治伊朗人民精神的国家宗教。原先奉行古波斯帝国的国教琐罗亚斯德教的伊朗人大多皈依伊斯兰教，1502—1736 年存在的萨法维王朝，其第一个国王就是伊斯兰教什叶派阿里后裔第七伊玛目穆萨·卡塞姆的后代，他 1502 年即位就将伊斯兰教什叶教派定为伊朗的国教，这对什叶派在伊朗的发扬壮大起了重要作用，伊朗从此成为一个政教合一的伊斯兰国家。

值得一提的是，萨法维王朝中的阿巴斯一世致力于振兴手工业和商业，政府修建货仓，广筑道路，制定防匪治盗、惩治贪污、保障旅商安全的办法，将亚美尼亚楚尔法的技术精湛的 5000 多名工匠和商人迁到伊斯法罕，这些措施促进了城市的发展和经济的繁荣，当时伊朗除了大量的私人手工业作坊，还有王室手工业作坊（"制造局"）30 多个，大量生产地毯、纺织品、皮制品、陶器等，首都伊斯法罕城周达 37 千米、人口 50 万以上，成为全国的政治经济中心。阿巴斯一世还奖励发展与东西方国家的商业往来，来自中国、印度、花喇子模、布哈拉、土耳其、俄国、英国、法国、意大利、西班牙等地的商人经常云集于伊斯法罕，伊朗向外输出蚕丝、织锦、丝绒、布匹、地毯、皮制品、绒线、烟草、干菜等商品，其中蚕丝是主要输出品，主要运往印度、土耳其和欧洲，王室垄断蚕丝贸易，由亚美尼亚商人代王室经营；主要输入呢料、食糖、锡、铜等商品。当时的伊朗国际贸易港口，最重要的要数波斯湾口的霍尔木兹，因为它是当时伊朗与土耳其、印度、阿拉伯、欧洲等贸易的商业中心和通商中继站，葡萄牙、英国等先后于 1515 年、1623 年用武力争夺霍尔木兹，英国东印度公司、荷兰东印度公司都在这里设立了商站。①

四、近代时期

伊朗的近代史，从1736年延续到1925年，经历了并行存在的阿夫沙尔王朝（1736—1796年）和赞德王朝（1751—1794年）、卡加尔王朝（1796—1925年）两大时期②，与伊朗恺加王朝（1796—1925年）③的历史基本一致。

1722年，在萨法维王朝日渐衰落的情况下，阿富汗的吉尔扎部落攻占萨法维王朝首都伊斯法罕，部落首领马赫默德自立为伊朗王。1736年，来自呼罗珊地区的部落首领纳迪尔率军将阿富汗人赶出伊朗，建立了以马什哈德为首都的阿夫沙尔王朝。

18世纪末，东北部的土库曼人恺加部落统一了伊朗，恺加王朝建于1779年，首次定都德黑兰。恺加王朝时期，是伊朗沦为英、俄两国的半殖民地的时期，19世纪初开始沦为英、俄两国的半殖民地。其间也孕育了19世纪40年代的伊朗人民反封建反殖民压迫的巴布教起义、1905—1911年的伊朗资产阶级革命。

恺加王朝初期，西方列强加紧在伊朗进行争夺。1801年俄国兼并格鲁吉亚；英国同伊朗三次战争，导致伊朗割地赔款并承认阿富汗独立。此后法国、奥地利、美国等相继强迫伊朗订立了不平等条约。19世纪下半叶，英、俄两国攫取了在伊采矿、筑路、设立银行、训练军队等特权。1907年，英、俄两国相互勾结划分了在伊的势力范围：北部属俄国，南部属英国，中部为缓冲区。④

1921年礼萨·汗推翻恺加王朝，于1925年建立了巴列维王朝。

---

① 赵国忠主编：《简明西亚北非百科全书》，中国社会科学出版社，2000年版，第87—88页。
② 赵伟明：《近代伊朗》，上海外语教育出版社，2005年版，第277—278页。
③ 赵国忠主编：《简明西亚北非百科全书》，中国社会科学出版社，2000年版，第104页。
④ 见搜狗百科对"恺加王朝"词条的注解。

五、现代伊朗

现代伊朗，经历了巴列维王朝时期和伊朗伊斯兰共和国时期。

（一）巴列维王朝时期

巴列维王朝（1925—1979 年）是伊朗历史上最后一代王朝。

1921 年 2 月，驻扎在哈马丹的哥萨克旅士兵因为几个月没有得到薪饷而哗变，该旅指挥官礼萨·汗趁机率领哗变军队进入京城，罢免了首相谢赫别达尔·阿扎姆，指定赛义德·齐耶丁为新首相组织新政府，礼萨·汗自任陆军大臣兼武装部队总司令。1923 年 9 月，礼萨·汗亲任首相，艾哈迈德国王被迫流亡欧洲。1925 年 10 月，波斯议会决议废黜流亡的艾哈迈德国王，同年 12 月，立宪会议推举礼萨·汗为波斯国王，由此宣告恺加王朝结束、巴列维王朝建立。①

礼萨·汗在位时期，对内采取了一些有利于社会经济发展的措施，如：废除什叶派的宗教司法权，实施政教分离；成立银行，建立现代工厂，兴修水利；建立世俗学校，开办女子学校，限制经学教育；建立文官制度等。对外表现出强硬的对外立场，于 1921 年与苏联签署协议，废除了伊朗与沙俄签订的不平等条约；又于 1927 年宣布废除所有与外国签订的不平等条约以及外国在伊朗的领事裁判权，并实行关税自主；1931 年开始收回外资经营的交通运输设施，控制外资的活动，提前取消了英波石油公司的石油租让权（后在国联的仲裁下达成协议：石油租让权从 1961 年延长至 1993 年，租让面积从 129.5 万平方千米减少到 64.75 万平方千米，1938 年再减少到 25.9 万平方千米②）。

1935 年 3 月 21 日，议会决议将国名波斯改名为伊朗。礼萨·汗的对外政策虽然强硬，但是在外交上的亲德倾向却是明显的。第二次世界大战前，伊朗与德国关系密切，1941 年，德军入侵苏联，英、苏出兵伊朗，礼萨·汗·巴列维被迫退位，其子穆罕默德·礼萨·巴列维继位（1941—

---

① 赵国忠主编：《简明西亚北非百科全书》，中国社会科学出版社，2000 年版，第 514 页。
② 赵国忠主编：《简明西亚北非百科全书》，中国社会科学出版社，2000 年版，第 514 页。

1979年在位），1942年，英、苏、伊三国签订同盟条约，1943年，伊朗才对德宣战。1945年德国投降后，伊朗要求英、美、苏三国按照德黑兰协定，在6个月之内从伊朗撤军。同年8月，美军从伊朗撤出，但却留下庞大的军事代表团，英国宣布在1946年3月前从伊朗撤军，苏联在1946年5月从伊朗撤军。1945年11月到1946年12月期间，伊朗政府军平息了叛乱的阿塞拜疆民族自治政府和库尔德斯坦巴哈马德共和国，据称，他们都是在苏联支持下企图脱离伊朗的。[①] 1947年，伊朗与美国签订了美国对伊朗派驻军事使团和提供武器装备的协议，1950年5月，伊朗和美国在华盛顿签订新的军事协定，伊朗逐渐成为美国在中东的政治、经济和军事势力范围。

战后初期，伊朗国王的集权政治与伊朗民族民主运动斗争激烈。1949年伊朗立宪会议修改宪法，授予国王解散议会的权力；同年10月，以穆罕默德·萨摩台为首的民族民主力量组成"民族阵线"，主张对内实行民主，限制王权；对外反对帝国主义控制，要求把英伊石油公司收归国有。巴列维国王被迫于1951年4月任命萨摩台为首相组成政府，在英美政府的压力下，同年7月17日萨摩台辞去首相职务，亲西方的艾哈迈德·卡旺上台出任首相，但是卡旺遭到人民的强烈反对，上台5天后即被迫下台。于是萨摩台重新出任首相，并兼任国防大臣，他解散了国王的近卫队，将王室的财产收归政府。以纳里上校为首的王室卫队于1953年8月15日发动反对萨摩台的政变，政变失败后巴列维国王出逃伊拉克、罗马。在美国中情局策划下，巴列维的心腹、伊朗将领法朱拉·扎赫迪同年8月18日发动军事政变，推翻了萨摩台政府。同年8月22日，巴列维回国，指定扎赫迪担任首相兼任国防、外交、内政、邮电大臣。政变使穆罕默德·礼萨·巴列维由君主立宪变成了倚赖美国支持的独裁者，巴列维国王越加倒向以美国为首的西方的怀抱：1954年4月10日，美、英、法等国的石油财团组成控制伊朗石油的"国际石油财团"；1955年11月13日，伊朗正式参加英、美策划的巴格达条约组织。

战后巴列维政权企图以社会改革和发展经济来缓解政府与人民和宗教

---

① 赵国忠主编：《简明西亚北非百科全书》，中国社会科学出版社，2000年版，第514—515页。

界的矛盾，用大量的石油收入来推进国家的现代化，1963年推出了"白色革命"的社会改革方案，方案涉及到寺院土地、给予妇女平等的选举和被选举权等内容，这些严重损害宗教利益、违反伊斯兰教义的举措必然遭到宗教界的强烈反对，后来成为什叶派领袖的鲁霍拉·穆萨维·霍梅尼当时就猛烈抨击"白色革命"，号召人民推翻巴列维政权，他因此于1963年6月被捕，1964年被驱逐到土耳其，1965年被送到伊拉克什叶派圣地纳杰夫定居，1978年10月被伊拉克政府驱逐到巴黎。

除了经济的努力，巴列维王朝在20世纪70年代在政治上拼命挣扎，企图挽回颓势，但是终究没能成功。1977年8月，巴列维让他的心腹阿米尔·阿巴斯·胡韦达首相下台、复兴党总书记前国防大臣贾姆希德·阿木泽加尔上台，后者于1978年8月辞职，巴列维又任命原参议院议长加法尔·谢里夫·埃马米为首相，同年11月，巴列维又任命武装部队总参谋长古拉姆·礼萨·爱资哈里将军取代埃马米为首相，但是12月31日就在德黑兰群众反对国王的洪流中被迫辞职。1979年1月，在巴列维国王承诺出国流亡的前提下，政坛元老沙普尔·巴赫蒂亚尔出任首相，1月12日，霍梅尼在巴黎宣布成立"伊斯兰革命委员会"，1月13日巴赫蒂亚尔成立摄政委员会，1月16日，巴列维携家流亡国外[①]，在反独裁的群众运动中，巴列维王朝最终轰然倒塌了。

（二）伊朗伊斯兰共和国时期

1979年1月19日、26日，百万德黑兰民众上街示威，要求霍梅尼回国主政，2月1日，霍梅尼回到德黑兰，回国后，霍梅尼立即采取了系列的政治措施治理混乱中的国家；2月5日，霍梅尼任命"自由运动"领导人迈赫迪巴扎尔甘为总理，组成伊斯兰革命临时政府，并于2月12日接管了垮台的巴赫蒂亚尔政权；2月19日批准建立伊斯兰共和党；20日下令建立伊斯兰革命卫队；28日发表十四点政治和社会纲领；3月7日宣称伊斯兰教法是伊朗一切法律的基础，要求女职工必须穿戴传统的伊斯兰服装；3月30日举行关于成立伊斯兰共和国的公民投票，4月1日霍梅尼宣布建立伊朗伊斯兰共和国。

---

① 赵国忠主编：《简明西亚北非百科全书》，中国社会科学出版社，2000年版，第515页。

1980—1988年间，伊朗陷入与伊拉克的八年战争。

从伊斯兰革命成功到2015年，伊朗伊斯兰共和国政府经历了十一任总统（因为其中哈梅内伊、拉夫桑贾尼、哈塔米、内贾德等四人皆连任两届，因此十一任期共有七位总统）执政：第一任，阿布·哈桑·巴尼萨德尔（Abol Hassan Banisadr），任期为1980年2月—1981年6月；第二任，穆罕默德·阿里·拉贾伊（Mohammad Ali Rajai），任期为1981年8月3日—1981年8月31日；第三任，赛义德·阿里·哈梅内伊（Grand Ayatollah Seyyed Ali Khamenei），任期为1981年10月—1985年8月；第四任，赛义德·阿里·哈梅内伊（Grand Ayatollah Seyyed Ali Khamenei），任期为1985年9月—1989年6月；第五任，阿里·阿克巴尔·哈什米·拉夫桑贾尼（Ali Akbar Hashemi Rafsanjani），任期为1989年10月—1993年6月；第六任，阿里·阿克巴尔·哈什米·拉夫桑贾尼（Ali Akbar Hashemi Rafsanjani），1993年7月—1997年8月；第七任，赛义德·穆罕默德·哈塔米（Sayed Mohammad Khatami），任期为1997年8月—2001年；第八任，赛义德·穆罕默德·哈塔米（Sayed Mohammad Khatami），任期为2001—2005年；第九任，马哈茂德·艾哈迈迪-内贾德（Mahmoud Ahmadi-Nejad），任期为2005—2009年6月；第十任，马哈茂德·艾哈迈迪-内贾德（Mahmoud Ahmadi-Nejad），任期为2009年8月—2013年6月；第十一任（现任），哈桑·鲁哈尼（Hassan Rohani），任期为2013年8月—2017年8月。

1989年6月3日，霍梅尼逝世。次日，"专家会议"推举哈梅内伊总统（刚刚临近其第二任总统任期结束之时）为霍梅尼的继承人，就任伊朗最高宗教领袖，哈梅内伊成为伊斯兰共和国宪法规定的、也是事实上的伊朗国家最高领导人。此后迄今，伊朗进入哈梅内伊时代。

历史的因素为当代伊朗社会经济打下了深刻的烙印。古代的希波之战，伊朗代表强盛的东方势力，但是以亡国和被统治告终。7—18世纪中亚、西亚民族的入侵，使得伊朗的民族构成和文化基础更加复杂，特别是近代以来帝国主义者在伊朗的侵略和争夺。其中，以英国、沙俄两国在伊朗争斗的时间最长、斗争最激烈，1907年和1915年，英俄两国两次签订瓜分伊朗的协议，沙俄将伊朗北部、英国将伊朗南部分别置于自己控制之下。第二次世界大战以后，美国的势力大举入侵，20世纪50年代初到70

年代末,是美国在政治、经济、军事上控制伊朗的时期。伊朗伊斯兰共和国建立之后,伊朗进入了独立自主发展时期,但是帝国主义和霸权主义对伊朗内政外交的各种干涉仍然以各种形式表现出来。

第四章 伊斯兰政治模式

第一节 当代伊朗政治体制与结构

一、伊朗政治模式的基本内容

1979年4月1日,霍梅尼宣布"伊朗伊斯兰共和国"正式成立。根据1979年12月公民投票通过的伊朗宪法,伊朗实行政教合一、神权高于一切的伊斯兰共和制。最高宗教领袖是国家的最高领导人,他既是宗教领袖,也是政治权威,其权力在行政、立法、司法之上。最高领袖是国家内政外交大事的最后裁定者,也是武装部队的总司令,集政治、军事、宗教大权于一身。总统、议会、司法、宪监会等所有机构均受领袖领导。负责选举领袖的是专家会议,专家会议由教法学家组成。这种政治体制决定了宗教领袖们可以垄断国家的政治权力。

伊朗伊斯兰共和国的政治体制是根据霍梅尼"教法学家统治"理论构建的,其特色是包括最高领袖职位在内的一系列独特制度。伊朗伊斯兰共和制实行了立法、行政、司法三权分立的原则,伊朗总统、议会都是选举产生的。伊朗总统是名义上的伊朗国家元首和政府首脑,一方面,作为民主选举的总统,拥有伊朗的最高行政权;另一方面,总统行政要按照最高领袖和专家委员会的意志行事。议会的所有立法必须经"宪法监护委员会"批准方能生效。司法总监是伊朗的最高司法首脑,由最高领袖任命,最高法院院长和总检察长都由司法总监任命。伊朗的政治结构模式如下图(图4—1)。

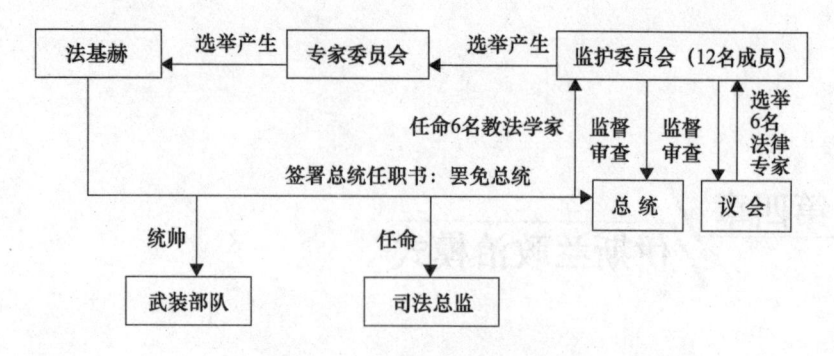

图 4—1 伊朗政治结构模式图

资料来源：姜英梅：《伊朗伊斯兰共和国的政教关系》，《西亚非洲》，2005 年第 5 期，第 52 页。

（一）领袖（法基赫）

领袖（法基赫即教法学家，法基赫制度即教法学家对国家的监护制度）与其他形式的国家政权不同，伊朗宪法确立了教士阶层尤其是高级教职人员在政权中的主导地位：宪法第八章"领袖或领袖委员会"指出："领袖由公正的、虔诚的、明于时势的、勇敢的、有组织能力、有远见、为大多数人民承认并接受为领袖的教士担任"，宪法规定了宗教领袖享有至高无上的权力。为了确保政府的一切法律和政策符合"沙里亚法"，设立了以法基赫为首的权力机构。宪法规定，在伊玛目隐遁期间，法基赫代行伊玛目的一切权力，享有治理国家的绝对权力，支配所有的政府机构，担任武装部队总司令统率军队，决定战和，任免宪法监护委员会的半数成员（另外半数成员则由法基赫任命的最高司法委员会提名并由议会推选）和最高法院院长、总检察长直至罢免总统。

除了政治权力外，法基赫还行使宗教领袖的职能：任命或撤销"星期五聚礼"的领拜人，定期对有关事项做出宗教裁决。法基赫不但要具备圣人般的品德和才智，而且要得到大多数人认可。霍梅尼就是典型的法基赫。如果没有这样的人选，则降低条件由选举产生的"专家委员会"负责从高级教士中遴选一人担任领袖；或由 3—5 人组成的"领导委员会"集体行使法基赫的权力。领袖不称职或失去领袖的必要条件时可以废黜领袖，1989 年 3 月，被推举为接班人的蒙塔泽里因与霍梅尼意见不和被迫辞职;另外5名大阿亚图拉或者年老体衰,或者无意从政,需要从教阶仅次于阿亚图拉的"霍贾特伊斯兰"中遴选,为此讨论修改了宪法。1989年6月,霍梅尼逝世后,专家委员会推举哈梅内伊继任法基赫。

法基赫制度的建立标志着现代宗教政治在伊朗社会的广泛实践,阿里·沙里亚蒂和霍梅尼所阐述的什叶派伊斯兰原教旨主义亦随之由巴列维时代的民间信仰转化为伊斯兰共和国的官方理论。

(二) 立法机构

立法机构即议会,其正式名称是"伊斯兰协商议会",伊朗伊斯兰协商议会是伊朗的最高立法机构,实行一院制。议员为270人,议员由选民直接选举产生,任期4年。议长一年一选,可以连选连任。议会有权批准同外国签订的一切条约、协议和合同,随时对总统和部长进行质询和弹劾,批准政府需要采取的紧急措施等。

议会在宪法规定的范围内制订法律,并对政府进行监督与约束。为了防止各种势力交错的议会通过违反伊斯兰利益的决议,特意在议会内设立了"监护委员会"(the Guardian Council)。它由12名成员组成,其中6名成员由领袖或领袖委员会推荐;另外6名成员由议会通过投票从推荐的穆斯林法学家中选出。宪法第94、95条规定:"议会通过的一切决议、提案必须递交监护委员会审查";"没有监护委员会,议会就没有合法性"。监护委员会还"有权监督共和国总统、国民议会的选举和公民投票"。它凌驾于议会之上,成为宗教领袖和教士集团控制议会的有力工具。在第一届伊斯兰议会中,有10名属于"自由运动"的议员,霍梅尼仅仅把他们当作民主的象征。而实际上大多数议员不是教士就是霍梅尼的忠实信徒,霍梅尼逝世后,特别是哈塔米主政后议会中的改革派人士开始逐渐增加。

(三) 行政机构

伊朗政府实行总统内阁制。总统是继领袖之后的国家最高领导人,既是国家元首,又是政府首脑,他必须赞成伊斯兰共和国,并必须信奉国教(即"十二伊玛目派"),其候选人资格要由监护委员会认定。总统任期4年,由人民直接投票选举产生,可以蝉联一届。总统负责协调"三权"关系并领导日常行政事务,总统可授权第一副总统掌管内阁日常工作,有权任命数名副总统，来协助总统主管专门事务。然而，根据伊斯兰宪法，总统只是名义上的国家元首，总理作为行政首脑对议会负责。总统没有军事领导权，其实际行政权力往往受到领袖及议会尤其是监护委员会的掣肘。

（四）司法机构

司法部门是伊朗政坛的司法权力部门。司法总监是司法界的最高首脑，由领袖任命，任期5年。最高法院院长和总检察长由司法总监任命，任期5年。司法部长由司法总监推荐，总统任命，负责协调政府和议会间的关系。在司法总监领导下，还设有行政公正法庭和国家监察总局，分别审理民众对政府机关的诉讼和监督国家机关的工作。

司法机构的司法权由"最高司法委员会"履行，该委员会成员任期5年，可连选连任。负责组建司法系统，制定相关的司法条例以及任免法官。它由总检察长、最高法院院长和3位法官组成，除总检察长和最高法院院长外，3位法官从全国法官中选举产生。

二、伊朗伊斯兰共和体制及其特点

伊朗伊斯兰共和国是伊朗伊斯兰革命的成果，伊朗伊斯兰革命则是1905—1911年立宪运动和1963年民主运动的历史延续，也是"白色革命"和伊朗现代化（城市化、工业化）进程中的政治产物，因为城市化和工业化改变了传统的伊朗社会结构和新旧社会势力的力量对比，发展中的城市民众群体成为伊斯兰革命的社会基础，这个基础就是城市资产阶级、政府雇员、教师、商人、工匠、产业工人和城市下层民众的广泛结盟，产业工人的罢工导致巴列维王朝的最终覆灭。比较而言，当年的"白色革命"只是国王的革命，是自上而下的经济运动，导致了部分生产资料所有制的改变；伊斯兰革命却是真正的人民革命，是一场自下而上的政治运动，是对西方化的巴列维国王政治制度的彻底否定。需要指出的是，伊朗的全面伊斯兰化是伊斯兰什叶派化而非泛泛的伊斯兰化，更不是伊斯兰逊尼派化。

从当代伊朗的国家政权体制的设立和指导思想看，具有以下基本特征：

第一，国家的名称反映了国家政权政教合一的本质特征，即宗教观念与现代世俗观念的混合体。因为"伊斯兰"是宗教或宗教理念,而"共和"是现代世俗民主国体的理念。

第二,从治国方式看,神权高于一切。治国的法典是《古兰经》,基础是伊斯兰教,最高领导人是教法学家中的精英——宗教(精神)领袖,领袖的权威至高无上。

第三,借鉴了西方"三权分立"的理念,行政、立法和司法部门齐全,各自独立。议会对总统有所牵制。

第四,仲裁、监察部门权力大,他们可以掌控或影响选举,决定或影响立法和司法的最终结果。

第五,设有总统的非"总统制"国家。总统不是真正意义上的国家元首,仅是象征性的国家元首,权力受到多重制约,相当于西方总统制国家的总理或国务卿。

同时,伊朗的政权体系和权力结构十分复杂。从权力的分配看,伊朗最高领袖几乎是"一神(真主)之下、众人之上"的权力结构。但是,民主程度并不低,主要机构均为国民直选产生,即便是那"一神之下"的最高领袖,理论上也是民选的结果(尽管民选的专家委员会成员资格需由最高领袖任命的宪监会审定)。从权力的使用上看,是神灵化的宗教领袖领导下的以伊斯兰法为根基的"神权"统治,领袖具有超越法律的权力。

这就是伊朗通过"神权"统治来建设纯而又纯的伊斯兰国家的"第三条道路",充满了宗教空想色彩,现实社会中难以实现,因为它是一种"逆时空"的社会思想形态。具体体现在以下几方面:

(一)政治制度伊斯兰化

伊朗伊斯兰共和国政体是伊斯兰原教旨主义和现代伊朗国情结合的产物。伊斯兰革命以后,毛拉①建立和掌握了各种伊斯兰机构来取代巴列维政权机构,伊朗国家的各种权力、各级权力都由执行霍梅尼主义的毛拉完全掌控,国家机器以伊斯兰为指导思想,服务于伊斯兰革命的理想——革命后伊朗的政治制度完全伊斯兰化了。其中,主要表现为5个方面:(1)

---

① "毛拉"(Mawla)现指伊斯兰教神职人员。"毛拉"(或"满拉")的阿拉伯语原意为"保护者""主人""主子",现在意为"伊斯兰学者",在中国也专译为"求学的人",专指清真寺经堂学校的学生——笔者。

国家强力机器伊斯兰化；（2）政府机构伊斯兰化；（3）立法机构（议会）伊斯兰化；（4）星期五聚礼政治化，领拜人官僚化；（5）政治独裁化——政治倾向伊斯兰什叶派化。

伊斯兰革命后，建立了伊斯兰革命委员会、革命卫队、革命法庭等国家机构。革命委员会是领导和决策机构；革命卫队和革命法庭是执行机构。革命卫队在保卫伊斯兰政权、镇压反伊斯兰势力、重建伊斯兰规范以及两伊战争中都起了重要作用，是一支名符其实的国家宗教军队，如今已经发展成为陆海空齐备的正规军；革命法庭根据《古兰经》、《圣训》、沙里亚法，随时审判并处死那些"人间败类"（指一切反对霍梅尼的人）。霍梅尼除了清洗旧军队，还用伊斯兰革命思想改造旧军队，在军队中成立了政治和意识形态部，由毛拉担任政委；霍梅尼在最高国防委员会、陆海空三军、宪兵、警察中派驻代表，严密控制武装力量；在城乡建立了各种巡逻队，加强伊斯兰革命力量。真主党以群众组织的面目出现，代表"民意"和"民心"，惩处一切反对霍梅尼的人，成为伊斯兰国家暴力机器的编外成员。

（二）经济发展伊斯兰化

如前所述，伊朗伊斯兰政府的经济体制和经济发展模式都朝着伊斯兰化的方向在发展，在伊斯兰化过程中，也不同程度地借鉴了中国等社会主义国家的发展经验，其经济的国有化，实行有计划的经济，都有中国经济发展的影子；此外，市场经济的竞争—激励措施，也可以在伊朗经济政策中体现出来。

虽然原教旨主义者和霍梅尼本人都不是伊斯兰革命的发起人[①]，但是原教旨主义和霍梅尼都反对君主独裁、倡导社会平等，这个要求与现代伊朗社会的客观要求是一致的，因此成为这场民主革命的社会经济革命的纲领。霍梅尼在1962—1989年期间发布的数以百计的布道、谈话、演说、声明，带有浓厚的宗教色彩和政治色彩，被一些学者称为"霍梅尼主义"，成为当代伊朗伊斯兰政治模式和伊朗伊斯兰共和国的官方意识形态体系[②]，

[①] 艾少伟：《伊朗伊斯兰文化与中伊文化交流》，西南大学硕士学位论文，2006年5月，第62页。

[②] Ervand Abrahamian, Khomeinism: Essays on the Islamic Revolution, Los Angeles 1993, p. 12.

也成为引领伊朗经济前进的旗帜。

三、伊朗各省的地方行政体制结构

伊朗的地方行政层级结构是省—县—区—镇（乡），是一种严格的科层制结构，构成状况见表4—1。

表4—1 伊朗各省及其下辖行政区结构 （单位：个）

省	省会城市	县	区	镇	乡
东阿塞拜疆	大不里士	19	42	57	141
西阿塞拜疆	乌尔米耶	14	36	36	109
阿尔达比勒	阿尔达比勒	9	25	21	66
伊斯法罕	伊斯法罕	21	44	92	123
伊拉姆	伊拉姆	7	19	19	39
布什尔	布什尔	9	22	29	43
德黑兰	德黑兰	13	35	53	79
恰哈马哈勒—巴赫蒂亚里	沙赫尔库尔德	6	17	26	39
南呼罗珊	比尔詹德	6	16	17	42
呼罗珊	马什哈德	20	64	69	161
北呼罗珊	博季努尔德	6	16	15	41
胡齐斯坦	阿瓦士	20	46	48	124
赞詹	赞詹	7	16	16	46
塞姆南	塞姆南	4	12	16	28
锡斯坦—俾路支斯坦	扎黑丹	10	37	32	98
法尔斯	设拉子	24	74	73	196
加兹温	加兹温	5	19	24	46
库姆	库姆	1	5	5	9
库尔德斯坦	萨南达季	9	26	23	83
克尔曼	克尔曼	16	45	57	142
克尔曼沙阿	克尔曼沙阿	14	29	28	86

续表

省	省会城市	县	区	镇	乡
科吉卢耶—博耶尔艾哈迈迪	亚苏季	5	16	13	41
戈莱斯坦	戈尔甘	11	21	24	50
吉兰	拉什特	16	43	49	109
洛雷斯坦	霍拉马巴德	9	26	23	83
马赞达兰	萨里	16	44	51	113
中央	阿拉克	10	18	27	61
霍尔木兹甘	阿巴斯港	11	33	22	80
哈马丹	哈马丹	8	23	27	72
亚兹德	亚兹德	10	20	23	51
全国	德黑兰（首都）	336	889	1015	2401

资料来源：Iran Statistical Yearbook，1384。

第二节 伊朗政治体制中的伊斯兰因素

一、伊朗伊斯兰共和体制中的伊斯兰因素

政教合一的政治体制是伊斯兰教创世以来的成果和精髓，最初的伊斯兰政权形式叫作"乌玛"。实际上，"乌玛"是伊斯兰教创立初期穆罕默德及其门弟子建立的以麦地那为中心的穆斯林公社，亦称"麦地那穆斯林公社"。公元622年9月24日"希吉来"（即迁徙）后，穆罕默德以麦地那为根据地，号召穆斯林不分氏族、部落、家庭和地区界限，在共同信仰的基础上，由迁士、辅士以及不同氏族部落的穆斯林组织起名为"安拉的民族"（Ummatullah）的宗教公社，并以盟约的形式，签定了《麦地那宪章》。公社以宗教和地区为基础，打破了阿拉伯氏族、部落的血缘关系，建立起组织严密的、为伊斯兰而奋斗的武装社团——"乌玛"（Ummah，阿拉伯语的音译，本意为民族）。安拉在乌玛中具有至高无上的权威，穆罕默德是安拉的使者，掌握着乌玛的最高宗教权力和世俗乌玛权力，这实

际是伊斯兰教最早建立的政教合一的国家政权的原生形态,它使宗教与政治浑然一体,兼有国家和教会的双重功能。[①] 长期以来,穆斯林把教会和国家当作同一概念,因此,在中东和伊朗高原地区,伊斯兰教经典、经训一开始就成为穆斯林必须遵守的政治戒律,政治理论体现为形式各异的宗教学说,政治群体表现为宗教派别,政治对抗大都采取宗教运动的方式,政治斗争首先体现为对异者宗教信仰的指责。[②] 此外,伊斯兰教托古改制的传统在伊斯兰教诞生之时就流传下来,当年穆罕默德屡屡呼唤人们回归远祖亚伯拉罕的信仰,以此否定濒临崩溃的野蛮秩序:"穆罕默德的宗教革命……是一种表面上的反动,是一种虚假的复古和返扑。"[③] 此后,无论是伊本·泰米叶还是瓦哈卜,都曾倡导复兴伊斯兰教的原教旨主义,在此基础上阐述改造社会的政治理论。

19世纪末20世纪初,面对西方列强的殖民入侵,伊朗面临严重的民族危机,民族矛盾尖锐,政治斗争主要表现为民族主义思潮和运动,礼萨汗当政时期,国家的统一和民族的振兴表现为君主政治的强化;巴列维即位以后,民族矛盾趋于缓和,但他实施的统治手段是君主独裁与世俗化的结合,民主与专制的对抗成为政治斗争的中心内容。

二、原教旨主义思想对当代伊朗政治的影响

20世纪初,现代原教旨主义开始在伊斯兰世界兴起,伊朗也具备了迎接伊斯兰原教旨主义到来的土壤和条件:因为巴列维政权长期排斥政治反对派的合法存在,伊斯兰教理论和运动才成为了人民政治反抗的唯一选择。伊斯兰教顺理成章地成为了反对专制王权的最好武器,伊斯兰教狂热成为了发泄不满和寄托希望的主要形式。在这个过程中,伊斯兰教的内涵发生了改变,伊斯兰教政治化倾向越加明显,原教旨主义逐渐取代传统的教界理论,成为占据主导地位的政治宗教思想。

20世纪60年代,原教旨主义思潮从埃及和巴基斯坦传入伊朗,哈桑·班纳、库特布、毛杜迪的宗教政治学说逐渐影响宗教各界,开始冲击

---

① 金宜久:《当代伊斯兰教》,东方出版社,2004年版,第2页。
② 哈全安:《阿拉伯封建形态研究》,天津人民出版社,2000年版,第109—144页。
③ 《马克思恩格斯全集》(28卷),人民出版社,1973年版,第250页。

占统治地位的、维护传统社会秩序的传统宗教理论。原教旨主义强调《古兰经》和"圣训"的基本原则以及早期伊斯兰教的历史实践,崇尚穆罕默德和麦地那哈里发国家的社会秩序,倡导民主和平等的政治原则,符合下层民众的愿望和要求。

伊朗原教旨主义的先驱阿里沙里亚蒂认为,早期的伊斯兰教是革命的意识形态和民众的信仰,《古兰经》则是规定穆斯林生活方式的蓝本;自1500年起,伊斯兰什叶派学说成为了伊朗历代王朝统治人民的官方学说,是保守势力的象征和君主制度的卫士;现存的伊斯兰教恪守传统的社会秩序,是已经僵化的神学理论;应当摒弃宗教传统理论,回归经训的道路,恢复伊斯兰教的本来面目,实现安拉与人民的原则,建立平等和民主的社会秩序。沙里亚蒂认为,伊斯兰教的精髓在于生命的奉献,"牺牲是历史的核心","时时都是阿苏拉,处处都是卡尔巴拉"。[①]

霍梅尼进一步发展了原教旨主义的理论学说,他倡导宗教政治化的思想原则,强调宗教应当超越信仰的范围而走进政治的领域,因此宗教就是反对君主制度和独裁专制的政治武器。霍梅尼认为,世俗统治与经训阐述的源旨教义不符,君主制度背离了早期伊斯兰教的历史实践,"伊斯兰教与君主制的全部观念存在根本的对立"[②],只有推翻世俗化的君主制度,重建教俗合一的神权政治,才能摆脱独裁专制,保护"被剥夺者"的利益,实现社会秩序的平等和民主。霍梅尼说:"伊斯兰政府不同于现行的其他政府形式。它不是专制的政府,那种政府的首脑支配着民众的思想,损害民众的生活和财产。先知以及信士的长官阿里和其他的伊玛目都无权毁损民众的财产或他们的生活。伊斯兰政府不是专制的,而是立宪的……伊斯兰政府是法治的政府,安拉是惟一的统治者和立法者……成千上万的人饥寒交加,得不到起码的医疗和教育,却有许多人腰缠万贯,挥金如土……我们的义务是拯救被剥夺者和被虐待者。我们有责任帮助被虐待者和与压迫者斗争。"[③] 1979年的伊斯兰革命就是教士集团领导的,教士集团的精神领袖就是霍梅尼,革命成功之后建立的政治体制和政权运作贯彻的也是霍梅尼的政治思想。

---

① J. Foran, Fragile Resistance: Social Transformation in Iran from 1500 to the Revolution, p. 370.
② D. Hiro, Holy Wars: The Rise of Islamic Fundamentalism, New York, 1989, p. 161.
③ L. Davidson, Islamic Fundamentalism, London, 1998, pp. 136–138.

霍梅尼作为伊斯兰原教旨主义的继承者和发扬者，代表了伊朗的民族利益，批评政府奴颜婢膝，丧失民族尊严，知识分子和中产阶级也赞同霍梅尼的主张是爱国的主张，把他看作民族英雄。霍梅尼的宗教地位越来越高，最终成为了伊朗最高宗教领袖，从而也成为了伊朗最高的政治领袖。

霍梅尼是伊朗伊斯兰革命的领袖和伊斯兰共和国的缔造者，但是他和伊斯兰原教旨主义者都不是伊斯兰革命的发起人。

第三节　伊朗政治体制对社会经济的影响

国家政体的选择，是其意识形态的综合反映，更是对分配国家财富与资源、调节国计民生进行的制度性安排，也在某种程度上顺应了人民的意愿。伊斯兰教诞生之后就与国家的经济政治文化体制有着千丝万缕的直接联系，成为中东穆斯林国家和伊朗立国之本："伊斯兰教在伊斯兰国家有着根深蒂固的影响，大多数建立了世俗政治体制的伊斯兰国家也无法摒除宗教的影响，伊斯兰教有着极广泛的社会群众基础。在伊斯兰国家特别是中东地区，伊斯兰教不仅仅是宗教，还是政治、伦理观念和社会组织。从一般民众的衣、食、住、行，到文化、教育、政治、经济，伊斯兰几乎无处不在。伊斯兰教承载了太多的非宗教功能，即宗教本身的功能与非宗教功能尚未分离"。

一、政治体制引导经济发展方向

霍梅尼时期的伊朗政府一度主张"不要东方，不要西方，只要伊斯兰"，这是对伊斯兰革命后的政治方向性设计，对伊朗经济社会发展的引领，所谓"不要东方"就是反对以苏联为首的社会主义阵营，不学他们的经济制度；"不要西方"就是反对以美国为首的资本主义阵营，也不会照搬它们的经济体制；"只要伊斯兰"就是要建立全新的有伊朗特色的第三种社会经济形态。霍梅尼的"一要两不要"政纲，"既是指对外政策，也是指新政权所应遵循的政治模式与经济模式及价值观念"①，是一个反世俗主义的口号和观念。

国家发展必须遵循一定的规律，不可能完全按照1000多年前的先知时代和伊玛目时代的模式去做，也不可能完全不接触不接受西方或东方某些科学的建国治国理念，如民主共和思想、议会制度、司法独立等；经济上也很难回避"市场经济"和"计划经济"对国计民生的作用。例如，"革命"胜利后，霍梅尼经济上主张实行土地改革，实施国有化，限制私人经济，并按《古兰经》的规定取消利息。经过一段时间的运转，发现其难以推进经济的发展，不得不在20世纪80年代中期开始调整，不再坚持原来的主张，开始放宽对私人企业的限制，允许私人经济的发展，并引入了一定的自由竞争机制。事实上，伊朗既吸取了西方行政、立法和司法三权分立的某些政治因素，也借鉴了社会主义"公有制经济"和资本主义"市场经济"的某些竞争激励与合理的做法，并与大多数国家发展经济合作关系。特别是1997年哈塔米当选总统后，不断通过各种手段影响宗教统治阶层，在国家治理上做了较大的调整，主要表现在：议会制度有所健全，经济政策趋于开放，外交政策走向务实，社会政策开始宽松。

二、保护私有制经济基础，调整过度的两极分化

伊斯兰教被称作"穷人的宗教"。伊朗要走"第三条道路"，建立的政教合一的政治体制及其规定下衍生出来的经济体制就是最好的例证。政治上通过"神权"统治来建设纯而又纯的伊斯兰国家，充满了宗教空想色彩；经济上，长期推行的封建地主所有制以及至今实行的资本主义所有制归根结底仍然是一种私有制，在要求穆斯林必须具备的六大信仰中的第一信仰是"笃信安拉"，强调："……安拉是仁慈而善良的，他赋予人们所需要的一切：生命、粮食和住所。忧愁时，他给人以希望；需求时，他给人以帮助。他要求信众怜悯穷人和需求者、患病者、受伤者"②，规定的五项功课中的"天课"，要求教徒们每年拿出2.5%的结余来施舍穷人，真主还

---

① Wilfried Buchta, Who Rules Iran? the Structure of Power in the Islamic Republic, Washington, 2000.

② 陈麟书、朱森溥：《世界七大宗教》，重庆出版社，1987年版，第99页。

第四章　伊斯兰政治模式

要求信徒捐献社会基金,以免有人囤积财富从而造成有人忍饥挨饿,有人富足宽裕①,导致社会不公。这些严格的思想和规定,实际上传达的是伊斯兰教对社会的经济思想,即要求人们在合法拥有私有财产的基础上,要接济穷人和苦难者,不能因为贫富差距过大造成社会的不公不稳,但是不能通过偷盗等非法手段获取财物,否则盗窃者将被砍足断手,这是《古兰经》的刑法中规定的。②

当今伊朗政治问题及其引发的相关问题中,经济乏力、派系斗争、民族矛盾等一定程度上都成为了政治、经济体制改革的阻力。主要是:

首先,伊朗经济发展缺乏新动力。伊朗虽然资源丰富,特别是石油和天然气储量很大。但是由于种种原因,除了战后重建几年增长速度较快以外,多年来经济发展速度一直比较缓慢,始终未能摆脱困境,失业人口日益增多,物价上涨,人民生活水平下降。

其次,伊朗政坛的派系斗争也比较激烈。尤其是改革派和保守派在很多政策主张上都有严重的分歧,影响了内外政策的制定和实施,妨碍了社会的安定和谐,也影响了经济发展和国际合作。

第三,民族问题。伊朗作为一个多民族、多宗教的国家,其少数民族大多聚集在边疆地区,西北居住着占伊朗总人口24%的第二大民族阿塞拜疆人;东北与的戈尔干地区约有55万土库曼人;在东面、东南面与巴基斯坦和阿富汗交界处,伊朗境内有80万俾路支人;伊朗境内的库尔德人约有400万。这些少数民族与境外的同宗或母国保持着千丝万缕的联系,外界稍有风吹草动,极易引起民族主义的泛滥。尤其是伊朗周边多为冲突地区,国家间的对抗使大量难民涌入伊朗,造成的跨界安全问题已危及伊朗国内的政治经济秩序。

总体来看,伊朗政治、宗教上保守的原教旨主义与经济、外交上相对开明的非原教旨主义,构成了当今伊朗国家体制上的新特点,也形成了新的矛盾。能否处理好这些矛盾,将直接影响伊朗社会经济的发展及其国际战略地位的变化。

---

① 陈麟书、朱森溥:《世界七大宗教》,重庆出版社,1987年版,第104页。
② 陈麟书、朱森溥:《世界七大宗教》,重庆出版社,1987年版,第102页。

第五章　当代中东的经济大国

第一节　伊朗经济在中东的地位

一、伊朗在中东具有重要的地缘经济地位

首先，伊朗具有串东联西、沟通南北的枢纽作用。伊朗位于亚洲西南部，北部紧靠里海、南靠波斯湾和阿拉伯海，东邻巴基斯坦和阿富汗，东北部与土库曼斯坦接壤，西北与阿塞拜疆和亚美尼亚为邻，西界土耳其和伊拉克，处于连结南亚、中亚和西亚，连通欧洲的交通要冲。冷战时期位于东西方政治集团的接合部，如今是各种政治利益的交汇点，具有重要的政治和经济战略价值。因为其所处的地理位置具有敏感性、潜在的脆弱性，能在一定程度上左右他国在中东地区获取资源和其他利益，美国国际关系专家布热津斯基曾经认为伊朗是美国在亚洲的地缘政治支轴国家之一；英国地理学家麦金德在其著名的"陆权论"中将伊朗划入"心脏地带"，认为伊朗将成为列强争夺的焦点；美国地缘战略学家斯皮克曼认为中东处于"边缘地带"的核心区域。战后，中东地区一直是美国控制欧亚大陆、确立世界霸主地位的全球战略中的重要组成部分，而伊朗又处在中东地区的中心地带，能够阻止俄罗斯在波斯湾对美国的利益构成威胁。美国的全球战略中包含了波斯湾和中亚这两个重要区域，因此连结两大区域的伊朗始终是美国对外战略的焦点，也是影响美国在两大区域的经济利益的关键因素。可见，伊朗的地理位置具有的地缘政治和地缘经济意义非同小可。

其次，伊朗可以掌控波斯湾。波斯湾是当今世界石油资源最丰富、世界主要的石油生产地和出口地，作为"世界油库之门"的霍尔木兹海峡则是守护波斯湾的门户，它是全球16条战略水道之一，是任何谋求海上霸权的国家必需控制的关节点，霍尔木兹海峡的咽喉正好被伊朗的阿巴斯军港牢牢卡住，伊朗成为了拱卫霍尔木兹海峡的"门神"。

第三，伊朗还是新的能源基地——里海和中亚能源外运的捷径。据美国能源部估计，里海的原油蕴藏量约169亿桶，约占世界原油储量的16%，堪比第二个北海；其天然气蕴藏量约14万亿立方米，约占世界总量的4.3%，因此，里海和中亚地区可能成为全球第二大能源基地。但是，中亚地处内陆、没有出海口，油气外运是里海和中亚能源生产面临的最大问题。如果采用海运外运的形式，伊朗就将成为其最佳的海运通道，中亚、里海油气将更加倚重伊朗的地缘战略位置。

二、伊朗经济在中东的地位

（一）经济总体水平排位

伊朗是中东地区的经济大国，丰富的自然资源和人力资源为其宏大的经济规模奠定了基础。表5—1说明，1990—2013年期间，与其他几个中东大国土耳其、沙特、埃及的GDP数据比较，伊朗始终处于土耳其和沙特之后，在中东地区位居第三。

据世界银行对世界186个国家2008年GDP的统计，伊朗GDP为3851.43亿美元，排名世界第26位，排在世界前三位的依次是美国（142040亿美元）、日本（49040亿美元）和中国（38600亿美元）。伊朗位列土耳其（第17位）、沙特（第23位）之后，在中东国家中处于第三位。2015年，伊朗GDP上升为5148.21亿美元，世界排名升至第23位，但在中东地区仍然位于第三：土耳其以8389.73亿美元的GDP保持着世界第17、中东第一的位置，沙特阿拉伯的GDP为6825.83亿美元，其世界排名前进到第19位，仍然位居中东第二位。[1]

---

[1]《2015年世界GDP排名：中国经济总量在各国中排名第二》，南方财富网，www.southmoney.com/hkstock/ggxinwen/201601/487449.html。

表5—1　1990—2013年伊朗与中东及土耳其、沙特、埃及等的国内生产总值（GDP）比较　　（单位：亿美元）

国家或地区	1990年	2000年	2005年	2010年	2012年	2013年
中东和北非国家	2663	4344	6414	13087	15952	14899
伊朗	1160	1013	1920	4226	5027	3689
沙特阿拉伯	1168	1884	3285	5268	7340	7453
土耳其	1507	2666	4830	7312	7889	8202
埃及	431	998	897	2189	2628	2720
伊朗排序	第三	第三	第三	第三	第三	第三

资料来源：世界银行WDI数据库（Source：World Bank WDI Database）——中华人民共和国国家统计局，《国际统计年鉴（2014）》，中国统计出版社，2014年版。

表5—2　2014年伊朗和部分中东国家主要经济社会指标对比

	世界	伊朗	以色列	埃及	土耳其
国土（万平方千米）	13432.5	174.5*	2.2	100.1	78.4
人口（万人）	720774	7847	822	8339	7584
GDP（亿美元）	778688	4153	3042	2865	7995
人均GDP（美元）	10804	5292	37032	3436	10543
三产构成（按就业人员计算）		24.7：30.3：44.8	2：21.4：75.7	29.2：23.5：47.1	23.6：26.0：50.4
货物进出口额（亿美元）	379590	1408	1434	946	3998
外商直接投资额（亿美元）	14520	31	118	56	129
外汇储备（亿美元）			843	108	1053
国际旅游收支（亿美元）	129667	13	62	108	315

资料来源：根据中华人民共和国国家统计局：《中国统计年鉴（2015）》，中国统计出版社，2015年版，第961—974页等编制。

说明：国际旅游收支是2012年数据；外商直接投资是2013年数据；伊朗和以色列的就业构成均为2005年数据；*此处伊朗国土面积可能有误，多数资料载为164.5（或164.8）万平方千米。

表5—2表明，伊朗在人口（在中东仅次于埃及）、国土（在中东次于阿尔及利亚、沙特）规模上，分别处于中东第二位、第三位，经济总体规模长期处于第三位，在综合国力方面体现出了中东大国的现实力量。

世界经济论坛最新发布的"2016—2017全球竞争力报告"，根据对138个经济体、114项指标的排序，伊朗的全球竞争力排名为第76位，比上年提升2个百分点，在12类指标中的排名及变化情况是：机制——伊朗排名90，上年为94；基础设施——伊朗排名59，上年63；宏观经济——宏观经济环境稳定影响商业运行，伊朗排名72，上年66；医疗和初级教育——排名49，上年47；高等教育和培训——供需环境、产品与服务适销对路，上年60，去年69；商品市场效率——今年111，上年69；劳动力市场效率——今年134，上年138；金融市场开发——有效利用国内存款和海外融资，今年131，上年134；技术储备度——今年97，上年99；市场规模——今年19，与上年持平，为本地区第一；商业成熟度——总体商业网络质量、个体商户运行和策略，今年109，上年110；创新——今年89，上年90。[①]

（二）经济现状水平分析

1. 中东的经济大国

一直以来，伊朗经济总量（以GDP计）比较稳定地居于中东国家的第三位，位于土耳其、沙特之后。在除开土耳其以外的中东北非国家中，伊朗的经济体量通常占到20%以上，最高的1990年达到过40%以上（见表5—3），可见伊朗经济在中东确实具有举足轻重的影响。当然，如果其他中东北非国家加快经济发展步伐（且速度快于伊朗），伊朗的经济比重可能降低一些，但是事实上伊朗对周边国家的经济影响却在与日俱增。如果利用好伊朗核协议签署后有利的国际环境，伊朗向中东第一、第二经济大国地位迈进的目标就会指日可待。

---

① 以上资料来源：《伊朗之家》：伊朗《财经论坛报》2016年11月29日。

表5—3 不同年份伊朗与中东北非国内生产总值对比

(单位：亿美元)

	1990年	2000年	2003年	2004年	2005年	2006年
中东和北非	2769	4476	4803	5498	6319	7301
伊朗	1160	1013	1354	1632	1898	2229
伊朗占中东北非（%）	41.89	22.63	28.19	29.68	30.04	30.53

资料来源：世界银行数据库（Source：World Bank Database）——中华人民共和国国家统计局：《国际统计年鉴（2008）》，中国统计出版社，2008年版，第44、45、47页。

表5—4 1990—2013年间伊朗和中东主要国家国内生产总值（GDP）增长率比较

(单位:%)

国家或地区	1990年	2000年	2005年	2010年	2012年	2013年
世界	2.86	4.26	3.63	4.07	2.39	2.19
高收入国家	2.93	4.10	2.82	3.01	1.51	1.31
中等收入国家	2.50	5.09	7.13	7.68	5.11	4.79
中东和北非国家	7.53	3.00	4.56	4.18		
低收入国家	1.99	2.93	6.35	6.34	6.46	5.78
伊朗	13.69	5.14	4.62	5.89	3.00	-5.80
沙特阿拉伯	8.33	4.87	7.26	7.43	5.81	3.80
土耳其	9.27	6.77	8.40	9.16	2.13	4.05
埃及	5.70	5.37	4.47	5.15	2.21	2.10

资料来源：世界银行WDI数据库（Source：World Bank WDI Database）——中华人民共和国国家统计局：《国际统计年鉴（2014）》，中国统计出版社，2014年版。

2. 并非是中东经济强国

但是，当今的伊朗还不是中东的经济强国，其经济发展质量和人均收入水平都需要进一步提升。

目前伊朗的人均国内生产总值在中东国家中处于中等水平，表明伊朗经济发展的质量有待提升。2013年，伊朗的GDP大约是中东第二经济大国的沙特的49.5%，然而，当年伊朗的人均国内生产总值仅为沙特的

18.4%、土耳其的43.5%、大约相当于中东和北非国家平均水平的1.1倍（见表5—5、表5—6、表5—7），显然，这与中东经济大国的形象相符，但是与经济强国的标准距离较远。

表5—5　1990—2013年中东主要国家人均国内生产总值

（单位：美元）

国家或地区	1990年	2000年	2005年	2010年	2012年	2013年
中东和北非国家	1181	1571	2132	3988	4698	4313
伊朗	2059	1537	2737	5675	6578	4763
沙特阿拉伯	7206	9354	13303	19327	25946	25852
土耳其	2791	4220	7130	10136	10661	10946
埃及	766	1510	1249	2804	3256	3314

资料来源：世界银行WDI数据库（Source：World Bank WDI Database）——中华人民共和国国家统计局：《国际统计年鉴（2014）》，中国统计出版社，2014年版。

表5—6　1990—2013年伊朗和中东主要国家的人均国民总收入

（单位：美元）

国家或地区	1990年	2000年	2005年	2010年	2012年	2013年
中东和北非国家	1296	1645	2195	3869		
伊朗	2380	1620	2530		6570	5780
沙特阿拉伯	7300	8350	12460	19360	24660	26200
土耳其	2300	4190	6520	9980	10810	10950
埃及	750	1470	1290	2550	2980	3160

资料来源：世界银行WDI数据库（Source：World Bank WDI Database）——中华人民共和国国家统计局：《国际统计年鉴（2014）》，中国统计出版社，2014年版。

如果把伊朗人均国民收入水平与同期的世界人均国民收入水平相比，世界人均国民收入为7439美元，中上等收入国家为5913美元，伊朗仅为3000美元，距离世界中上收入国家也存在较大差距（见表5—7）。

表5—7 不同年份伊朗与世界和中东北非人均国民总收入对比

(单位：美元)

	1990年	2000年	2003年	2004年	2005年	2006年
世界总计	4084	5251	5563	6338	7016	7439
中上收入国家	2724	3589	3625	4256	5053	5913
中东和北非	1334	1662	1806	1984	2223	2481
伊朗	2470	1680	1970	2240	2600	3000

资料来源：世界银行数据库（Source：World Bank Database）——中华人民共和国国家统计局：《国际统计年鉴（2008）》，中国统计出版社，2008年版，第49、50、52页。

再从经济增长率看，伊朗仍然低于中东和中亚国家的平均水平，低于一般石油出口国（见表5—8、图5—1），因此，伊朗经济发展既要不断提升质量，也要继续加快速度。

表5—8 1990—2006年相关年份伊朗国内生产总值增长率（单位:%）

年份	1991—2000	2001—2006	1990年	2000年	2004年	2005年	2006年
伊朗	3.7	5.5	19.6	5.1	5.1	4.4	4.9

资料来源：国际货币基金组织数据库（Source：International Monetary Fund Database）——中华人民共和国国家统计局：《国际统计年鉴（2008）》，中国统计出版社，2008年版，第54、55、57页。

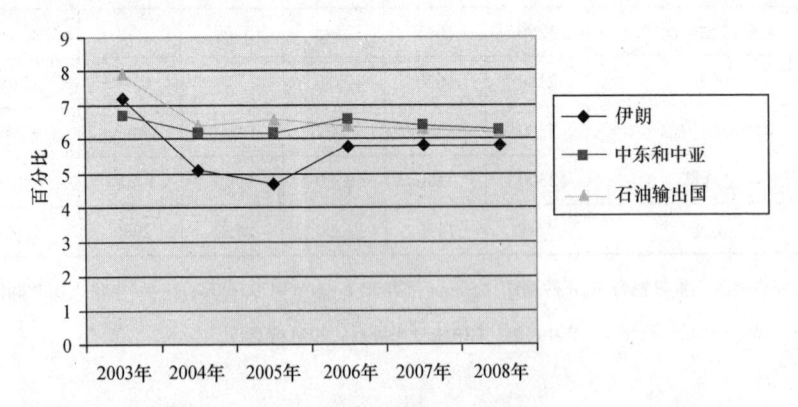

图5—1 伊朗、中东和中亚、石油输出国家实际经济增长率对比（单位:%）
资料来源：国际货币基金（IMF），区域经济展望，2007年10月。
注：2007年是估计数据，2008年是预测数据。石油出口国包括阿尔及利亚、阿塞拜疆、巴林、伊朗、伊拉克、哈萨克斯坦、科威特、利比亚、阿曼、卡塔尔、沙特阿拉伯、叙利亚、土库曼斯坦和阿拉伯联合酋长国。

第二节 伊朗综合经济实力与发展潜力

一、综合经济实力是综合国力的基础

综合国力（National Power）是衡量国家基本国情和基本资源最重要的指标，也是衡量国家的经济、政治、军事、技术实力的综合性指标。综合国力可以简单地定义为一个国家通过有目的的行动追求其战略目标的综合能力，包括占有和使用战略资源的能力。战略资源是指国家为实现本国战略目标可以利用的现实的和潜在的关键性资源，这些资源可以是本国自身拥有，也可以存在于全球范围内，但是本国拥有动用这些资源的各种手段和能力。实际上，综合国力就是国家对战略资源的占有、分布、储备、组合、利用的能力，某种意义上就是指国家拥有并能够动用的各类战略资源和战略能力之总和。

米歇尔·波特提出了国家战略资源的五大组成部分，即物质资源、人力资源、基础设施、知识资源和资本资源。也有人将国家战略资源划分为八类、23个指标，这些指标共同构成了国家的综合国力。八类资源依次是：经济资源（以国民生产总值或国内生产总值作为代表）、人力资本、自然资源、资本资源、知识技术资源、政府资源、军事实力和国际资源。

国家的综合国力通常体现在国家的国际竞争力上，体现在一定时期内，国家在市场经济环境下，所创造的增加值和国民财富在世界各国中的排序。国际竞争力体现的是国家在与世界各国的竞争中，能够实现的持续增长和发展的能力水平。通常，影响国家国际竞争力的有八大因素：（1）国内经济实力（国家的整体经济力量）；（2）国际化程度（主要指国家参与国际贸易和对外投资的程度）；（3）政府影响（主要指政策的有效性及政府的服务质量）；（4）金融实力（主要指资本市场的完善程度和金融服务质量）；（5）基础建设（主要指企业生产运营对配套设施、资源、制度的保证与满足程度）；（6）企业管理能力（主要指企业在生产、营销、盈利、创新、竞争等方面的处理和应变能力）；（7）科技实力（主要指在科学和技术方面的研究成果、应用能力与成就）；（8）人力资源（主要指作为经济社会发展主导因素的人的数量和质量)。国内经济实力和人力资源因素通常是八大因素中起决定性作用的因素。

按照通常的评价指标——国土与资源、人口、经济、军事以及文化实力及其影响范围与程度（指标数据见第五章第一节）来衡量，伊朗也是中东地区当之无愧的综合国力大国。

二、伊朗经济在世界上的地位

即便是按照世界银行或者世界经济论坛的国际竞争力评估指标和方法来评价，或者根据近年来伊朗的工矿业生产来看（见表5—9），伊朗也是中东地区的综合国力大国。据世行对2008年世界186个国家GDP的统计，伊朗排名第26位，2015年已经上升到世界第23位，而且预测在2018年、2025年其在世界的综合国力排位还将提升：

表5—9 伊朗工矿业生产的世界排名

矿产项目	产量世界排名	生产水平	年份
钢铁生产	16	2009年109万吨；2010年140万吨；计划至2015年年产量达到550万吨	2009
氧化铝生产	26	年产量13万吨	2006
铝土矿	10	年产量50万吨	2008
铜矿	12	年产量24.91万吨	2006
铝矿	17	年产量45.7万吨	2006
水泥	5	年产量450万吨	2010
铁	8	年产量330万吨	2009
锰	12	年产量11.5万吨	2006
锶	5	世界第五大生产国	2007
锌	14	年产量16.6万吨	2006
铬	5	占世界总产量的4%	2002
长石	12	年产量41.2万吨	2006
膨润土	12	年产量18.62万吨	2006
钼	9	年产量2000吨	2005

续表

矿产项目	产量世界排名	生产水平	年份
氯化钠	15	年产量262万吨；占世界出口的1.25%	2006
重晶石	6	年产量29万吨；占世界出口的3.67%	2006
石膏	2	仅次于中国，位列世界第二	2006
铁矿石	9	年产量350万吨	2006
珍珠岩	10	年产量3万吨	2006
银	19	年产量320万盎司	2008
绿松石	1	世界上最古老、规模最大的绿松石生产者	2010
纯碱	20	年产量14万吨	2006
石灰	13	年产量250万吨	2006
天然氧化铁	9	年产量2600吨	2006
云母	9	年产量7000吨	2006
菱镁矿	13	年产量9万吨	2006
铅	16	年产量2.4万吨	2006
高岭土	12	年产量55万吨	2006
工业硅	14	年产量190万吨	2006
水凝水泥	14	年产量3270万吨	2006
黄金	66	年产量850千克	2008
铬铁	14	年产量8000吨	2006
硅藻土	20	年产量8000吨	2006
天青石	6	年产量7500吨	2006
硼	9	年产量3000吨	2006
石棉	9	年产量5000吨	2006
砷	11	年产量100吨	2006
氮	21	年产量102万吨	2006

数据来源：From Wikipedia, Mining in Iran. http://en.wikipedia.org/wiki/Mining_in_Iran, 2011-12-23。

2018年综合国力预计排名：（1）美国；（2）中国；（3）日本；（4）德国；（5）俄罗斯；（6）法国；（7）印度；（8）英国；（9）巴西；（10）加拿大；（11）韩国；（12）意大利；（13）澳大利亚；（14）西班牙；（15）南非；（16）墨西哥；（17）伊朗；（18）印度尼西亚；（19）阿根廷；（20）以色列；（21）巴基斯坦；（22）哈萨克斯坦。

2025 年综合国力预计排名：(1) 美国；(2) 中国；(3) 俄罗斯；(4) 日本；(5) 印度；(6) 德国；(7) 法国；(8) 巴西；(9) 英国；(10) 韩国；(11) 加拿大；(12) 澳大利亚；(13) 意大利；(14) 伊朗；(15) 西班牙；(16) 墨西哥；(17) 印度尼西亚；(18) 阿根廷；(19) 以色列；(20) 巴基斯坦；(21) 南非；(22) 尼日利亚。上述预测排名表明，伊朗的综合国力将上升到 2018 年的第 17 位、2025 年的第 14 位。这表明，世界对伊朗经济社会的发展前景看好，对其综合国力的提升具有信心和期待。当然，实现这样的地位提升需要具备适合伊朗经济社会持续健康发展的国内国际条件。

三、战后伊朗经济的发展阶段与特征

（一）20 世纪 80 年代以前经历了三个发展阶段

20 世纪 80 年代以前伊朗经济发展大致经历了三个阶段：

1. 战后到 60 年代初期——传统经济发展时期

1963 年初，伊朗人均年收入仅 200 美元。这个时期，投资总额共约 13 亿美元，建设了 4 家纺织厂、2 家水泥厂、3 座水坝、一些公路和少量轻工业，石油开采一直是伊朗工业的支柱部门，农业是财政收入的真正可靠来源，国民收入的 23%—30% 来源于农业，出口农产品占石油以外的出口值的 97%。

2. 20 世纪 60 年代初—70 年代后期——经济起飞和高速发展时期

又可分为两个阶段：

第一阶段，1963 年初到 1973 年初，伊朗经历了土地改革和第三、第四个五年计划，1962 年推行了带资产阶级改良性质的"白色革命"，政局相对稳定，经济增长迅速，1963—1968 年间 GDP 年均增速为 9.5%，1968—1973 年间达 11.8%，农业年均增长 4% 左右，基本实现了自给有余，工业年均增长 13%—14%，建立了钢铁、机床、炼铝、化工、汽车等工业，伊斯法罕钢铁厂、阿拉克重型机械厂、大不里士机床厂、石油化工企业以及部分铁路、公路、港口、电力设施等在这个时期建立起来，纺织业、制糖业产量分别增长 63.7%、175.7%，人均年收入达到 480 美元，进入了经济"起飞"时期。

第二阶段，1973—1978年，伊朗的第五个发展计划时期，也是经济高度膨胀——伊朗巴列维国王的"高速现代化"时期，实际上是伊朗经济危机的孕育时期。由于1973年底油价猛涨3倍，国王在第五个发展计划期间（实际执行时间为1974.9月—1978.3月）投下696亿美元，大力新建、扩建炼油、石化、钢铁、水泥、电力、建材、交通等部门，要求当年的GNP值增长到546亿美元，石油产量从2.5亿吨增加到3.6亿吨，化肥从35万吨增加到170万吨，粮食从560万吨增长到860万吨，企图到1985年时，伊朗一蹴达到法国当时的工业水平，20世纪90年代初成为世界第五大工业国，20世纪末赶上同期欧洲的水平。那段时期，伊朗的GNP值增长率畸高，但是整体呈下降趋势：1974年，GNP环比增长41.6%，1975年增长25%，1976年增长13.8%，1977年增长2.4%，1978年则呈负增长，增长率为-9.0%，但是当年的GNP值却达到800亿美元左右，人均年收入2500美元，成为发展中国家中的较高收入者。然而，正是这个庞大的、超越伊朗现实的发展计划，成为了国王政权垮台的主要因素之一。

3. 20世纪70年代末—80年代末——经济停滞、倒退、重新发展时期

1979年以后，伊朗经济发展进入破坏、后退、剧烈波动的时期。1978/1979年度—1983/1984年度的GDP值增长率如表5—10：

表5—10　1978/1979年度—1983/1984年度的GNP值增长率

（单位:%）

年份	1978—1979	1979—1980	1980—1981	1981—1982	1982—1983	1983—1984
增长率	-14.5	-4.0	-16.3	2.7	15.2	12.4

据估计，1984/1985年的GDP的增长率约为-1%、1985/1986年再跌为-8%。

实际上，1979—1982年是伊朗伊斯兰革命新政权建立后的经济恢复期，从1983年起，新政权开始实行经济发展的第一个五年计划（实际是第六个五年计划）和20年远景规划，进入经济发展新时期。这个时期，经济遭受重挫的主要原因是：

第一，伊斯兰革命的影响。革命赶走了腐败的国王，但是1978—1980年期间伊朗国内一直处于动乱之中，新政府在1979年后将全部私人银行和

保险公司，以及大批私营工矿业收归国有，造成经营管理不善、经济效益下降。

第二，1980—1988年期间的伊朗—伊拉克战争，不光耗去了伊朗巨额资金和大量人力物力，还使伊朗失去了和平建设的内外环境：重要的工业基地、城市、港口遭受严重毁坏，石油生产和出口大幅减少。

第三，国际市场油价暴跌，20世纪80年代初期油价看跌，OPEC成员国关于油价和生产定额争执不休，加上非OPEC国家大量输出原油，严重地冲击了油价的正常运行。

第四，发展战略失误。伊朗国王好大喜功的发展计划造成的遗患很深，订下的那些达不到的指标打乱了国民经济的综合平衡，工业战线过长，投资分散，收效缓慢，交通、港口、原材料等部门落后，农业发展迟缓，这些都拖了经济发展的后腿。伊斯兰新政权依然对农业重视不够，石油产业依然是影响GDP涨跌最重要的因素：在GDP下降最严重的1980/1981年、增幅较大的1982/1983年，当年石油部门也分别下降56.9%、上涨92.5%。

(二) 20世纪80年代以前的经济特征

归纳起来，20世纪80年代以前的伊朗经济具有如下特征：

第一，伊朗经济发展具有良好的资源基础和发展潜力，已经初步奠定中东经济大国的地位。

第二，经济发展速度摇摆不定，受国内外环境变化的影响大。20世纪70年代后期，伊朗经济发展速度较快，此后动荡较大，而且趋向减速发展；其主要原因是国内外政治经济局势急剧变化——国内的伊斯兰革命、发展战略脱离实际，国际上则爆发了持续8年的两伊战争（1988年7月20日两伊声明接受联合国关于两伊停战的598号决议并进行和平谈判以后，伊朗经济形势出现了转机）。

第三，伊朗经济发展成就比较显著。虽然其经济基础是封建的农牧业经济，但是经过战后40多年的发展，已取得较大的成效。石油收入剧增推动了经济现代化的步伐，使伊朗具有了中等发展中国家的经济水平，在中东国家中则体现出了较强的经济实力，特别是石油开采、加工、石化工业在中东和国内都有比较突出的地位。

第四，国家的发展计划对战后伊朗经济发展起着重要的指导作用，引领了经济发展的方向，但是其中有些脱离实际的计划指标（特别是巴列维国王政府的发展规划和计划）又是造成经济动荡、甚至倒退的重要原因，例如1983—1988年这个五年计划提出了振兴农业、实现粮食自给、总投资1527亿美元（人均年投入达3000美元）的宏大目标，并提出：兴建一批炼油厂和石化联合企业；开发阿巴斯、里海等新油田；铺设西北和东西向油气管道；修建德黑兰—阿巴丹战略铁路；建设阿巴斯港；扩建德黑兰机场；兴建一批火电厂和钢铁厂等项目。但是因为战争的影响，这些项目均没有完全达到预期的目标。

第五，社会因素对经济发展影响大。宗教狂热和大民族主义的复活，既造成了国内政局的动荡，也成为了经济健康快速发展的障碍。

第六，伊朗的产业结构发生着波动性变化。20世纪60年代以来，伊朗的产业结构已经发生了显著变化：农业在GDP中的比重从1/4以上下降到70年代中后期的10%左右，以后逐渐上升到1986—1987年度的21%；石油和天然气工业则由1/5强上升到高峰期1973—1974年度的1/2，1986—1987年度又下降到8%；加工工业和其他采矿业则在15%—23%之间波动；服务业除1973—1974到1977—1978年以外，基本上呈稳定增长态势，其所占比例也由1/3上升到1/2左右。实际上，整个70年代和80年代，石油业和服务业在GDP的比重合占70%—75%，国民经济对石油产业处于高度依赖的状态。

表5—11　1963/1964年—1986/1987年间伊朗GDP结构的变化

（单位:%）

年份	农业	石油和天然气	加工工业和其他矿业	服务业
1963—1964	25.8	21.2	17.7	35.3
1967—1968	21.5	24.7	20.1	33.7
1968—1969	22.0	17.0	22.0	39.0
1972—1973	15.7	19.1	22.8	42.4
1973—1974	10.0	50.5	13.5	26.0
1977—1978	9.4	35.8	19.1	35.7

续表

年份	农业	石油和天然气	加工工业和其他矿业	服务业
1978—1979	10.4	30.9	15.7	43.0
1979—1980	11.6	24.6	14.8	49.0
1980—1981	14.1	12.9	20,2	52.8
1981—1982	15.3	10.4	20.2	54.1
1982—1983	14.3	17.3	19.4	49.0
1983—1984	12.6	15.5	20.0	51.9
1986—1987	21.0	8.0	23.0	48.0

资料来源：Country Profile（1987—1988），p.22，伊朗中央银行，EIU 专门（特别）报告 1083号：下一个五年计划中的伊朗和伊拉克。

（三）20世纪80年代以来的伊朗经济特征

1. 产业结构持续"升级换代"，但仍需继续调整

伊朗第一产业产值比重20世纪90年代一直保持稳定或略有下降（大致为20%左右），进入21世纪后开始大幅降低，到2006年降低到10.4%；第二产业产值比重增长较快，从1990年的28.6%提高到2003年的40.3%；第三产业的产值比重呈现出先降后增的态势，2003年达到48.3%。2007—2008年度的伊朗GDP构成中，农业、制造业和服务业三个产业的比例分别为10.2%、42.3%和48.5%，呈现"三、二、一"的结构特征，初步实现了产业结构的"升级"和合理化。但是这种看似合理的"三、二、一"产业结构并不真正合理，原因在于：伊朗严峻的自然条件限制了农业的发展，二、三产业的发展主要是得益于石油、天然气开采、运输和贸易服务。

从各产业的内部结构来看，第一产业中经济性农产品丰富（开心果产量世界第一）、花卉业（尤其是玫瑰）十分出名、畜牧业能够基本满足国内需求，而林业和渔业却相对薄弱、粮食产量不能自给；第二产业的发展仍然主要依靠石油工业的发展，但是，对石油工业的高度依赖一方面影响产业结构的优化，另一方面也容易使国家陷于国际经济、政治的漩涡。重要的是，石油是不可再生资源，其储量毕竟是有限的，对此伊朗应当从长计较；第三产业内部发展不平衡，科教文卫事业有了较大发展，旅游业开

始起步，而新兴服务业（如会计、审计、法律、资产评估和科技咨询等）发展缓慢，交通运输与地区经济发展不相适应。

表5—12　1998—2002年伊朗产业结构　　（单位：十亿里亚尔）

年度	GDP总值	石油	农业	工业	服务业
1998	328473.6 （100%）	28266.5 （8.6%）	56750.8 （17.3%）	58915.7 （17.9%）	181140.0 （55.1%）
1999	434384.6 （100%）	63292.8 （14.1%）	65420.6 （15.1%）	76989.2 （18%）	224447.8 （51.6%）
2000	576493.1 （100%）	101705.3 （17.6%）	79120.9 （13.7%）	101550.3 （17.6%）	285561.9 （49.5%）
2001	669490.6 （100%）	101161.1 （15.1%）	85188.1 （12.7%）	126277.7 （18.8%）	346305.3 （51.7%）
2002	893495.7 （100%）	166516.7 （18.6%）	105027.6 （11.8%）	160347.8 （17.9%）	448894.2 （50.2%）

资料来源：伊朗中央银行经济指标报告。

表5—13　石油、税收、其他收入在伊朗国家预算收入中所占比例

（单位：亿里亚尔）

	1999年		2000年		2001年		2002年	
	金额	比例%	金额	比例%	金额	比例%	金额	比例%
石油	444876	48.19	584480	56.81	749571	59.74	1031832	62.47
税收	258310	27.93	352024	33.6	413819	32.98	505870	30.63
其他	219968	23.88	99799	9.54	91405	7.28	113865	6.90
总计	923154	100	1046303	100	1254795	100	1651567	100

资料来源：《伊朗白皮书——经济篇》，引自刘苏、杨兴礼：《伊朗的石油工业结构与布局分析》，《世界地理研究》，2009年第18卷第2期，第96页。

2. 贸易商品结构和地区结构不断调整，增强了经济的稳定性

伊朗每年需要进口大量的生产资料、零配件和生活必需品，同时需要大量出口能源资源、矿产品、农产品等，对外贸易额相当于国内生产总值

的60%左右，对伊朗国民经济有着举足轻重的影响。近几年对外贸易在伊朗国民经济中的比重出现大幅度的增加，2006年进出口总额达到1320亿美元，相当于国内生产总值的73.6%，其中出口额为826亿美元（占国内生产总值的40.7%），进口额为493亿美元（占国内生产总值的32.9%），实现贸易顺差333亿美元。伊朗的对外贸易仍然与世界石油市场油价的涨跌密切相关，受益于高的石油价格，2007年伊朗货物贸易盈余15.2亿美元，又由于油价的下跌，2008年度上半年伊朗出现了200亿美元的贸易逆差，2009年度上半年又有所好转，贸易逆差减至140亿美元。伊朗石油出口状况可以参见图5—2、图5—3、图5—4。

20世纪80年代以来，伊朗非石油产品的出口呈现快速增长，从每年出口数亿美元激增到几十亿、上百亿美元，使石油出口收入在出口总额中的比重有所下降。2000—2008年原油及油制品出口额在出口总额中约占80%，比20世纪八九十年代平均减少10%，另据伊朗海关总署报告，2006财政年度，伊朗非石油产品出口额163亿美元，大幅增长47.2%，出口数量则同比增长了48.2%。2009年上半年，伊朗非石油产品（包括凝析油）出口115亿美元，与上年同期相比，总量增加了21.3%。

伊朗石油出口

十大伊朗石油进口商（千桶/天）

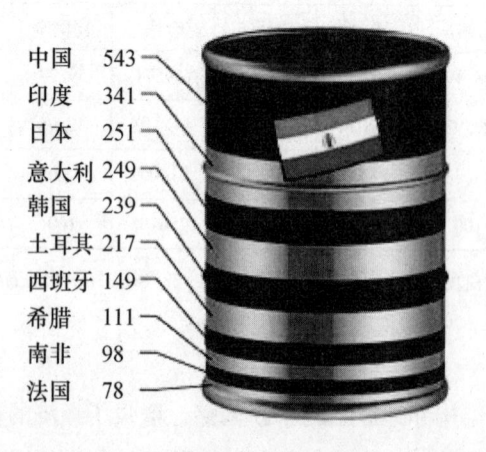

中国	543
印度	341
日本	251
意大利	249
韩国	239
土耳其	217
西班牙	149
希腊	111
南非	98
法国	78

图5—2　2011年2月份各国日均从伊朗进口石油的数量图

资料来源：http://bbs.actoys.net/simple/?t864224.html。

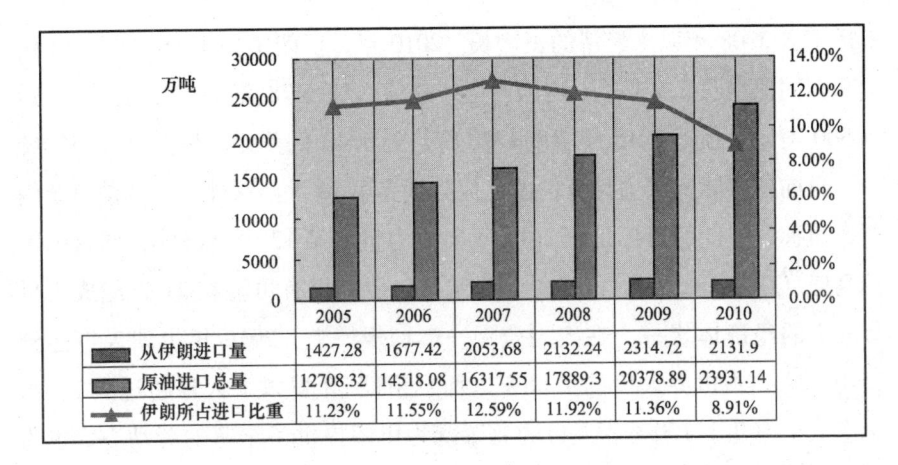

	2005	2006	2007	2008	2009	2010
从伊朗进口量	1427.28	1677.42	2053.68	2132.24	2314.72	2131.9
原油进口总量	12708.32	14518.08	16317.55	17889.3	20378.89	23931.14
伊朗所占进口比重	11.23%	11.55%	12.59%	11.92%	11.36%	8.91%

图5—3　2005—2010年中国从伊朗进口原油的统计图

数据来源：田春荣：《2010年中国石油进出口状况分析》，《国际石油经济》，2011年版，第15—25页。

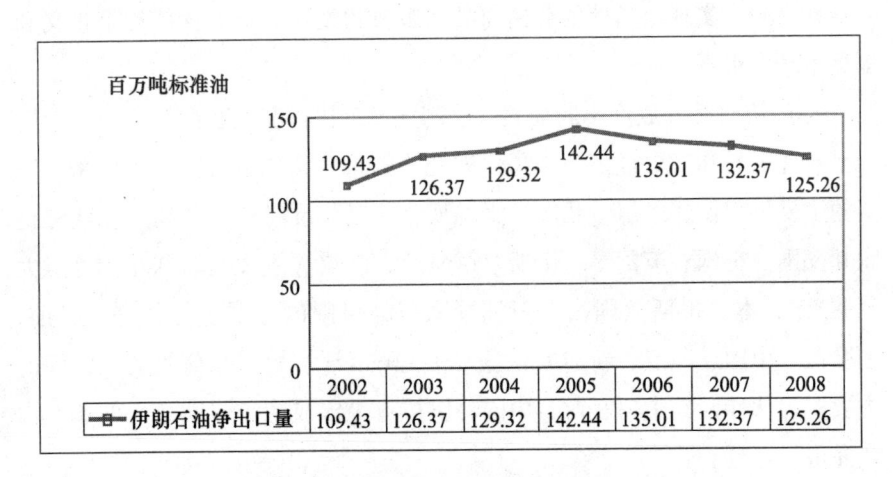

	2002	2003	2004	2005	2006	2007	2008
伊朗石油净出口量	109.43	126.37	129.32	142.44	135.01	132.37	125.26

图5—4　2002—2008年伊朗石油净出口量

数据来源：2010年中国能源年鉴。

在非石油出口商品中，石化产品在出口额和出口量上均排名第一，其次为工业产品、农产品、矿产品、地毯和手工艺品等，大多属于附加值较低的原材料、半成品及劳动密集型产品。从进口商品看，农产品和基本货物（主要为运输工具、机械设备、工业原料等）的进口逐渐增多。

3. 抗击内外冲击的能力增强，经济发展现状和前景光明

近年来，伊朗面临国际金融危机和西方经济制裁的双重压力，但是却

实现了自2008年以来经济的正增长。2010年，伊朗国内生产总值4114亿美元，同比增长2.9%，人均国内生产总值达到5478美元，人均月收入达到500美元。预计2015年伊朗GDP将达到8040亿美元。另据世界银行统计，目前按实际购买力计算伊朗已成为世界第18大经济体，伊朗前总统内贾德声称，伊朗的目标是到2015年要成为世界第12大经济体，同时据美国高盛（Goldman Sachs）公司分析结论，伊朗很有可能在21世纪成为世界最大的经济体之一。在人力资源—市场规模上，2010年伊朗人口达到7510万人，占世界人口的1.08%，而且伊朗30岁以下人口超过2/3，小学净入学率几乎100%。人口的繁荣既为伊朗提供了丰富的劳动力，也为伊朗准备了广阔的国内市场。国际货币基金组织指出，目前，伊朗正处于由计划经济向市场经济转变的关键时期，伊朗将在"五五计划"期间推动经济的全方位发展，在银行、货币、税收、海关、建设、就业等方面采取一系列措施，实现全国性的分销商品和服务的发展，努力促使社会正义和提高生产力水平。

4. 经济对外开放度不断加大，法制化规范化程度不断提高

对外贸易和对外经济合作是伊朗经济的重要组成部分。战后以来，伊朗的主要外贸伙伴经历了几次较大的变化：巴列维时期的主要外贸伙伴是联邦德国、美国、英国等；伊斯兰革命后，西欧（主要是联邦德国、意大利等）、日本、伊斯兰国家和亚洲国家成为伊朗的主要贸易伙伴；目前，阿联酋、中国、印度、新加坡、意大利、阿富汗、德国和荷兰成为伊朗的主要贸易伙伴，其中阿联酋、中国、伊拉克等国成为了伊朗最大的非石油产品出口市场。

表5—14　2007年度伊朗十大贸易伙伴　　　（单位：美元）

序号	国别	进出口总额	进口额	出口额
1	阿联酋	13674719086	11508699237	2166019849
2	德国	5701526644	5327579345	1842418570
3	中国	5535993567	4292469803	1243523764
4	韩国	3007961506	2456010563	551950943
5	瑞士	2798168473	2779402339	18766134

续表

序号	国别	进出口总额	进口额	出口额
6	意大利	2424392560	1902204905	522187655
7	印度	2294806166	1457331372	837474794
8	日本	2251954380	1325115501	926838879
9	法国	1955267052	1894191668	61075384
10	伊拉克	1934802377	92383807	1842418570

注：以上统计由伊朗海关提供，不包括伊朗石油出口。
资料来源：中华人民共和国驻伊朗使馆经商参处。

伊朗遭遇了长时间的国际经济制裁和8年的两伊战争，国内经济恢复和发展对资金、技术和物资的需求旺盛，急需与外界扩大贸易和经济合作，尤其需要扩大油气资源的出口来增加外汇收入、需要吸引大量外资、引进国外先进技术，因此伊朗政府积极制定和实施鼓励外资进入和有利于外贸的政策，逐步改善投资环境，努力打破西方制裁和实现国内经济的平稳健康发展。2001年5月，伊朗议会批准了《吸引和保护外国投资法》（2002年5月正式生效，同年8月通过投资法实施细则），以后又颁布了《吸引和保护外国投资法》《鼓励和保护外国投资法实施细则》《伊朗鼓励和保护外国投资法》等相关吸引、保护外国投资的法律法规和优惠政策。这些法律、规定拓宽了投资领域和方式，放宽了对投资比例的限制，投资的本金和利润也可以自由汇出境外。同时，伊朗努力实施自由贸易政策，采取了取消对基本商品的进口限制、降低关税、撤销对汽车进口限制额度等措施。

例如，《伊朗鼓励和保护外国投资法》第八条规定，外国投资者享受与国内投资者同等的权益、保护和优惠；《鼓励和保护外国投资法实施细则》则规定，外国投资者享受与国内投资者同等的权益和待遇，外国现金资本和非现金资本的进入完全根据投资许可，无需其他许可等，从法律上确认了外资的地位。根据相关法律和政策，投资者的资本可以自由汇出，自由区内投资15年免税等。此外，伊朗成立了以中央银行行长为主席，由财政、外交、工业、商业部及外汇管理局高层官员组成的吸引外资监督委员会。为吸引外资，自1989年开始，伊朗模仿其他国家的做法，在其沿海地区先后设立了三个自由区，目前已发展到在内陆、沿边地区设立自由区和经济特区，并成立了由总统任主席，各相关部长组成的自由区最高管理委员会。

2002年开始，外商对伊朗的直接投资大幅度上升，此后一直保持较高水平，2006年达到9.01亿美元。迄今伊朗已与外国石油公司以产品回购方式签订了数十个油气田开发合同，吸引外资资金270亿美元，计划未来再吸收130亿美元的投资。

伊朗对外贸易商品和投资的地区结构变化，在一定程度上减轻了国际油价波动以及美国制裁对伊朗的影响，为伊朗经济的稳定发展增添了筹码。

今天的伊朗已经与世界上125个国家建立了正式外交关系，正在摆脱美国的封锁、西方的孤立，积极向外拓展自己的经济活动空间，也更加热情地欢迎国外资本到伊朗发展，到伊朗直接投资的外商也开始活跃起来（参见图5—5）。

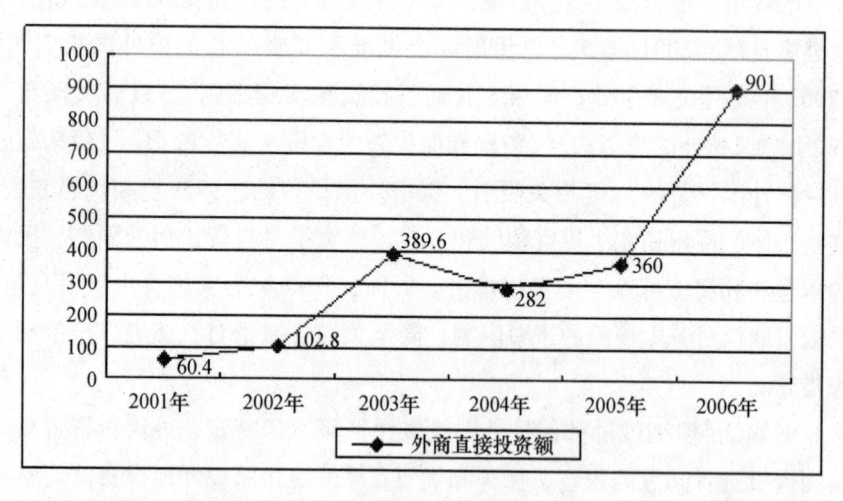

图5—5　2001—2006年间外商直接投资增长（单位：百万美元）
资料来源：the Iranian Organization for Investment, Economic and Technical Assistance。

四、伊朗经济的主要问题

经济结构的严重单一性和脆弱性，缺乏系统且行之有效的经济政策以及以美国为首的西方国家的经济制裁，2016年以后美国将再延长10年的对伊经济制裁等构成了伊朗经济发展道路上的三大障碍。

（一）经济结构问题

伊朗经济结构存在着很大的调整空间，过分依赖油气工业体现出经济结构的单一性。应当尽快改变对石油工业的过度依赖、非石油加工业的地位及其水平有待大幅度提升、第一产业根基不稳、第三产业仍较薄弱的状况。一直以来，伊朗的经济在较大程度上取决于国际油价及本国石油出口能力，2008年伊朗石油出口收入占伊朗出口总收入的80%，占政府预算的40%—50%，占GDP的10%—20%；只有真正扭转了对石油产业的高度依赖，才可能逐步扭转国民经济对世界市场的高度依赖。

（二）经济发展问题

主要涉及到政府的经济政策、发展规划和政策倾斜等问题，体现在：

第一，货币金融政策——应对通货膨胀率居高不下。近年，伊朗的通货膨胀一直保持两位数水平，据伊朗官方统计，2006年伊朗消费物价通胀率为11.7%，2007年达到17.2%，2008年超过20%，在中东和中亚所有的石油出口国中，伊朗的通货膨胀水平仅次于伊拉克位列第二。

第二，就业政策——应对高失业率现象。伊朗人口年轻，每年有约75万人首次进入劳动力市场，就业压力巨大。2004—2008年，伊朗全国共减少工作岗位32.2万个，2005年伊朗的失业率为11.5%，目前伊朗失业率达到了17.72%。而另一方面，受过教育的、有经验的伊朗年轻人又在不断外移，伊朗已成为世界上"人才外流"速度最高的国家之一。高失业加上高通胀，导致伊朗民众的生活水平难以提高。

第三，对外开放和经济合作政策——应对外债和政府补贴的压力。伊朗每年用于国内能源的补贴高达100亿美元，用于粮食和药品的补贴20亿美元，巨额补贴和外债是政府财政的沉重包袱。2008年伊朗外债为243.53亿美元，国际贸易监控机构在2009年第三季度报告中预测2009年伊朗外债将保持在240亿美元水平。

第四，工资、税收、社会保障和福利等政策——应对财富分配不公、贫富不均现象。

第五，投资和国民经济发展规划、计划——应对区域发展水平差距过大、不平衡状况加剧。

由于自然和人文的原因、历史和现实的原因、文化宗教和经济技术的原因等，导致伊朗经济发展水平（经济密度）的区域差异明显：西北、北部、西南地区经济水平高于南部、东部和中部地区。

表5—15　伊朗及分省经济发展情况

省份	面积（平方千米）	面积占全国的百分比（％）	对GDP的贡献率（％）	GDP总值（10亿伊朗里亚尔）	人均GDP（伊朗里亚尔）	人均GDP排序
东阿塞拜疆	45650	2.80	3.8	58805	45702997	13
西阿塞拜疆	37411	2.30	1.9	29773	33412900	27
阿尔达比勒	17800	1.09	1.0	15333	38893583	21
伊斯法罕	107029	6.57	6.4	99369	67583011	9
伊拉姆	20133	1.24	0.7	11275	93185799	4
布什尔	22743	1.40	3.1	48552	150349385	2
德黑兰	18814	1.16	24.9	385928	91879204	5
恰哈马哈勒—巴赫蒂亚里	16332	1.00	0.6	9146	37451324	22
南呼罗珊	95385	5.86	0.4	6677	35404990	23
呼罗珊	118854	7.30	4.9	76483	44376738	15
北呼罗珊	28434	1.75	0.6	9470	34471950	25
胡齐斯坦	64055	3.93	14.5	224506	141861570	3
赞詹	21773	1.34	0.9	13311	43729494	16
塞姆南	97491	5.99	0.8	12917	70953748	7
锡斯坦—俾路支斯坦	181785	11.16	1.0	15791	22042857	30
法尔斯	122608	7.53	4.4	67355	45648059	14
加兹温	15567	0.96	1.3	20740	57294670	11

续表

省份	面积 （平方千米）	面积占全国的百分比（%）	对GDP的贡献率（%）	GDP总值（10亿伊朗里亚尔）	人均GDP（伊朗里亚尔）	人均GDP排序
库姆	11526	0.71	1.0	15529	41729087	19
库尔德斯坦	29137	1.79	1.0	15095	33068141	29
克尔曼	180726	11.10	2.4	37012	33975119	26
克尔曼沙阿	24998	1.53	1.5	23013	43501563	17
科吉卢耶—博耶尔艾哈迈迪	15504	0.95	3.9	60946	169346847	1
戈莱斯坦	20367	1.25	1.4	22069	34677769	24
吉兰	14042	0.86	2.2	33810	43003383	18
洛雷斯坦	28294	1.74	1.2	18672	33126256	28
马赞达兰	23842	1.46	3.4	52287	55776818	12
中央	29127	1.79	2.2	33679	69583532	8
霍尔木兹甘	70697	4.34	2.1	31784	61107699	10
哈马丹	19368	1.19	1.5	22980	41564628	20
亚兹德	129285	7.94	1.1	16650	79153282	6
厄尔布尔士						
伊朗全国	1628777	100.00	100.0	1488957		

资料来源：Iran statistics yearbook 1385（即公元 2007 年）。

说明：厄尔布尔士省是 2011 年 6 月新建立的，由原德黑兰省西部四个县划出组成。

伊朗西南部的科吉卢耶—博耶尔艾哈迈迪、胡齐斯坦、布什尔是经济发达的地区，人均 GDP 达到 5000 美元以上，西北地区的中央与德黑兰是经济相对发达的地区，人均 GDP 在 3000—5000 美元之间，人均 GDP 在 2000—3000 美元的占大多数。伊朗的高经济收入地区与伊朗的油气资源生产区域有一定程度的吻合，因此西南地区的科吉卢耶—博耶尔艾哈迈迪、胡齐斯坦、布什尔成为高收入地区，中央与德黑兰地区则是伊朗综合经济发展水平更高的地区。

五、21 世纪初期伊朗经济的发展前景

(一) 经济呈现持续发展态势,但是依然存在震荡风险

进入21世纪以来,伊朗经济呈现快速增长态势,经济发展形势总体良好,但是也会呈现出较大波动。2004年的经济总量达到1990年的40.7倍,2000—2006年短短的七年间,国内生产总值从1013亿美元增长到了2229亿美元,在中东和北非国家国内生产总值中的比值也从22.6%上升到了30.5%,人均国民收入从2000年的1680美元增长到了2006年的3000美元,高出中东和北非国家平均水平519美元(2000年仅高出18美元)。从 GDP 的年均增长率看,2001—2006年均增长率为5.5%,高出了世界20世纪最后一个10年年均3.7%的增长率1.8个百分点,其中2002年 GDP 增长率达到了8.95%。2008年下半年由于油价的下跌,伊朗 GDP 增长的速度放慢,2009年七八月份,伊朗经济开始复苏。值得注意的是,伊朗的 GDP 在2012—2013年出现负增长,暴跌至20年来最低点,这主要是由于2011年"阿拉伯之春"运动的影响以及伊朗核危机导致以美国为首的西方国家强化对伊朗的经济制裁、限制其石油出口、切断其国际金融联系所致。

表5—16 2003—2008年伊朗国民生产总值增长率

年份	GDP 实际增长率(%)	全球排名
2003	7.1	18
2004	5.1	35
2005	4.7	42
2006	5.8	42
2007	6.2	124
2008	6.5	135
2009	6.0	

资料来源:http://indexmundi.com。

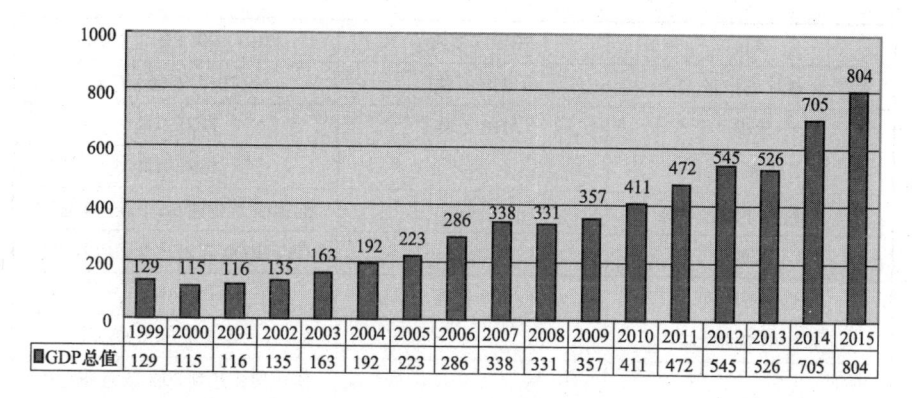

图 5—6　1999—2015 年伊朗国内生产总值及预测（其中 2011—2015 年是预测值）

资料来源：Economy of Iran. http：//en. wikipedia. org/wiki/Economy_ of_ Iran, 2011 - 12 - 07。

表 5—17　2010—2015 年伊朗经济发展计划

项目	2010（实现）	2010—2015 年（目标）
GDP 世界排名	18	12
年增长率	2.6%	8%
失业率	11.8%	到 2015 年的 7%，创造 100 万个新的就业机会
通货膨胀率	15%（2010 年 1 月）	12% 的平均水平
增值税	3%	8%
研发（占国内生产总值%）	0.87%	2.5%
成品油价格与预算收入	每桶 60 美元	每桶 65 美元
石油生产	410 万桶	520 万桶
天然气产量		900 万立方米/日
非石油出口	20%	到 2015 年 30%（1100 亿美元）
在石油和天然气工业的投资	—	20 亿美元/年
石油输出	5000 万吨	1 亿吨
供油	波斯湾 25% 的市场份额	波斯湾 50% 的市场份额
石油产品的存储容量	115 亿升	167 亿升
发电量	61000 兆瓦	25,000 兆瓦
电厂的效率	38%	45%
在矿业和工业的投资	—	7000000 亿里亚尔（700 亿美元）
粗钢产量	100 万吨	到 2015 年的 420 万吨

续表

项目	2010（实现）	2010—2015 年（目标）
铁矿石产量	270 万吨	到 2015 年 660 万吨
水泥	710 万吨	1100 万吨
石灰石	—	1660 万吨
新工业园区	—	到 2015 年要建 50 个新工业园区
旅游	—	每年 2000 万人（含国内旅游）
港口吞吐量	1.5 亿吨	2 亿吨
铁路网络的发展	—	每年投资 80 亿美元
电子贸易	—	国内贸易达到 20%，对外贸易达到 30%，政府电子交易 80%

资料来源：Economy of Iran. http：//en. wikipedia. org/wiki/Economy_ of_ Iran, 2011-12-07。

六、伊朗经济发展潜力与趋势

如果伊朗保持国内社会稳定，国际环境继续朝向有利于伊朗的方向转变，经济发展中能够逐步解决前面提到的问题，能够基本实现发展规划提出的指标（见表5—17）的话，则伊朗的经济社会走上健康持续快速发展的轨道、逐渐成长为中东经济强国就是顺理成章之事。

伊朗经济的发展趋势，主要体现在以下方面：

第一，未来伊朗将更加重视产业升级和经济多元化。

政治改革是根本，经济改革将继续推进，经济结构更加多元化、经济活动更加自由化、外向化。

改革乃大势所趋，时代必然，从伊斯兰共和国成立到现在，伊朗的经济改革始终没有中断。通过改革，伊朗从对石油的极端依赖渐渐走向经济结构的多元化，从"既不要东方，也不要西方"的对外交往逐步走向经济活动的外向化，从国家对经济活动的严格控制逐渐走向经济自由化。伊朗面临的国际制裁、油价波动、高失业率和高通货膨胀等挑战决定了伊朗必然继续加强实施经济多元化、自由化、外向化战略。

在伊朗核协议已经签订、但是美国依然宣布对伊朗的经济制裁再延长10年的新形势下，伊朗决定加强与中国的经济合作，希望中国将技术转移到伊朗，跟伊朗企业合作，希望中国企业将技术和资金带到伊朗。2016年

11月，中石油和法国道达尔公司、伊朗国家石油公司签署协议，合作开发世界最大天然气气田南帕尔斯的11期项目（道达尔是作业方，持股50.1%，中石油持股30%、伊朗国家石油公司全资子公司持股19.9%，该项目日产量将达18亿立方英尺，约37万桶石油当量）。[1]

2016年12月6日，伊朗工矿农业商会会长沙非在中伊商务论坛上指出，中伊可以加强产业链合作，"中国企业可以将部分生产转移到伊朗，通过伊朗再出口到其他国家"，"伊朗已经建立了多个自由贸易区、工业园和特别经济区，入驻企业可以获得长达20年的免税期"。例如，伊朗计划在未来5年内购买总价值约150亿美元的3.5万辆机车和车厢（包括货运列车、客运列车、高速列车、地铁等），但是不允许进口整车。[2]

第二，更加重视合理的油气开发，提高石油产品的加工程度、延长产业链。

伊朗经济结构和产业结构的调整的目标之一，是要体现和高效利用自身的资源禀赋优势，改变长期以来依赖油气初级产品创汇的格局，以便更加充分更加持久地发挥油气产业在国民经济中的支柱作用。

伊朗需要保持世界石油、天然气生产大国的地位。2006年，伊朗的原油产能达到434万桶/天，但在2016年日产量又降低到370万桶左右（1974年曾达到600万桶/天的规模。2016年12月OPEC达成限产保价的协议，伊朗将继续维持380万桶/天的生产规模）。伊朗石油部长透露，伊朗决定加大在油气领域的投资，计划在2024年将产能增至700万桶/天。伊朗的天然气主要用于国内消费，其开采量在已探明储量中的比例仅为0.2%，开采潜力巨大。

伊朗油气产业深度发展的方向就是要推进油气产品的多样化和深加工化，延伸和完善油气产品生产的产业链。目前伊朗大力发展石油和天然气资源的下游工业，提升炼油能力，发展石化工业，以增加油气产品的附加值、扩大油气成品和石化产品的出口。

第三，加强与中国的经贸合作，不断拓宽双方的合作领域。

2016年12月5日，伊朗外长扎里夫赴北京参加中伊外长年度会晤

---

[1] http://www.guancha.cn/Neighbors/2017_07_04_416523.shtml.
[2] http://finance.eastmoney.com/news/1356,20161207691071570.html.

（落实2016年1月习主席访伊期间两国元首达成的共识建立的外长会晤机制）、6日参加中伊商务论坛，他呼吁中国企业到伊朗投资：伊朗已经确定了总价值为1850亿美元的50个油气项目，他说，伊朗是值得中国信任的国家，也是一个安全的国家，"伊朗坚信，习主席提出的复兴丝绸之路的战略构想是符合当前国际形势的重要决策，将能够保障本地区和沿线国家的利益"，两国同意将中伊双边贸易总额提升至6000亿美元（但是2015年中伊贸易总额仅338.42亿美元，同比下降34.7%；其中，中国对伊出口177.91亿美元，同比下降26.9%，从伊进口160.51亿美元，下降41.7%）。中国贸促会会长姜增伟在中伊商务论坛上指出，中伊资源禀赋和产业结构具有很强的互补性，可以进一步扩大国际产能合作。伊朗的电力、化工、建材、汽车等行业急需发展，中国在这些领域拥有技术优势和资金条件。[1]

1971年，中国和伊朗建立外交关系之后，两国经贸关系不断加深，即使在西方国家对伊朗进行封锁制裁时期，中国也依然继续发展同伊朗的友好关系。2016年12月，伊朗外长扎里夫在中伊商务论坛上说："中国是伊朗在最艰难的时候收获的伙伴。患难见真情，中伊关系一定会有更加光明的未来"[2]，进一步加强与中国的经贸合作是伊朗经济发展的明智选择，也是伊朗摆脱美国制裁的战略举措。

目前来看，伊朗紧密对接中国的"一带一路"倡议，可以充分利用中国倡导成立的丝路基金和亚洲基础设施建设投资银行（"亚投行"），推进伊朗经济建设的重大目标和项目的实质性进展，进而实现伊朗经济的高效快速发展。

当前，伊朗急需扩大在油气开发领域的投资，也需要不断发展电力、机械、汽车、化工、建材以及交通、水利等基础设施领域的生产能力，而中国在上述领域以及机电设备、运输设备等资本密集型产品的生产技术和资金实力都具优势，符合伊朗实施经济多元化战略的需求。伊朗丰富的油气、矿产资源可以在中国获得广大而稳定的市场。伊朗加强与中国的经济技术合作，特别是加入到中国倡导的"一带一路"倡议，可以为双方造就

---

[1] http://finance.eastmoney.com/news/1356, 20161207691071570.html.
[2] http://finance.eastmoney.com/news/1356, 20161207691071570.html.

更多的"双赢"格局。通过合作，中国可以加快资本密集型产品向伊朗出口的步伐，部分国内已经产能过剩、但适合伊朗需要的产业可以转移到伊朗发展；为适应私有化战略和积极吸引外资的需求，伊朗鼓励包括中国在内的外国资本和企业在伊朗油气、石化和矿产领域进行投资，伊朗已经启动的新石油合同，有效期长达 20—25 年；此外，在农业经济技术合作、旅游合作、文化合作交流与民间合作等领域，也是现在和将来伊朗与中国之间深化合作的的广泛领域。

第四，主动开展对外经济合作，竭力降低美国制裁的负面影响。

美国继续延长 10 年的对伊制裁已成定局，在此背景下，大多数美国公司被美国政府挡在了伊朗的门外而不能与伊朗进行经贸交易和投资，出于对美国二级制裁的担忧，一些欧洲企业也不敢贸然前往伊朗投资，因此，如果伊朗经济发展需要获得更多的外国技术和资金，必须将对外开放的门开得更大、提供的投资环境更加完善、抛出的经济优惠更加诱人、合作伙伴更加广泛。

伊朗政府对此形势认识清醒，主动作为，制定修改相关的外商投资政策，政府与企业家积极参与各种国际经济活动其成效也是明显的：自 2015 年 7 月以来，伊朗政府批准了价值 14 亿欧元的 27 个外资项目[1]；2016 年 3—11 月间，伊朗共吸引外国直接投资 9.6 亿美元，同期伊朗还与日本和韩国共 5 家公司签署了一系列合作协议[2]；2016 年 11 月 24 日，伊朗贸易促进组织（TPOI）在摩洛哥马拉喀什与总部位于日内瓦的国际贸易中心签署了谅解备忘录，表明伊朗政府将努力开展与其他国家的业务合作（国际贸易中心是联合国贸发会和世界贸易组织共同设立的技术合作机构，向发展中经济体提供技术援助，以促进其出口）；欧亚经济联盟也正在研究与伊朗签署自由贸易区、达成关税自由协议的可能性[3]。

第五，重视与石油输出国组织（OPEC）的合作。

伊朗是石油输出国组织的成员国，在石油输出国组织内部行使自己的

---

[1] http://globserver.cn/%E4%B8%AD%E4%B8%9C%E6%96%B0%E9%97%BB/%E4%BC%8A%E5%8E%86%E4%BB%8A%E5%B9%B4%E5%89%8D%E5%85%AB%E4%B8%AA%E6%9C%88%E5%BE%B7%E9%BB%91%E5%85%B0%E5%B7%B1%E5%90%B8%E5%BC%95%E5%A4%96%E8%B5%8496%E4%BA%BF%E7%BE%8E%E5%85%83%83.

[2] http://ir.mofcom.gov.cn/article/jmxw/201612/2016120/996906.shtml.

[3] http://finance.sina.com.cn/roll/2017-04-01/.

职权、开展与其他成员国之间的合作，OPEC 也是维护伊朗自身利益的平台。2016 年 11 月 30 日，OPEC 在维也纳达成 2008 年以来第一次冻结产量协议，将 OPEC 石油产量每日削减 120 万桶，其中沙特每日削减 50 万桶（降到每日 1006 万桶），伊朗则冻结在目前的 379.7 万桶，布伦特石油期货价格立即上涨 8%，达到每桶 50 美元。这个协议表明，伊朗的利益在与 OPEC 的合作中得到了体现和保证。

第六，关注民生，提升政府的管理水平和工作效率。

2016 年 12 月 1 日，总统鲁哈尼公布了伊历 1396 年（2017 年 3 月 21 日—2018 年 3 月 20 日）计划为 3200 万亿里亚尔（约合 1000 亿美元）的伊朗财政预算，重点用于就业、水资源、污水处理、环境保护和铁路交通五大领域①，说明伊朗政府的投资和关注重点转向了民生，经济发展的质量开始成为了政府工作的关键，这是伊朗将经济继续向好发展的信号。

第三节 伊朗产业部门地理

一、农业地理

农业是人类历史最悠久、与人类生存关系最直接的产业。有史以来，农业都是世界各国、更是伊朗的基础产业，处于中东特定地理环境和人文环境中的伊朗农业，有其特色，但也显示出其发展的疲软。农业现状从一个侧面反映了整个伊朗经济发展的缩影。

（一）农业发展特征

1. 农业意义重大，但是地位持续下降

农业是伊朗传统的产业部门，也是稳定社会经济、支持政府财政收入的另一个支柱部门。虽然农业在 GDP 中的地位在 20 世纪 70 年代中有较大

---

① http://finance.sina.com.cn/roll/doc-ifycwyxr9153482.shtml2016-12-04/doc-ifxyicnf490570.shtml。

幅度的下降。但是自20世纪80年代以来，其地位又开始上升，1986—1987年，农业占GDP的比重提升到21.0%。农业在伊朗国民经济中占有重要地位，2006—2007年伊朗农业产值为211亿美元，占到GDP的10.4%。《伊朗新闻》2009年9月1日报道：伊朗农业圣战部表示，伊朗农产品出口比伊朗"四五计划"的目标额增长了34.7%。

第二次世界大战以后到第三个发展计划（1962—1968年）期间，伊朗政府比较重视农业的发展，在前三个发展计划中，用于农业和灌溉的投资都居于各项投资的第二位，所占比重都在21.3%—27.8%之间，仅次于交通运输部门。从第四个发展计划开始，对农业的投资猛降：第四个发展计划中降为8.4%、第五个发展计划更是只占6.6%。伊朗伊斯兰共和国建立后，提出了要振兴农业、"促进农业生产，实现粮食自给"的目标，在第六个发展计划（1983—1989年）中，对农业投资的比重才又上升到15.5%。可见，20世纪60年代后期到70年代，农业在伊朗经济中的重要性并未得到政府足够的重视。

2. 种植业为主的结构

2002年，农业产值占全国GDP比重的17.3%，伊朗农业各部门产值比重为：种植业占59%；畜牧业占40%；林业和渔业占1%。种植业中以粮食作物为主，粮食作物中又以小麦为主，小麦主要产区在阿塞拜疆、扎格罗斯谷地，以及克尔曼沙阿、伊斯法罕和呼罗珊等省。其他粮食作物有大麦、稻米、玉米、高粱和大豆等。主要经济作物有棉花、烟草、甜菜、甘蔗和茶叶等，其中以棉花为主，棉花主要产区在戈尔甘和戈纳巴德地区。

3. 农业增长率低，成为经济的短板产业

农业是伊朗经济中的弱势产业，在20世纪六七十年代中，农业、石油工业、工矿业、服务业等几大产业中，农业的增长率是最低的（通常是其他部门年均增长率的1/3—1/4）。虽然，农业的发展同样受到工业化和城市化、油价波动、两伊战争等的影响，但是大批农民进入城市，农业劳动力锐减，政府对农业的投资不足，不恰当的农业政策，农产品价格过低，小农生产（劳动生产率低），城乡生活水平差距加大，农民无利可图，导致农业发展缓慢，农业经济实力薄弱的局面，这种态势还直接影响到今天伊朗农业的发展。

4. 农业生产规模较大

农业在伊朗国民经济中占有基础地位。2000—2010 年前后，农业从业人口通常占总就业人口的 1/4 左右。2005 年全国已耕地面积 18 万平方千米，约占全国国土的 11%，其中可灌溉耕地 8.3 万平方千米，旱田 9.4 万平方千米；长期性牧场面积 44 万平方千米，约占全国面积的 27%。自 2003 年以来，伊政府加大农业投入，刺激农民种粮积极性。2000—2004 年，伊朗的农产品产量从 6480 万吨上升到 8880 万吨。增幅达 37%。这些数据表明，伊朗是中东的农业大国。

应当指出，伊朗是世界上最大的石榴生产国和出口国、世界第一大椰枣出口国，椰枣的出口量占世界总量的 17%，年产量约 90 万吨。伊朗是世界第三大核桃生产国，其年产量达 16.8 万吨。此外，还是世界第一大藏红花生产国，年产量 220 吨，其中出口 175 吨，占世界总量的 75%。①

表 5—18　2007 年伊朗农业产值与产量

产品	产值（千美元）	产量（吨）
牛奶	1715313	6450000
鸡肉	1453219	1245879
葡萄	1391700	3000000
西红柿	1184650	5000000
小麦	1169603	9500000
羊肉	779840	394203
苹果	764005	2660000
开心果	760184	230000
土豆	729601	5240000
牛肉	709448	343013
鸡蛋	543543	711000
稻米	471135	3500000
橙子	404202	2300000
西瓜	344091	3300000

---

① 《世界经济年鉴》，世界知识出版社，2008 年版，第 104 页。

续表

产品	产值（千美元）	产量（吨）
蔬菜	328387	1750000
大枣	313470	1000000
洋葱	313293	1700000
黄瓜	290146	1720000
甜菜	243959	5300000
鲜果	223314	1400000

资料来源：http：//faostat.fao.org/DesktopDefault.aspx? PageID = 339&lang = en&country = 102。

5. 粮食不能自给

目前，伊朗的粮食自给率约为80%，每年需进口一定数量的小麦、稻米、食用油等。伊朗农产品从20世纪70年代初到90年代中期较多地依赖进口，伊政府一直在寻求农业自给自足，这是将石油经济向多元化经济转型的重要内容。伊朗近年粮食短缺状况仍然严重：每年需进口约30%的食品。据伊朗商业部统计，伊朗2010年3—12月进口农产品34.9亿美元，同比减少19%[1]，表明当年伊朗农业发展状况在好转，虽然近年粮食产量在持续增长，但是依然没有根本解决粮食短缺的问题。

表5—19　2001年伊朗农产品进口情况

商品名称	进口数量（吨）	进口金额（万美元）	商品名称	进口数量（吨）	进口金额（万美元）
小麦	6438950	87677	原蔗糖	721750	17510.5
大麦	939347	13396	活鸡<185克	9	129.9
玉米	1695229	22470	牛肉	36160	7764.9
大米	717655	19702.8	奶粉<1.5%脂肪	6552	1610.4
大豆	522132	11705.7	黄油	13267	2526
豆粕	731386	17131	鳟鱼	1498	127.4

[1]　伊朗《经济报》，2011年2月20日报道。

续表

商品名称	进口数量（吨）	进口金额（万美元）	商品名称	进口数量（吨）	进口金额（万美元）
粗加工豆	881906	32149.8	金枪鱼	900	118.7
葵花籽油	69610	2997.9	椰子	3703	238
红茶	17738	4920.9	香蕉	74810	2691.8
烟草	2042	583.5			

资料来源：中华人民共和国商务部对外贸易司：伊朗农产品市场情况，2002年9月16日，http://wms.mofcom.gov.cn/aarticle/subject/ncp/subjecthy。

（二）农业发展条件

1. 土地资源条件

伊朗的已耕地约占全国土地面积的11.5%，草地（包括牧场和可以开垦为耕地的草地）占27%，其他土地约占61%。可见，伊朗发展畜牧业的土地数量比较充足，耕作业用地也比较充裕，但是在地区分布上存在较大差异，大部分的肥沃土地都集中在西部和北部地区，全国多数土地质量有待提高。此外，伊朗耕地中的休耕地比重过高、可垦耕地面积大，都说明伊朗发展种植业的用地条件比较充分。

畜牧业大多分布在伊朗中部的半干旱牧场，这些牧场大多处于山区和被沙漠环绕的地带。此外，林地约占其国土面积的12%。

非农业用地约占伊朗国土总面积的52%，主要有：

不宜农地约占国土面积的35%，包括沙漠、盐田和裸岩石山等；建设用地约占国土的7%，包括城镇、乡村、工业区和公路、铁路等。伊朗土地利用的类型见表5—20。

表5—20 伊朗的土地利用类型

	面积（万平方千米）	占国土面积（%）
已耕地	19	11.5
其中：已耕地	7.65	4.6
已耕地中：灌溉地	3.55	2.2
旱地	4.1	2.5

续表

	面积（万平方千米）	占国土面积（%）
休闲地	11.35	6.9
潜在可耕地	31	18.8
草地和牧场	10	6.1
森林和灌木林	19	11.5
非农业用地（荒地、沙漠、城镇、水面）	85.8	52.1

资料来源：Country Profile（Iran），1987—1988，p.10。

2. 气候资源条件

气候干燥、蒸发强烈和高原山地的地形特征导致伊朗缺乏水资源，成为影响传统农业生产水平比较低下、粮食不能自给的主要原因。粮食长期不能自给的局面，一定程度上导致了社会不稳定。主要因为干旱气候，使得伊朗的粮食生产以旱作为主、水田为辅。实际上，农业灌溉还是占用了大量水资源，坎儿井就是伊朗人民独创的、用以适应干旱状态下发展农业的、流传至今的传统灌溉方式。

3. 劳动力条件

2007年，农业劳动人口占总劳动人口的25%，目前仍然保持在20%左右。伊朗大部分农场面积都低于10公顷，规模小导致农民的经济效益低下，农业劳动力向城市转移。另外，水资源缺乏和土地盐碱化，农业技术落后等因素共同造成了粮食低产和农村地区的贫困。

（三）主要农业部门

1. 种植业

伊朗的主要谷物是小麦、大麦和水稻，其次是小米、玉米等，80%以上的谷物、蔬菜和水果大都产自灌溉地区，其中，阿塞拜疆、卡伦河流域以及里海平原是谷物的主产区，被称为"伊朗的粮仓"。经济作物则以棉花、甜菜、甘蔗、烟草、茶叶、蚕桑、洋麻等为主，还盛产葡萄、椰枣、阿月浑子、巴丹杏、石榴、甘桔、西瓜等水果，其中，棉花是居第二位的出口农产品，阿月浑子、葡萄、石榴、椰枣等农产品闻名世界。

2. 畜牧业

伊朗的畜牧业重要，其产值约占农业的 1/3，从业人员约占全国总人口的 1/5。牧场条件较好、畜牧业比较集中的区域主要是阿塞拜疆、霍腊散、克尔曼、马赞德兰等省，牲畜品种主要是羊、牛、骆驼、马等。畜牧业中，游牧仍然是一种重要的方式，在 20 世纪 80 年代，估计游牧民约有 100 万。与定居和家饲牲畜相比，游牧业的劳动生产率是低下的。

3. 林业

伊朗的森林和灌丛面积占全国的 11.5%，主要分布在里海附近的厄尔布尔士山和扎格罗斯山区。但是林业的产值及其比重都很低，可以认为是农业中的弱势部门。

4. 渔业

伊朗的渔业比较薄弱，渔业资源主要分布在波斯湾和里海南部，波斯湾产珍珠贝、龙虾、玳瑁、珊瑚、沙丁鱼、金枪鱼等，里海主产大马哈鱼、鲑鱼、鲟鱼、鲤鱼、白鱼等，由于里海水面下降、污染加剧，鱼子酱生产面临很大困难。应当指出，伊朗里海的鱼子酱是闻名世界的高级美食品，波斯湾的高级虾和对虾也享有盛誉，如果根据国内外市场的需求大力发展，其优势和前景是十分光明的。

（四）农业地域类型区

根据伊朗的农业自然条件和农业生产内容，大致可以把伊朗的农业地域划分为三个类型区：

第一类型区：厄尔布尔士山地及里海沿岸平原种植业区。厄尔布尔士山系北坡陡南坡缓，还包括与之平行的西南部的塔里什丘陵地区，这里主要属于亚热带半湿润气候，气温和降水的垂直分异以及南北分异都很明显，冬季寒冷、夏季暖热。该区可以夏作水稻、棉花、烟草，冬作小麦与豆类，还种植桑茶和柑橘等。

北部有定居的种植业和畜牧业，南部牧场春天茂盛，其余季节干枯；东、西两段山区之间的农业生产内容也有较大差异——西部雨量丰沛、热量充足，若利用和管理得当，一年中可以连续耕种，盛产小麦、大麦、玉米等谷物，还是伊朗主要的稻米产区，这里谷物与果木混种，阿月浑子、杏仁等水果和茶叶重要，经济作物则以棉花为主，牧场一般在山坡；东部气候干燥，普遍草原景观，宜于发展定居的畜牧业，牧场可达草原的上限。

第二类型区：扎格罗斯山地种植业—畜牧业地区。扎格罗斯山西北部山腰坡麓地带，雨量较多，热量比较充足，宜于发展耕作业和畜牧业；越向东南，则降水愈少，但是热量更多，适合于发展灌溉农业，也是种植水稻和其他谷物的重要区域；在更为东南—南部的莫克兰丘陵地区，气候条件更趋干旱，分布有范围较广但不连续的椰枣种植带，这里已经属于全国农业生产水平比较低下的地区。

第三类型区：伊朗高原内陆绿洲农业和畜牧业区。这里气温的年较差、日较差都大，降水较少，且以冬雨为主，属于干旱的温带大陆性（伊朗型）气候，畜牧业是主要的农业部门，耕作业则依靠内流河、地下水、山地地形雨进行灌溉，马什哈德盆地、比尔兼得盆地、锡斯坦盆地、贾兹木里安盆地等是散布的绿洲农业区中比较著名的耕作业区，可以种植谷物、蔬菜、水果，有些地方也种植椰枣，东部的锡斯坦盆地是伊朗种植业最有发展潜力的地区之一；较高处的山腰或不宜耕作的山麓是主要的牧区。

二、工业地理

工业是伊朗现代经济的支柱产业。与发达国家相比，伊朗的工业基础薄弱，但在中东地区伊朗却是工业大国。

（一）工业发展特征

第一，伊朗具有发展工业的资源优势。能源矿产资源、黑色金属、有色金属、非金属矿产资源都非常丰富，开采条件也比较适合，能够满足采矿业、冶炼业、机械制造业等传统工业发展的资源要求；庞大的农业生产规模也基本能够供应轻工业所需要的原料和材料。

第二，伊朗国内工业品市场广阔。国民经济发展需要大量的工业产品供应，包括轻工业产品和基础设施用品、制造业产品，国外的能源市场需求对伊朗能源工业更是提供了巨大的市场平台。

第三，历届伊朗政府对工业发展高度重视，在投资、技术等方面推动了传统工业的发展。战后历届政府的发展计划中，加工工业、采矿业、石油和天然气工业都获得大量资金投入，居于各部门的显著地位（见表5—21）。在前三个发展计划中，工矿业都是除交通运输和农业以外投资比重最高的单个部门；在第四、第五个发展计划中，其所占投资份额超过对交通运输业投资额的58%—71%，更是对农业投资额的2.8倍，只是在第六个发展计划中，才重新被建筑业、农业所超过。

表5—21 伊朗工矿业在六个发展计划中所占的投资比重（%）

	第一个计划 （1949—1955）	第二个计划 （1955—1962）	第三个计划 （1962—1968）	第四个计划 （1968—1973）	第五个计划 （1973—1978）	第六个计划 （1983/84—1988/89）
工矿业	20.1	7.7	12.4	22.3	18.0	13.9
石油天然气	——	——	15.9*	11.3	16.8	5.3

*包括电力和燃料工业。

资料来源：根据 Country Profile（Iran，1987—1988，pp. 17-20）编制。

第四，伊朗现代工业的发展具有起步晚、发展快的特点。包括石油、天然气、食品、纺织等工业部门在内的伊朗现代工业的建立是在20世纪初期以后、特别是在两次世界大战中才开始的。第一次商业性喷油发生在1908年，对天然气的回收和工业利用始于50年代末，煤矿、铁矿以及其他有色金属矿的工业开采始于两次世界大战之间，最早的现代甜菜糖厂20年代早期建在马什哈德附近，榨油工业是第一次世界大战后重新恢复和引进的，现代化的纺织工业是20世纪30年代以后才在德黑兰等少数城市发展起来，较大型的机械磨粉厂、水果罐头厂也是30年代才开始在几个大城市建立起来；最早的卷烟厂在第一次世界大战以后才出现在德黑兰和大不里士，鱼子加工厂更是1952年以后才在巴列维港和巴博勒萨尔诞生，至于电冰箱、收音机、其他电器设备的装配、小汽车和其他机器的装配、部分配件生产、钢铁和其他金属冶炼等，都是在第二次世界大战以后才开始建立和发展的。

但是伊朗工业的发展速度较快，特别是在20世纪60年代初到70年代后期，以及80年代初期以后，工矿业发展速度与服务业发展速度不相上下，在多数年份都大大超过农业的发展速度，也超过了整个国民经济的发展速度，其制造业很快赶上了中东的另一个工业大国土耳其。只是在1978—1982年间，工矿业的发展才急剧刹车甚至后退，主要原因：一是国内政权更迭、政局动乱，二是两伊战争的影响。

第五，工矿企业所有制状况发生了很大变化。1979年以前，除石油工业外，伊朗经济绝大部分属于私人企业所有，伊斯兰革命之后，私人财团掌握的重要工矿、农场、银行、保险公司、饭店等均归国有。目前伊朗的经济体制是一种混合体制，即由国营、集体和私人经济成分构成，其中国营成分占伊朗经济总量的75%以上。国营经济涵盖所有重要工业、矿山、发电设施、水坝、灌溉网络、广播电视、邮电、航空、航运、公路、铁路、对外贸易、银行、保险。最近几年，政府采取措施，逐渐下放管理权限，减少政府对企业的干预，即所谓的"薄"制度化过程，集体成分包括经营物资生产和分配的公司，以及在乡镇建立的类似机构。私人成分包括从事工业、贸易和服务的公司以及从事农业、畜牧业的家庭生产单位，它们是国营和集体成分经济活动的补充。伊朗的工矿业由石油部、能源部、交通部、邮电部、工矿部等政府部门分别管理。

第六，工业部门以传统部门为主，但是石油工业部门成为现代工业的支柱。到20世纪70年代初期，伊朗已经形成了多样化的工业部门，包括炼油、石化、钢铁、电力、纺织、汽车、拖拉机装配、食品加工、建材、机械加工、地毯、家用电器、化工、有色冶金、造纸、制药、水泥和榨糖等是当今伊朗主要的工业部门，但是石油天然气开发及其相关产业仍然是工业的支柱部门。

第七，工矿业分布比较集中，矿山、油气田集中在资源形成和储藏区，制造业则依托城市和交通干线布局，形成一批工矿业园区和制造业中心（城镇）。

第八，工矿业外向度高。因为受到技术、资金和市场的影响，近现代伊朗工矿业依托国际工业财团而建立，其进一步发展的对外关联度也高。表5—22从工业品国际市场的角度在一定程度上说明了这个问题。

表 5—22　伊朗 1999—2002 年工业外贸依存度比较

年代	GDP	工业出口额	出口依存度	工业进口额	进口依存度
1999—2000 年	718.7	27.15	3.8%	102.14	14.2%
2000—2001 年	847.9	29.62	3.5%	119.53	14.1%
2001—2002 年	1163.5	35.47	3.0%	151.32	13.1%
2002—2003 年	1337.6	38.65	2.8%	202.65	15.1%
2003—2004 年	1494.2	46.49	3.1%	245.04	16.3%
2004—2005 年	2131.5	56.24	2.6%	329.81	15.4%

资料来源：2007 年世界知识年鉴统计。

（二）主要工业部门

1. 能源工业

（1）石油工业。石油工业是现代伊朗的支柱产业，石油收入占 GDP 的 20% 左右，与其他工业部门的总收入大致相当。当国际石油市场价格较高或上涨的时候，伊朗石油收入相应增加，石油工业的主导地位也会明显加强。战后除少数几年以外，石油天然气工业的产值，都占全国 GDP 的 1/6—1/3，1973—1974 年甚至占到 50.5%。1984 年和 1985 年，伊朗出口总额都是 133 亿美元，其中原油和石油产品出口额也都是 129 亿美元，占出口总额的 97%。[①] 1977 年，伊朗政府从包括炼油制品和液化天然气在内的石油天然气产业中获得的年收入最高达 230 亿美元，但是最低的 1981 年只有 85 亿美元。

伊朗石油工业的发展，与西方帝国主义国家和财团的经济渗透密切相关。1872 年，英国人巴伦·路透就取得了在伊朗开采矿物和石油、修筑铁路、建立银行的租让权；1889 年，巴伦·路透的一个儿子在波斯湾港口布什尔内地的达拉基进行了钻探；1901 年，英国人威廉·诺克斯·塔西取得了在除北部靠近俄国五省以外的伊朗开采石油的租让权，并组建了英国—波斯石油公司（1935 年更名为英国—伊朗石油公司，1951—1954 年以后又改称英国石油公司），以后，英、荷、美、法四国公司组成的财团又成立了伊朗石油开发和生产公司、伊朗炼油公司，阿吉普矿业公司（属意大

---

① Energy Middle East Yearbook 1986 – 1987.

利)、泛美石油公司等也先后介入了伊朗的石油勘探、开采、提炼和销售活动。1951年3月，伊朗开始实行石油工业国有化，外国石油公司被迫撤出伊朗，或者把它们原来控制的大部分石油生产—经营—销售权交归伊朗政府，新成立的伊朗国家石油公司开始掌管伊朗的石油产销大权。

伊朗以石油、天然气资源丰富著称于世。据英国石油公司《世界能源统计》2006年统计：2005年伊朗石油探明储量为1375亿桶，折合约185.625亿吨（通常情况下1桶等于135千克），居世界第二，仅次于沙特阿拉伯；天然气探明储量为26.74万亿立方米，也居世界第二，排在俄罗斯之后，占世界天然气总储量的14.9%。[1] 据估计，伊朗石油资源总储量可达3700亿桶（折算为506.8亿吨）。[2]

伊朗是世界上主要的石油、天然气生产国和输出国之一。2005年，伊朗年产石油20040万吨（1974年原油产量创历史最高记录，达到2.9995亿吨），同年伊朗能源出口收入448.23亿美元，非能源出口111.89亿美元，进口总额409.69亿美元，实现贸易顺差190.43亿美元[3]，可见，巨额的石油天然气收入对伊朗的经济发展起了重大的推动作用。

伊朗石油天然气资源主要集中分布在西南部扎格罗斯山前坳陷带、波斯湾沿岸的陆上地区和波斯湾海底大陆架上，此外还比较集中分布在里海盆地。伊朗主要的大油田都集中在胡泽斯坦省：从卡伦河中游的拉利油田向东南，紧靠的是马斯杰德苏莱曼油田、纳夫特萨菲特油田、哈夫特格勒油田；卡伦河下游有马龙油田、阿瓦士油田等；在贾拉希河与佐赫雷河之间，有阿加贾里油田、帕扎南油田、加奇萨南油田等，其中，马龙、阿瓦士、加奇萨兰、阿加贾里是伊朗储量最大、产量也最大的四个油田，是中东、乃至世界少有的特大油田，其估计石油储量分别达21.9亿吨、24.0亿吨、21.2亿吨、19.2亿吨。波斯湾浅海是伊朗石油的第二大富集区，共有油田10多个，其中，以伊朗—沙特共有的费勒顿—马贾海底油田最大，估计储量达13.7亿吨。在波斯湾头的哈尔克岛附近，还有大流士油田、赛鲁士油田等。但是波斯湾沿岸和海底油田开发较晚，所以在伊朗的石油生产中所占比重不高。

---

[1] 《世界经济指标》，《国界资料信息》，2007年版，第43—46页。
[2] The Middle East and North Africa, 1986.
[3] 《伊朗年鉴》，2005年。

伊朗的炼油能力提高的速度滞后于国内汽油消费增长的速度，成品油供需矛盾明显，导致国内消费的汽油需要部分进口。政府在汽油及价格补贴方面的负担越来越重，2006年此项开支约合50亿美元。2007年5月23日，伊朗政府宣布提高国内市场的汽油价格，并于当年6月27日开始实行汽油配给和价格双轨制。

2006年，伊朗在石油工业领域投资了147亿美元，根据国家石油发展规划，上游和下游领域每年的投资额增幅需保持在25%—30%之间，到2021年，投资总额将达到4700亿美元。

伊朗的原油输出港主要集中在波斯湾沿岸，如马苏尔港、拉万岛港、德朗港、布什尔港等，其中以哈尔克岛油港最大，占地49平方千米，可以停靠50万吨以上的超级油轮，每小时可装原油6万吨，年可输出原油1亿吨以上，有6条巨大的海底输油管与加奇萨兰、阿加贾里等大油田连通。

（2）天然气工业。伊朗是中东第一、世界第二大天然气探明储量最丰富的国家，波斯湾中段的坎甘（Kangan）气田储量达8200亿立方米，位于纳马克湖附近、靠近古姆的萨拉杰气田也是伊朗的主要气田之一，在马斯吉德苏莱曼油田等产油区，相当部分天然气是与石油共生、共产的。

1988年发现并于2004年一期工程竣工的南帕斯气田（South Pars）估计储量8万亿立方米，占世界天然气总储量的7%，美国能源部的资料则认为其储量可能为14万亿立方米[①]，是目前世界已知储量最大的天然气田，该气田位于卡塔尔半岛北部顶端至伊朗陆岸约200千米的波斯湾海上，气田总面积约9700平方千米，其中北部3700平方千米位于伊朗水域内，被称为南帕斯气田；南部6000平方千米位于卡塔尔水域内，被卡塔尔称为北方气田，伊朗境内部分称南帕斯气田。[②] 南帕斯气田采出的天然气经管道输送至陆上处理设备，分离得到甲烷、乙烷、丙烷、丁烷、凝析油等，伊朗以南帕斯气田为基础建立了阿萨卢耶工业区。

此外还有北帕斯气田（North Pars）、坎甘-纳尔（Kangan-Nar）气田等，北帕斯气田的天然气储量为1.36万亿立方米，计划该气田所产天然气主要用于回注陆上油田。除北帕斯气田和南帕斯气田外，伊朗还将开发塞

---

① http://center.cnpc.com.cn/bk/system/2007/03/02/001064736.shtm.
② 北方—南帕斯天然气田，http://baike.sogou.com/v63360927.htm?fromTitle.

勒曼油田的胡夫非伴生储气区，以及其他的气田。

（3）电力工业。第一，伊朗电力工业发展现状。到2001年，伊朗的发电装机容量为31GW（即3100万千瓦），其中3/4多为天然气发电，其余为水电（占7%）和燃油发电。到2002年底，伊朗有10座装机超过1000兆瓦的电厂，其中最大的沙希德·萨利米电厂拥有4台440兆瓦蒸汽机组和2台137兆瓦燃气机组。最大的直热式燃气轮机电厂是在德黑兰附近的Rey电厂，共有40台各种规格的机组，总容量为988兆伏。伊朗最大的水电厂是沙希德·阿巴斯帕尔（总容量为1000兆瓦）和德兹（总容量为520兆瓦）。

目前伊朗向土耳其和巴基斯坦出售电力，与阿塞拜疆、亚美尼亚、土库曼斯坦等国有电力交换。据最近几年的报告，电力出口达到98800百万千瓦时，其中72200百万千瓦时卖给阿塞拜疆和土耳其。

第二，伊朗输配电网布局。受国土和地形的影响，伊朗的输配电网系统规模大而复杂，国家主干网由长度为10079千米的400千伏线路和长度为20440千米的230千伏线路组成。伊朗有400千伏变电站43座，容量达24260兆伏安；230千伏变电站173座，容量达52372兆伏安。伊朗的次级输电系统运行电压为132千伏、66千伏、63千伏，其中部分线路连到主干网，部分连在区域电网。2001年，伊朗的132千伏线路长度为13210千米，66千伏、63千伏线路长度30264千米。

目前正计划沿高压输电线路配置2000千米的光缆，第1条275千米长的光缆于2000—2001年安装在沙希德·拉杰电厂至舒什塔尔间的400千伏线路上。

2001—2002年完工的主要国际输电项目包括：一条从霍伊到土耳其Bashghaleh的400千伏线路；从帕萨巴德到阿塞拜疆伊米什里的单回400千伏线路；从雅吉古到巴基斯坦曼达的双回132千伏线路；两条20千伏线路，一条到阿塞拜疆的阿斯塔拉；另一条从泰巴德到阿富汗的赫特拉。

第三，伊朗电力工业发展展望。伊朗电力消费的快速增长促使政府制定了庞大的电力开发计划，在2004年第三个五年计划完成后电力装机达到45436兆瓦，到2022年计划装机容量达到96000兆瓦。

伊朗具有约26000兆瓦的潜在水电资源，在2007年约有8022兆瓦的水电工程已建成。到2022年，水电装机有望达到14000兆瓦。

(4) 核能工业。伊朗拥有研发核能的基础。伊朗核能开发计划始于1957年。当时伊朗巴列维王朝是美国在海湾地区的战略支柱，也是遏制苏联南下的战略屏障。因此，伊朗的核计划最先是在西方国家的培育和支持下发展起来的，1967年，美国向伊朗提供了5兆瓦（热）游泳池式研究堆和几个小型热室。1970年，伊朗签署《不扩散核武器条约》，到1979年伊朗已拥有六座用于发电的核反应堆。1979年以后，伊朗核计划陷入停顿状态。1992年，伊朗与俄罗斯签署《和平利用核能协定》，在俄国的帮助下，伊朗布什尔核电站于2006年投入使用。经过几十年努力，伊朗已经初步建成完整的核燃料循环体系，具有了较强的和平利用核能和核研发的能力。伊朗现有主要的核设施如表5—23所列。

表5—23 伊朗核设施一览表

类型	名称	所在地	性能与状况	IAEA保障监督（2003年6月）
铀矿	亚兹德铀矿	萨甘德地区	1985年探明蕴藏5000吨铀，开始开采	不适用
铀水冶	亚兹德水冶厂	亚兹德	正在建造，生产U_3O_8	不适用
	铀化学实验室（UCL）	伊斯法罕		接受
铀转化	铀转化设施（UCF）	伊斯法罕和技术中心（ENTC）	转化成UF6，将低浓UF6转化成UO2，将贫化UF6转化成UF4，将低浓UF6转化成金属铀，将贫化UF4转化成金属铀	接受
铀浓缩	铀浓缩中试厂（PFEP）	纳坦兹	已建成164台离心机的级联，并开始通入UF6供料，2003年底安装1000台离心机	接受
	铀浓缩厂（FEP）	纳坦兹	计划于2005年建成，开始安装离心机，总计可安装50000台离心机	接受
	卡莱耶电气公司铀浓缩中试厂	德黑兰	已于2002年拆除	接受
	激光铀浓缩中试厂	拉什卡尔·阿巴德	已拆除	接受

续表

类型	名称	所在地	性能与状况	IAEA保障监督（2003年6月）
燃料制造	燃料制造实验室（FFL）	伊斯法罕		接受
燃料制造	燃料制造厂（FMP）	伊斯法罕核技术中心	2004年动工兴建，计划于2007年建成投产，为IR-40重水研究堆和布什尔轻水动力堆制造燃料组件	接受
重水生产	重水生产厂（HWPP）	阿拉克	正在建造，2004年建成投产，年产8吨重水，现已开始建第二条生产线，建成后将年产16吨重水。重水产品供IR-40重水研究堆作冷却剂和慢化剂	不接受
研究堆	德黑兰研究堆（TRR）	德黑兰核研究中心	5兆瓦（热）游泳池式研究堆，1967年美国提供，每年乏燃料中生成600克钚。1978年阿根廷帮助改造，燃料低浓化，由含93%铀235的高浓铀改用含20%铀235的低浓铀	接受
研究堆	伊朗核研究堆（IR-40）	阿拉克	40兆瓦（热）重水研究堆，使用天然UO_2燃料，重水冷却与慢化，详细设计阶段，计划从2004年动工兴建，将用于生产医用、工业用放射性同位素、反应堆研究与发展培训	接受
研究堆	微型中子源堆（MNSR）	伊斯法罕核技术中心	1994年3月临界，27千瓦（热），900克高浓铀燃料，生产同位素	接受
研究堆	轻水次临界堆（LWSCR）	同上	1992年建成	接受
研究堆	重水零功率堆（HWZPR）	同上	1995年临界	接受
研究堆	石墨次临界堆（GSCR）	同上	1992年建成，现已退役	接受

续表

类型	名称	所在地	性能与状况	IAEA 保障监督（2003 年 6 月）
动力堆	布什尔核动力厂（BNPP）1 号堆	布什尔	1984—1987 年期间遭伊拉克 6 次轰炸，严重破坏。1996 年俄罗斯帮助重建，采用 VVER-1000 轻水堆，电功率 1000 兆瓦，预计 2005 年建成。俄表示将在伊朗签署保障监督协定附加协议书后提供动力堆燃料。动力堆正常运行后，年生成 180 公斤钚，乏燃料将返回俄贮存和后处理	接受
其他	钼、碘、氙放射性同位素生产设施（MIX）设施	德黑兰核研究中心	已建成，但未投入使用	接受
	Jabr Ibn Hayan 多用途实验室（JHL）	德黑兰核研究中心	已投入使用	接受
	生产反射性同位素的热室	阿拉克	初步设计阶段	接受
	废物处理设施（WHF）	德黑兰核研究中心	已投入使用	接受
	放射性废物贮存设施	卡拉季	正在建造，但已部分投入使用	接受
	伊斯法罕废物贮存设施	伊斯法罕		
	库姆废物处置场	库姆		
	阿纳拉克废物贮存场	阿纳拉克		

资料来源：《国外核新闻》，2005 年第 6 期，第 9—10 页。

伊朗的核研究机构主要有德黑兰研究中心、伊斯法罕核技术中心、农业研究与核医学中心、德黑兰理论物理与数学研究所、夏里夫技术大学物理研究中心、博纳卜原子能研究中心和阿扎德大学等。

伊朗的两个铀矿分别位于萨甘德和亚兹德，距离核设施和研发地都较远，可见核能工业布局属于技术指向型。

2. 制造业

伊朗的制造业在中东国家中居于领先地位，但是仍然缺乏完整的体系，其中的汽车、拖拉机、轮胎、小型船舶、金属加工是骨干部门，军事工业发展较快。

伊朗制造业具有外向型发展的特征，政府对外国企业对制造业投资给予了一系列优惠的政策，比如所得税从65%降低到25%，也对投资其他产业实施了税收优惠政策。

表5—24　伊朗吸引外资的税收优惠政策

范围	免除率	免除期限
农业	100%	永久
工业和采矿业	80%	4年
欠发达的工业和采矿业	100%	10年
旅游业	50%	永久
出口	100%	永久

资料来源：http://ir.mofcom.gov.cn/article/dafg/200305/20030500090549.shtml［伊朗伊斯兰共和国直接税法（摘录）］。

伊朗第三个五年经济发展计划（2000—2004年）确定了要实现"出口飞跃"的目标，扩大非石油产品的出口，推动国内制造业和其他非石油产业发展；同时，放宽进口限制，增加中间工业品的进口，以求实现工业结构的多元化。

（1）纺织工业。纺织业是伊朗发展最早的现代工业部门，但是现代纺织业也是在两次世界大战期间才开始建立的。19世纪前后，传统的纺织、染料等工业处于衰落中，渊源流长的制糖业也停留在手工作坊制作阶段。19世纪末期，金属制造、纺织、染料业开始恢复，以传统技术和方式生产的闻名世界的地毯编织业也重新兴盛起来。

伊朗纺织业也是制造业中仅次于机械工业的第二大部门，21世纪初期，伊朗纺织业总产值占工业总产值的7.8%，职工人数占19.3%，产品出口占工业总出口的10%[①]，可见其地位之重要。主要的大型棉纺厂分布在德黑兰、伊斯法罕、大不里士、亚兹德、设拉子、古姆、卡善以及里海岸边的腊什特、萨里等地，伊斯法罕是伊朗最大的纺织业中心，有规模最大的沙赫纳兹棉纺厂，该厂有工人近6000名；伊斯法罕、大不里士、阿腊克、德黑兰、亚兹德等地还是伊朗现代毛纺业的中心，伊朗的地毯编织世界闻名，大不里士和阿腊克是工业性地毯（机械编织）的中心，腊什特有天然丝织厂和黄麻厂。

伊朗纺织业面临着自产棉花不足、需要大量进口棉花的问题，伊朗每年自产棉花约5万吨，但是纺织业每年需要消费棉花15万吨，因此每年需要进口10万吨左右。[②]

（2）食品工业及其他轻工业部门。食品工业是伊朗另一个主要的轻工业部门，1983年，包括榨油、制糖、磨粉、碾米、饮料、卷烟等部门在内，共有企业1070家，职工8.8万余人，产值占制造业的19.1%。21世纪初期以来，伊朗的食品工业发展快，食品出口呈现强劲增长势头，伊朗出口的主要食品包括调味汁、椰子油、儿童奶粉、工业奶粉、巧克力糖、无可可粉甜点、西红柿、冰淇淋、黄瓜、酸黄瓜等。2008年上半年，出口食品6亿美元，2011年达到15.5亿美元。[③]

伊朗的其他轻工业部门还有服装、皮革及制品、鞋类、纸类和印刷出版、药品制造等部门，它们在雇用职工、产值等方面，都占有重要地位，但是，这些企业规模不大、技术设备等也比落后。

（3）油气加工工业。其一，油气加工工业现状与发展。伊朗的石油—天然气深加工工业包括炼油、石油气—天然气液化、石油化工等部门，是伊朗现代加工业的骨干和代表。20世纪80年代，在不包括炼油业在内的加工工业中，以石化为主的化学工业所占比重就达15.3%，仅次于金属机器和设备、食品饮料和烟草业的比重。主要的炼油中心是阿巴丹、伊斯法罕、德黑兰、大不里士、设拉子、克尔曼沙赫、拉万岛、巴克塔兰等地，

---

① 《伊朗的纺织工业将加速全球竞争》，中国家纺网，2003年10月13日。
② http://www.docin.com/p-679622783.htm.
③ 中国驻伊使馆经商参处，2012年6月18日。

有阿巴斯、纳夫特沙赫、克尔曼沙赫、阿瓦士、德黑兰、马斯吉德苏莱曼等大型炼油厂。其中，最大的炼油基地是阿巴丹（1985年毁于战火），以及伊斯法罕、设拉子、大不里士、德黑兰四大炼油中心。由于阿巴丹被毁，伊朗需要进口煤油、柴油等部分石油制成品。20世纪80年代初，伊朗曾计划在阿巴丹、阿腊克、伊兰、马什哈德新建五座大型炼油厂。伊朗还大力兴建输油管网，便于原油的国内运输和向外出口。已建成大不里士—伊斯法罕、大不里士—德黑兰—马什哈德、德黑兰—阿巴斯、德黑兰—阿巴丹等多条输油管道，从国土南部到波斯湾哈尔克岛的输油管长217千米，从阿瓦士到土耳其的伊斯肯德伦港的输油管长1852千米，从胡泽斯坦向北通往腊什特的天然气管道还向西北伸入了阿塞拜疆的阿斯塔腊。

21世纪初期以来，石化工业已成为伊朗经济多元化、非石油化的最重要的产业之一，近年发展速度快、成效显著。2009年度伊朗石化品产量达到3000万吨，近几年每年都以13%以上的速度递增。伊朗出口的65亿美元的非石油产品中有40%属于石化产品。①

2011年和2012两年伊朗石化产品产量已经达到5100万吨左右。"五五计划"期间，伊朗国家石化工业公司决定对石化领域投资250亿美元、建设46个新项目，随着新石化项目的竣工投产，伊朗石化工业产能将达到1亿吨。② 根据石化行业的发展目标，未来几年伊朗石化产品产量将占到中东的41%左右。

伊朗主要的大型综合石化企业比较集中分布在霍梅尼港、阿巴丹、哈尔克岛、设拉子、阿拉克等地，根据规划，伊朗新建的部分石化联合体项目将建在阿曼湾沿岸和恰赫巴哈尔保税区，其他一些项目则建在波斯湾地区的拉旺国家开发区、伊朗东北地区的萨拉赫斯和伊朗南部港口城市马赫夏赫尔和阿萨鲁耶。③

其二，伊朗的天然气加工业概况。一是天然气加工业概况。伊朗的天然气勘探、开采与运输主要由伊朗国家石油公司（NIOC）管理，但是天然

---

① 《德黑兰时报》，2010年5月20日。
② 伊朗《消息报》，2010年2月1日，援引伊通社消息报道，2010年2月2日。中华人民共和国商务部。
③ 石景文：《伊朗自力更生发展石化工业》，《中国化工报》，2013年7月9日。

气的加工和销售则由国家天然气公司（NIGC）负责。伊朗国家天然气公司拥有以下天然气加工厂：瓦里阿斯尔天然气加工厂，位于布什尔港西南300千米处，加工处理由坎甘气田和纳尔气田生产的天然气；坎甘天然气加工厂，处理坎干气田和纳尔气田生产的天然气；萨尔克胡恩2号（Sarkhun-2）天然气加工厂，靠近阿巴斯港，加工附近油气田生产的天然气；国家天然气公司下属的其他4个天然气加工厂分别是比得帮兰德天然气加工厂（Bid Boland）、格什姆天然气加工厂、康吉兰天然气加工厂（Khangiran）和麦朗4号天然气加工厂（Marum-4）。

以南帕斯气田为依托的阿萨卢耶工业区位于波斯湾沿岸长45千米、宽3千米的沙漠地区，重点建设有天然气处理装置、石化工业、二次加工装置等。计划用南帕斯气田的凝析油为原料，在阿巴斯炼厂建凝析油加工装置生产汽油，联产的石脑油等中间产品用于出口。

二是伊朗天然气运输网络。伊朗天然气田主要分布在西南部，与石油资源分布基本一致。三座天然气处理站都位于天然气富集地带，表现出明显的原料地指向型布局，其与主要消费地之间的联系需要靠管道来联系。

13个主要的天然气消费城市中有8个都位于伊朗发展水平高或者较高的省份，只有库姆、设拉子、阿巴斯港、拉夫桑詹、克尔曼属于发展水平较低的省份，可见天然气运输业体现出明显的市场区位指向。

20世纪90年代，伊朗形成了从大不里士到坎甘为主的纵向天然气输送管线，到了2000年以后，连通了从内卡到马什哈德的输送线路，形成了南北、东西"T"字形的网状结构。此外，还形成了从吉兰省最北端至坎甘的纵向线路的双管输送，提高了天然气的输送效率与输送量。

（4）汽车工业。在中东，伊朗使用汽车的时间比较长久，伊朗自己的汽车工业也在夹缝中曲折地成长起来。

第一，伊朗汽车工业发展特征。

特点之一，伊朗汽车工业发展具有阶段性特征。

第一阶段：从进口汽车到组装汽车。

20世纪初期到中期，伊朗经历了从进口汽车到组装汽车的历程。伊朗进口的汽车大部分来自美国和英国。

1957年，在德黑兰建立了吉普车生产车间。20世纪60年代，一些大型汽车工厂在伊朗建成，生产各种卡车、巴士等。1963年，伊朗组装的吉普车开始下线。1967年，伊朗国家工业公司获得英国塔尔博特公司许可，组装生产第一台汽车，名为"培康"。后来，伊朗国家工业公司升级其产品线，先后生产出皮卡、微型客车、乘用客车等。1967年，伊朗霍德罗汽车集团公司组装了两款美国"漫步者"轿车。一年后，伊朗赛帕公司得到法国雪铁龙公司授权生产了"迪亚纳"汽车。20世纪70年代，中东石油危机使伊朗的汽车组装工业迅速扩张。1979年，伊朗成为美国以外唯一获得许可组装凯迪拉克的国家。

第二阶段：汽车工业发展的停滞时期。

20世纪80年代到90年代是伊朗汽车工业停滞时期。这期间发生了伊斯兰革命、美国使馆人质危机、两伊战争等重大事件，都直接或间接地阻碍了伊朗汽车工业的发展。1979年，出于生产战争物资的需要，所有的汽车制造公司进行了国有化，20世纪80年代的两伊战争更使得原本欣欣向荣的汽车制造行业陷入了差不多10年的"冬眠"状态。

20世纪90年代，两伊战争结束，油价上涨，伊朗的经济进入恢复时期，汽车需求开始提升。1993—1994年，伊朗汽车年进口量高达9万台。出于对民族工业的保护和发展，1993年，伊朗出台的汽车法案对进口汽车征收高额关税，该法案同时对在伊朗本地化生产的厂商给予税收优惠乃至鼓励的措施。伊朗汽车工业开始在这种近乎与世隔绝的环境中恢复和成长起来。

1995—2000年，伊朗汽车工业年增长率高达27.2%，是同期伊朗工业平均增长率的5.5倍。汽车产量在2000年达30万辆，伊朗汽车工业在20世纪90年代的进步主要集中在汽车组装，零配件生产与汽车设计等方面。

第三阶段：生产国际化时期。

进入21世纪，伊朗经济在寻求"第三条道路"中努力前行，表现在汽车行业，则是汽车品牌进一步增多："普莱特"、标致405与标致206、日产途乐、马自达323等品牌充斥着伊朗轿车市场。尽管伊朗渴望与国际厂商开展合作，但是从2003年开始浮出水面的伊朗核问题导致美国主导的对伊经济制裁不断扩宽加深，严重威胁了伊朗的经济发展与汽车工业的成长，尽管标致雪铁龙、雷诺、起亚、现代、菲亚特和奔驰等公司先后展开与伊合作，但是方式都局限于由他们提供技术及关键配件，伊朗厂家只能代为生产，而且这种合作关系并不牢固。于是，伊朗开始把目光投向俄罗斯、中国等与其保持着传统友好关系的新兴汽车制造大国，希望引进俄罗斯和中国的汽车生产技术，伊朗知名的汽车生产企业如霍德罗汽车集团公司等开始尝试在中国、苏丹等友好国家建立生产基地，拓展海外市场。

目前，伊朗国内有25家以上汽车企业和国外跨国汽车企业开展了国际合作，如与法国的标致和雪铁龙、德国的大众、日本的日产和丰田、韩国的起亚、马来西亚的宝腾、中国的奇瑞，以及其他一些轻重型车辆生产厂商的合作。21世纪初期以来，日本马自达323、尼桑马克西姆轿车，法国标致405、雷诺轿车，韩国起亚、现代轿车，意大利菲亚特中巴车，德国的奔驰和宝马轿车先后被引进制造，但由于有些国家只提供技术和关键配件，加上遭受西方的制裁，伊朗汽车工业的发展还是受到了很大的制约。

特点之二，伊朗汽车工业规模较大、增长较快。

2008年，伊朗共生产汽车118万辆，比2007年增长10%，其中轿车、皮卡车116万辆，卡车、中巴、大巴等商用车2万辆。2009年，伊朗生产汽车139.54万辆，是世界第12大汽车生产国。

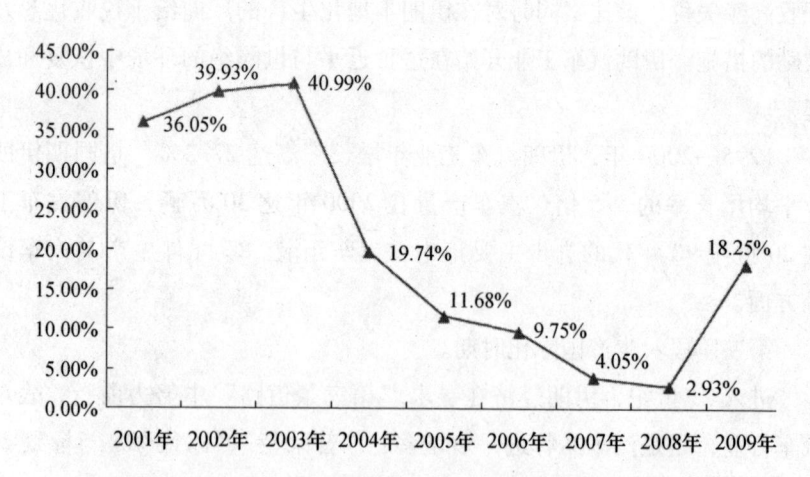

图5—7 2001—2009年伊朗汽车产量增长速度变化示意图
资料来源：中国驻伊朗使馆经商参处网站。

特点之三，伊朗汽车产品种类较全、以轿车生产为主。

伊朗汽车品种结构以轿车为主，但是种类比较齐全。伊朗的轿车产量较高，2000—2007 年，轿车产量占汽车总产量的 84.78%，卡车、客车等商用车、公共服务车等仅占同期汽车产量的 2.28%。

表 5—25　2000—2008 年伊朗各类汽车产量　　（单位：万辆）

车 类	2000 年	2001 年	2002 年	2003 年	2004 年	2005 年	2006 年	2007 年	2008 年
轿 车	24.91	32.12	46.2	65.85	78.85	83.9	91.94	94.34	105.74
皮卡车	3.47	4.43	5.14	6.54	7	12.52	15.29	16.32	18.99
越野车	2.39	0.57	0.65	0.68	0.57	0.38	0.49	0.9	4.53
小巴士	0.3	0.12	0.11	0.04	0.08	0.11	0.17	0.22	1.98
巴 士	0.25	0.16	0.41	0.46	0.4	0.24	0.41	0.41	2.61
卡 车	0.44	0.64	0.72	1.48	2.96	3.22	1.85	2.43	5.69
合 计	31.76	38.04	53.23	75.05	89.86	100.37	110.15	114.62	139.54

资料来源：中国驻伊朗使馆经商参处网站、《2008 年伊朗统计年鉴》。

特点之四，伊朗汽车工业集中度较高。

伊朗汽车产业主要是通过引进技术、贴牌生产发展起来的，但由于各种原因，伊朗汽车工业依然停留在依赖国外技术和零部件的供应上。从 20 世纪 80 年代开始，伊朗将汽车工业作为国民经济的支柱产业予以大力发展，当前，伊朗已成为中东地区主要的汽车生产国。

伊朗汽车产能主要集中于几家最大的汽车制造商：霍德罗（Khodro）汽车集团、赛帕（Saipa）汽车公司、巴赫曼（Bahaman）、克尔曼汽车公司（Kerman Motors）等。霍德罗汽车集团是伊朗三大国营汽车厂之一，也是伊朗最大的汽车生产商，成立于 1962 年，拥有 3.2 万名员工，在伊朗占有 65% 左右的汽车市场分额。按 2005 年的排名，霍德罗位列世界 30 强汽车生产商中的第 17 名，产品线覆盖轿车、轻型车、重型卡车、大型客车、零部件等。

赛帕集团是伊朗第二大汽车生产商，总部设在德黑兰。每年生产汽车约 40 万辆，在伊朗国内市场占有率约为 38%。其主要车型有 CITROEN-XANTIA、KIA-PRIDE、RENAULT、NISSIAN-JUNIOR、VOLVO-FM9、VOLVO-NH12、CARVAN 等等。

据统计，2007 年霍德罗（Khodro）和赛帕（Saipa）公司的汽车产量占伊朗总产量的 93.6%；其他的汽车公司包括：Bahman Group、Kerman

Motors、Kish Khodro、Runiran、Traktorsazi、Shahab Khodro，占伊朗总产量的 6.4%。2010 年 12 月，霍德罗、赛帕和巴赫曼三大汽车公司的产量占伊朗汽车全部产量的 98% 以上。①

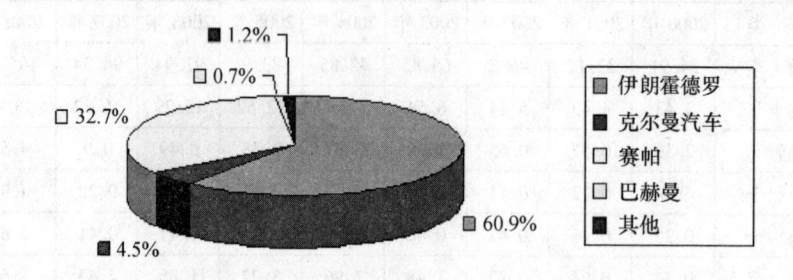

图 5—8　2007 年伊朗汽车企业产品市场占有率示意图

数据来源：中国贸易促进网。

(5) 基础工业

伊朗的基础工业和原材料工业中，钢铁工业和有色冶金工业的规模和生产能力居于中东国家的领先地位。

伊朗的钢铁工业：伊朗国家钢铁工业公司（NISC）属下有三大钢铁厂：莫巴拉克钢厂，年生产能力 280 万吨；伊斯法罕钢厂，年生产能力 240 万吨；胡泽斯坦钢厂，年生产能力 190 万吨。伊朗钢材需求量每年以 6%—7% 速度增长，2002 年伊朗钢材消费总量为 1400 万吨，其中国产钢材 800 万吨，进口大约 600 万吨。伊朗已探明铁矿储量为 47 亿吨，目前伊朗的四大铁矿矿山是：桑恩（Sangan）、查达马鲁（Chadar malu）、格尔葛哈（Gol gohar）以及查格哈特（Choghart）。2002 年铁矿石产量约 1300 万吨。

伊朗钢铁厂都是 20 世纪七八十年代由俄罗斯或其他东欧国家帮助建造的，其设备和技术已经落后和老化，急需更新和改造。为此，伊朗拟在第三个五年计划期间吸引外资 37 亿美元、国内投资 10 万亿里亚尔。

自 1999 年以来，伊朗通过国际招标与 15 个外国公司就伊朗钢铁改

---

① 《伊朗三大汽车公司垄断伊朗汽车生产》，2010 年 12 月 21 日，http：//ir.mofcom.gov.cn/aarticle/c/m/201012/20101207320433.html。

造项目达成协议，吸引外资达 25 亿美元，这些项目已投产或将陆续投产。其中意大利达涅利（Danieli）公司融资 6 亿美元与伊斯法罕钢铁厂签署了建造年产 70 万吨钢板生产线合同；与胡泽斯坦钢厂签署生产 4.5 米宽、年产 105 万吨的钢板生产线合同；与亚兹德合金钢厂签订年产 14 万—20 万吨合金钢的合同。日本与伊朗签订在霍尔木兹甘省建设年产 200 万吨钢锭的投资协议，项目总投资近 20 亿美元，在 10 年内伊朗用产品偿还日本投资。①

伊朗的有色冶金工业：20 世纪 80 年代在伊斯法罕投产一座铅锌冶炼厂、在建一座炼铜厂；在克尔曼建设一座年产精铜 15 万吨的大型冶铜厂；计划在巴夫格建设一座年产 40 万吨铅、7 万吨锌的有色冶金厂。

（三）两大工业区

伊朗的工业布局与其区域经济发展水平高度相关，因为伊朗的区域经济发展主要是依靠重工业来支撑的。

伊朗工业的地域分布，主要集中在西起大不里士，东到德黑兰，南抵阿巴丹的弧型地区，以及铁路沿线的亚兹德、克尔曼、马什哈德、伊斯法罕，东南的设拉子、波斯湾沿岸的霍梅尼港、阿巴斯港，都是重要的工业中心。当年在"分散制造业"政策的影响下，规定在德黑兰等大城市严格限制建立新的工业企业，工业必须建在距德黑兰 120 千米以外的地方；鼓励在胡泽斯坦、东阿塞拜疆、吉兰等省建设工业。因此，伊朗工业主要集中在中央省、伊斯法罕以及阿塞拜疆部分地区，特别是德黑兰、伊斯法罕、大不里士、马什哈德四大城市集中了全国企业的 45%、制造业职工总数的 50%，仅中央省就占全国制造业企业数的 1/5、职工总数的 1/3、制造业总产值的 2/3。克尔曼、俾路支—锡斯坦、库尔德斯坦等省的工业则很少。伊朗的现代工业主要集中在两个地区：

第一，西南部工业区。该区北起扎格罗斯山和曼德河，南到波斯湾北部沿岸平原，主要包括洛雷斯坦、伊拉姆、胡泽斯坦、布什尔等省。本区工业始建立于 20 世纪，农业分布在沿河和绿洲地区。1908 年开始商业性

---

① 伊朗钢铁工业，中华人民共和国驻伊朗伊斯兰共和国经济商务参赞处，2003 年 8 月 26 日。

开采马斯吉德苏莱曼油田后，逐渐发展成为石油—天然气工业区，主导工业部门是采油、炼油、天然气液化、化肥和冶金，是全国的重化工业—出口替代工业区。这里临近波斯湾和伊朗的主要油气田，因此建立了全国最大的炼油中心和石油化工基地，全国7大炼油厂中的3座、6家石化企业中的5座都位于本区，其中，未被战争毁坏之前的阿巴丹炼油厂曾占全国原油加工能力的2/3，霍梅尼港（沙赫普尔港）的石化企业以油田伴生气为原料，年产乙烯、丙烯等石化产品180多万吨、液化石油气150万吨，还年产化肥、酸类、硫磺等100多万吨，是伊朗最大的石化企业。本区还有年产能力50万吨的阿瓦士钢管厂、年产36万吨的阿瓦士输油管厂、巴列维钢铁联合企业（第五个五年计划期间计划在此建设年产270万吨的钢铁厂）、布什尔原子能发电站、哈尔克岛化肥厂和原油输出港，以及大型石油化工设备制造、造纸等现代化大型企业、港口，油气管道、公路、铁路系统也比较完善，并处于不断扩建中。

以阿巴斯港为中心的霍尔木兹海峡沿岸也正在成为新兴工业区。

第二，北部工业区。本区以德黑兰为中心，北起里海，南到伊斯法罕和阿腊克，有里海沿岸平原和厄尔布尔士山麓北坡的良田沃土、山麓南坡的绿洲盆地，降水条件为全国最优，是全国最重要的农牧业基地，也是小麦、水稻、棉花、甜菜、葡萄等的主产区，又是联系波斯湾、里海和东部农牧业地区的枢纽，更重要的是，本区长期是全国的工业中心，以传统的地毯、毛织品、棉织品、皮革、食品加工等手工业著称。20世纪初以来，西南部和波斯湾石油开发和外资的涌入，使中央区逐步建立了机械、钢铁、有色金属冶炼、电器电子、化工、建材、造纸、印刷以及现代纺织和食品工业等部门，成为全国规模最大、部门最齐全的制造工业区，拥有全国职工总数的80%、产业工人一半以上。德黑兰位于厄尔布尔士山南坡，是本区、也是全国最大的城市、经济中心、工业中心和交通枢纽，工业部门以加工工业为主，轻重工业都比较发达，拥有众多的工业部门，其中汽车装配、耐用家电具有很大规模，德黑兰还是全国公路和铁路干线、国内外航空线路的交汇中心；伊斯法罕是历史名城，其水泥厂和钢铁厂都是国内最大的，有现代化的铅锌、铜冶炼厂和炼油厂，还是全国最大的纺织工业中心，以棉纺、毛纺著名；阿腊克有重型机械、火车车厢、拖拉机、联合收割机装配制造工业，还有炼铝工业。

其他地区工业比较落后，重要的地区工业中心主要有：大不里士、亚兹德、克尔曼、马什哈德、阿巴斯港等。

三、城市地理①

同其他国家的城市一样，伊朗的城市也承载着经济中心、政治中心、交通中心、文化中心、教育中心等多种职能，成为组织和带动国家、区域的经济社会发展的火车头。

（一）城市化水平

1956 年，伊朗的城市化水平为 31.41%，50 年之后的 2005 年提升到 66.67%，城市化已经达到了同期发展中国家的较高水平。

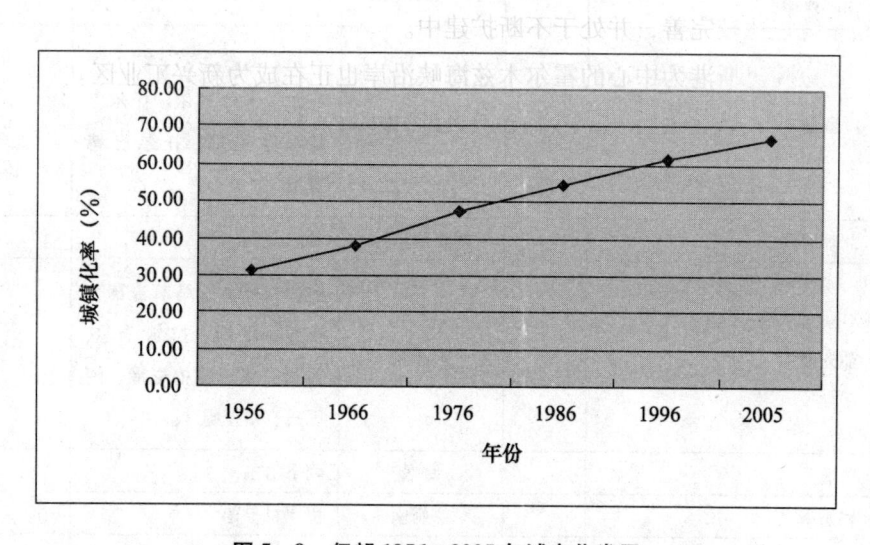

图 5—9　伊朗 1956—2005 年城市化发展

资料来源：Iran Statistical Yearbook，1384。

（二）城镇体系

从行政隶属关系看，伊朗的城镇体系明显地表现为四个层次，即首都—省会—县城—村镇（如表 5—26）。

---

① 吕薇：《伊朗城镇体系研究》，西南大学硕士学位论文，2008 年。

表5—26　伊朗城镇的行政等级体系

所属省	城市层次			
	首都	省会	县城	村镇
东阿塞拜疆		大不里士	马拉盖、马兰德、阿哈尔	略
西阿塞拜疆		乌尔米耶	霍伊、马哈巴德、米扬道阿卜	
阿尔达比勒		阿尔达比勒		
伊斯法罕		伊斯法罕	卡尚	
伊拉姆		伊拉姆		
布什尔		布什尔		
德黑兰	德黑兰	德黑兰	卡拉季、苏丹阿巴德	
恰哈马哈勒—巴赫蒂亚里		沙赫尔库尔德		
南呼罗珊		比尔詹德		
呼罗珊		马什哈德	古昌、内沙布尔、萨卜泽瓦尔、卡什马尔、托尔巴特海达里耶、托尔巴特贾姆	
北呼罗珊		博季努尔德	希尔万	
胡齐斯坦		阿瓦士	安迪梅什克、马斯吉德苏莱曼、伊泽、拉姆希尔、贝赫贝汉、霍梅尼港、阿巴丹、霍拉姆沙赫尔	
赞詹		赞詹	阿卜哈尔	
塞姆南		塞姆南	伊玛目鲁德	
锡斯坦—俾路支斯坦		扎黑丹		
法尔斯		设拉子	卡泽伦、法萨、贾赫罗姆	
加兹温		加兹温		
库姆		库姆		
库尔德斯坦		萨南达季	萨盖兹、戈尔韦	
克尔曼		克尔曼	巴姆	
克尔曼沙阿		克尔曼沙阿		
科吉卢耶—博耶尔艾哈迈迪		亚苏季		

续表

所属省	城市层次			
	首都	省会	县城	村镇
戈莱斯坦		戈尔甘	贡巴德卡武斯	
吉兰		拉什特	安扎利港	
洛雷斯坦		霍拉马巴德	道鲁德、博鲁杰尔德	
马赞达兰		萨里	阿莫勒、巴博勒	
中央		阿拉克	萨韦	
霍尔木兹甘		阿巴斯港		
哈马丹		哈马丹	纳哈万德、洪达卜	
亚兹德		亚兹德		

资料来源：《世界分国地图——伊朗》，中国地图出版社，2004年6月版。

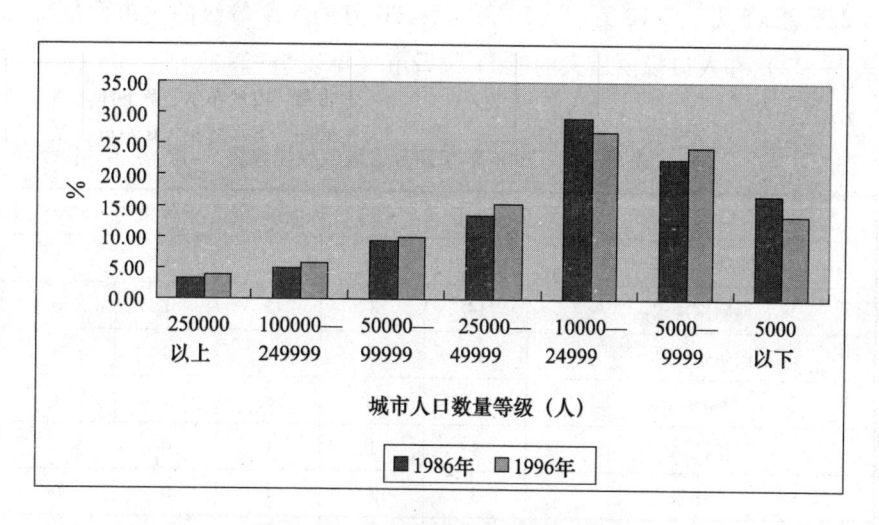

图 5—10　伊朗城市的规模等级结构

资料来源：Iran Statistical Yearbook, 1384。

从城市人口规模的角度看，可以分为五个等级：特大城市—大城市—中等城市—小城镇—村镇。规模等级与数量之间呈现明显的负相关关系：特大城市、大城市的数量少，中小城市特别是小城镇的数量多。

（三）城镇化水平及城镇规模等级之区域差异

依据对伊朗城镇化的综合分析，按照城镇发展现状水平，可以将伊朗各省区分为四类地区：

第一类，高水平城市化地区，包括5个省：德黑兰、胡齐斯坦、科吉卢耶—博耶尔艾哈迈迪、布什尔、伊斯法罕。

第二类，较高水平城市化地区，包括6个省：马赞达兰、吉兰、中央、东阿塞拜疆、呼罗珊、加兹温。

第三类，较低水平城市化地区，包括12个省：法尔斯、亚兹德、克尔曼、克尔曼沙阿、哈马丹、库姆、赞詹、塞姆南、恰哈马哈勒—巴赫蒂亚里、西阿塞拜疆、伊拉姆、阿尔达比勒。

第四类，低水平城市化地区，包括7个省：戈莱斯坦、洛雷斯坦、霍尔木兹甘、南呼罗珊、库尔德斯坦、北呼罗珊、锡斯坦—俾路支斯坦。

对2006年伊朗2万以上人口的294个城市整理分类得到伊朗分省人口>2万、>5万、>10万、>50万、>100万的5个等级的城市数量（见表5—27）和人口规模最大的前11位城市（见表5—28）。

表5—27　　2006年伊朗分省城镇规模等级　　（单位：个）

省	>2万	>5万	>10万	>50万	>100万
东阿塞拜疆	12	6	3	1	1
西阿塞拜疆	14	8	5	1	0
阿尔达比勒	5	3	1	0	0
伊斯法罕	24	11	6	1	1
伊拉姆	4	1	1	0	0
布什尔	5	3	1	0	0
德黑兰	30	19	11	2	2
恰哈马哈勒—巴赫蒂亚里	6	1	1	0	0
南呼罗珊	5	1	1	0	0
呼罗珊	12	6	5	1	0
北呼罗珊	5	4	1	0	0
胡齐斯坦	22	14	9	1	0
赞詹	4	2	1	0	0
塞姆南	5	3	2	0	0
锡斯坦—俾路支斯坦	7	6	3	1	0

续表

省	>2万	>5万	>10万	>50万	>100万
法尔斯	21	11	3	1	1
加兹温	7	3	1	0	0
库姆	1	1	1	1	0
库尔德斯坦	9	5	2	0	0
克尔曼	11	6	3	1	0
克尔曼沙阿	9	3	1	1	0
科吉卢耶—博耶尔艾哈迈迪	3	3	1	0	0
戈莱斯坦	10	2	2	0	0
吉兰	10	4	2	1	0
洛雷斯坦	9	6	3	0	0
马赞达兰	16	6	4	0	0
中央	6	3	1	1	0
霍尔木兹甘	7	2	1	0	0
哈马丹	7	4	2	0	0
亚兹德	8	3	1	0	0

资料来源：根据以下网站的数据整理 http：//www.citypopulation.de.sixxs.org/Iran.html#Stadt_alpha。

表5—28　伊朗人口最多的前11位城市　　　（单位：人）

位序	城市名	所属省	人口
1	德黑兰	德黑兰	7797520
2	马什哈德	呼罗珊	2427316
3	伊斯法罕	伊斯法罕	1602110
4	大不里士	东阿塞拜疆	1398060
5	卡拉季	德黑兰	1386030
6	设拉子	法尔斯	1227331
7	阿瓦士	胡齐斯坦	985614

续表

位序	城市名	所属省	人口
8	库姆	库姆	959116
9	克尔曼沙阿	克尔曼沙阿	794863
10	乌尔米耶	西阿塞拜疆	583255
11	扎黑丹	锡斯坦—俾路支斯坦	567449

资料来源：根据以下网站的数据整理 http：//www.citypopulation.de.sixxs.org/Iran.html#Stadt_alpha。

（四）城镇分布

伊朗的城市分布与人口密度高度一致，北部和西部城市密度大，南部、东部和中部城市分布稀疏；降水多的地区城市密度大，降水少的地区城市分布稀疏是伊朗城镇空间分布的基本特征。

（五）城市职能分类

按照城市的主要职能或主要职能组合，可以把伊朗城市可以划分为交通城市、工业城市、旅游城市等类型，实际上，伊朗城市更多地是属于综合职能的城市类型。

1. 交通枢纽城市

（1）铁路枢纽城市。铁路枢纽城市既是铁路运输的集中地和列车交接站，又是组织铁路运输的中心。据伊朗《2004年伊朗地图》显示，伊朗已经初步形成了以德黑兰为中心枢纽，包括塞姆南、马什哈德、卡拉季、加兹温、赞詹、大不里士、库姆、阿拉克、亚兹德、克尔曼、扎黑丹、阿巴斯港12个省会城市以及内沙布尔、萨里、阿卜哈尔、马拉盖、马兰德、苏丹阿巴德、道鲁德、安迪梅什克、霍拉姆沙赫尔、卡尚、巴姆等重要城市的不同等级的铁路枢纽系统。

（2）公路枢纽城市。伊朗已逐步形成高速公路、主要公路、柏油马路、砾石路、乡村公路相连的全国公路网。伊朗城市中，拥有4条或4条以上公路干线交汇的城市有德黑兰、大不里士、设拉子、锡尔詹、伊斯法罕、库姆、安迪梅什克、亚兹德、萨卜泽瓦尔等，它们都是伊朗的重要公路枢纽城市。

很多伊朗城市，还是公路干线和铁路干线交汇的枢纽，而且往往是省会城市或者是区域重要城市。

（3）港口枢纽城市。伊朗的港口城市，除霍拉姆沙赫尔和阿巴丹这两个阿拉伯河边的河港城市以外，主要指的是分布在波斯湾、阿曼湾和里海沿岸的海港城市。临波斯湾的港口城市主要有霍梅尼、布什尔、阿巴斯港、恰赫巴哈尔等；临里海的港口城市主要有安扎利、托尔卡曼港等。

2. 工业城市

（1）能源开采和石化工业城市。伊朗重要的能源开采和石化工业城市主要有伊斯法罕、德黑兰、布什尔、大不里士、拉什特、马什哈德、阿拉克、阿瓦士、阿巴丹、霍梅尼港、设拉子、坎甘、阿巴斯港等。

（2）其他工业城市。伊朗手工艺品包括地毯、制陶业、铜器和黄铜制品、玻璃制品、皮革产品、纺织品和木制品等的生产久负盛名，纺织作坊集中于伊斯法罕和里海沿岸。其他重要的制造业城市主要是：

冶金工业城市（铁、铜、铝）——伊斯法罕、卡尚、阿拉克、阿瓦士、亚兹德、阿巴斯港等。

机器制造工业城市——德黑兰、大不里士、阿拉克等。

水泥工业城市——伊斯法罕、德黑兰、马什哈德、设拉子等。

纺织工业城市（地毯、棉纺）——伊斯法罕、德黑兰、大不里士、拉什特、萨里、马什哈德、卡尚、阿拉克、迪兹富勒、阿瓦士、亚兹德、克尔曼等。

食品加工工业城市——伊斯法罕、德黑兰、拉什特、马什哈德、迪兹富勒、卡尚、阿瓦士、亚兹德、克尔曼、设拉子、阿巴斯港等。

3. 旅游城市

按照旅游资源的丰度、类别、旅游业发展状况及其对经济社会的影响，可以将伊朗拥有不同自然风景和历史文化古迹的旅游城市划分成历史文化旅游城市和自然风光旅游城市，主要的历史文化旅游城市有德黑兰、伊斯法罕、库姆、马什哈德、大不里士、克尔曼沙阿、哈马丹、设拉子、波斯波利斯、舒什等；自然风光旅游城市主要有阿巴丹、大不里士、哈马丹、阿巴斯港、亚兹德、拉姆萨尔等。

四、交通运输地理

(一) 综合交通运输网络基本形成

一个以十字型铁路为主干线，公路、航空、水路、管道等各种运输线路相结合，遍布伊朗全国的综合交通网络系统已经基本形成。

伊朗的现代化交通运输体系中，公路和铁路是最重要的部门，德黑兰是最大的公路、铁路和航空综合交通枢纽。

(二) 主要交通形式及其网络

1. 公路及其网络

2005年，伊朗公路全长9.38万千米，长度居中东各国第二位，其中其中沥青公路4.53万千米、高速公路1232千米；还有乡村道路10万多千米。主要的东西向干线公路有4条：第一条，东起马什哈德，经德黑兰到大不里士，再向西北联通土耳其，马什哈德向东南可以进入阿富汗、向东北连接土库曼斯坦；第二条，东起古昌，经里海沿岸、腊什特，到阿斯塔斯；第三条，东起库哈克，经克尔曼、亚兹德、古姆，到克尔曼沙赫；第四条，东起阿巴斯港，经设拉子，到阿瓦士、阿巴丹。南北向的公路干线——北起马什哈德，南到阿巴斯港和恰赫巴哈尔。伊朗公路中约有50%是"沥青公路"，另外约50%为没有铺砌的砂石路或土路；所有主要城市之间的道路都是"沥青公路"。

伊朗公路线路密度的区域差异是明显的：西部和北部诸省公路交通网比东部、南部和中部省份更密集，路网密度大于600千米/万平方千米的省有东阿塞拜疆、西阿塞拜疆、阿尔达比勒、伊拉姆、布什尔、布什尔、德黑兰、恰哈马哈勒—巴赫蒂亚里、胡齐斯坦、赞詹、加兹温、克尔曼沙阿、科吉卢耶—博耶尔艾哈迈迪、吉兰、马赞达兰、中央、哈马丹等；路网密度小于400千米/万平方千米的省有亚兹德、克尔曼、锡斯坦—俾路支斯坦、塞姆南、霍尔木兹甘、北呼罗珊等。

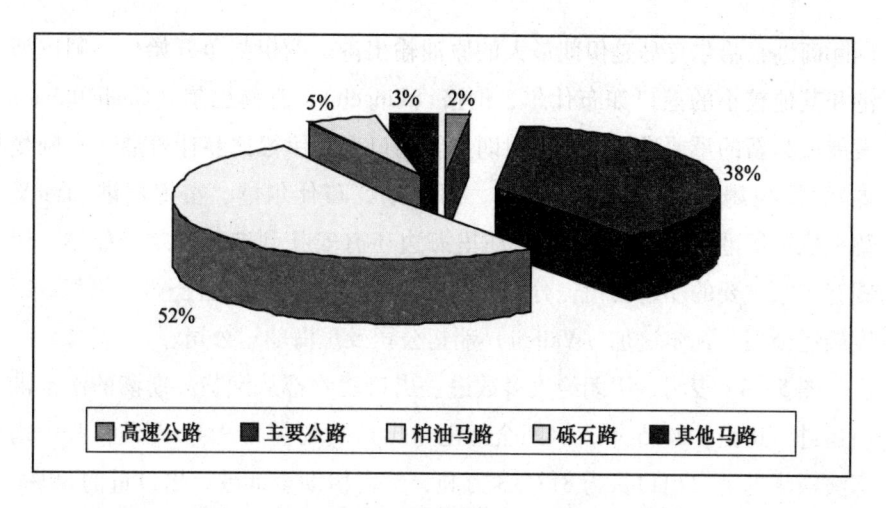

图5—11 伊朗各种类型公路所占比例（单位:%）

资料来源：Iran Statistical Yearbook，1384。

2. 铁路及其网络

伊朗铁路总长9252千米，其中干线7156千米，支线和工业用线2096千米，已经初步形成东西贯通、南北连接的"X"状铁路网络：铁路主干线以首都德黑兰为中心呈现"十"字型结构，主要由几条东西向、南北向的铁路干线组成。东西向干线：第一条，东起马什哈德，经德黑兰、赞兼、大不里士，然后分为两支：西北支到达伊朗—阿塞拜疆边境城市卓勒法（Julfa）然后进入阿塞拜疆；西支沿雷扎耶湖北岸进入土耳其境内连接凡城。其中，德黑兰到马什哈德段长806千米，德黑兰到大不里士段长751千米。第二条，西北起自德黑兰，向东南经古姆、亚兹德到克尔曼、巴姆，直至舒尔加兹，曾经计划从舒尔加兹将该铁路向东延伸到靠近巴基斯坦边境的扎黑丹，进而与巴基斯坦铁路相连；还计划将该铁路从克尔曼向南延伸到霍尔木兹海峡的港口城市阿巴斯港。南北向铁路干线：北起里海边的托尔卡曼港—贝赫尔沙赫，经萨里、德黑兰，南到霍拉姆沙赫尔和霍梅尼港，全长约1400千米。此外，还有从阿巴斯港到亚兹德省的巴夫格，通往萨尔齐什梅赫铜矿和戈勒戈哈尔铁矿的铁路全长730千米；德黑兰到戈莱斯坦首府戈尔甘的铁路，全长499千米。

3. 海运和河运

伊朗的水运以海运为主，霍拉姆沙赫尔港和霍梅尼港是伊朗最重要的国际商港，哈尔克岛是伊朗最大的原油输出港。两伊战争开始后，阿巴斯港和其他较小的港口如布什尔、伦格（Lingeh）、查赫巴尔（Chah Bahar）发展成为新的重要港口。当前伊朗主要港口有萨伊德比赫什蒂港（在阿曼港）、霍拉姆沙赫尔、柯兰夏尔、阿巴斯、布什尔港、霍梅尼港和沙义德·拉贾伊港（都在波斯湾），在里海边还有安扎利港和托尔卡曼港。伊朗有4家主要的船运公司，分别是伊朗伊斯兰共和国船运公司、伊朗—印度船运公司、瓦尔法加（Valfajr）船运公司及里海船运公司。

图5—12表明，伊朗绝大多数进、出口货物都从濒临波斯湾的南部港口运进、运出：2005年，伊朗全部港口出口货物量为9141万吨，其中南部波斯湾的港口出口量为8173.3万吨，约占伊朗全部港口出口量的89%；北部濒临里海的港口出口量共967.7万吨，约占伊朗全部港口出口量的11%。

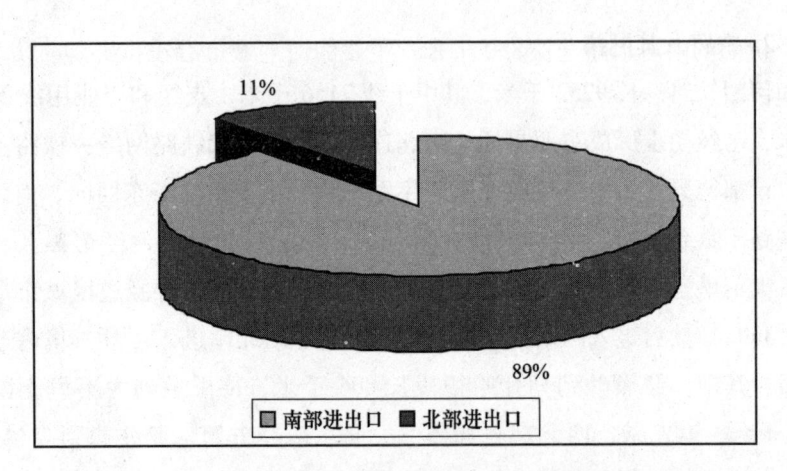

图5—12 伊朗南部和北部港口所占进、出口总量的比例

资料来源：Iran Statistical Yearbook，1384。

伊朗波斯湾沿岸进、出口货物运输又主要集中在霍梅尼港和阿巴斯港两大港口（见图5—13）：2005年，伊朗波斯湾沿岸港口运出货物总量8173.3万吨，其中霍尔木兹甘省的阿巴斯港运出货物4863万吨，约占59%；胡齐斯坦省的霍梅尼港运出货物2916.6万吨，约占36%；布省尔省的布什尔港运出货物252万吨，约占3%；南部其他港口运出货物141.7万吨，约占2%。

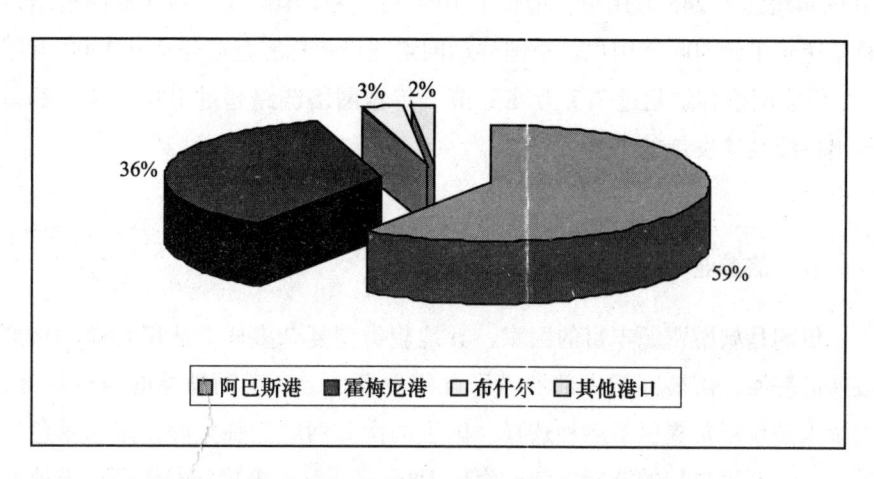

图 5—13　波斯湾沿岸各港口所占进、出口总重量比例
资料来源：Iran Statistical Yearbook, 1384。

伊朗的内河水路全长850千米，主要的河港城市有霍拉姆沙赫尔和阿巴丹。

4. 航空运输

伊朗的航空运输，全国共有80多个机场，机场使用率为34%，德黑兰、伊斯法罕、设拉子、大不里士、马什哈德、阿巴丹、阿巴斯、扎黑丹等为主要国际航空港。伊朗航空公司是伊朗最大的航空公司，在23个伊朗城市间拥有航班及通往海湾、亚洲和欧洲的33条国际航线。德黑兰梅赫拉巴德国际机场是伊朗最大的国际机场。

5. 管道运输及其网络

伊朗的管道运输主要用于运输石油、天然气，这些管道的起点多在西南部山区和南部沿海的石油和天然气产区，向北通往伊朗的北部和内陆的重要城市，不仅满足伊朗国内市场的需求，而且可以输往国外。输油、输气管道还向南通向港口，可以方便装船，经过霍尔木兹海峡输往海外。

6. 电信事业

伊朗的电信网络由固定网络、移动网络、传输网络三大部分组成，近年持续快速地发展起来，迅速地适应着已经来临的信息时代：

固定电话网络的发展表现在家庭电话座机、市内公用电话、国际公用电话均快速增长（2004年固定电话网络用户容量已经达到1780万户，比

2003年增加了245万用户，增长了16%）；2004年伊朗全国移动网络用户总量达到了约508万用户，全国移动网络建设招标容量已经达到1200万用户；传输网络容量超过7.7万兆字节、传输网络链路超过100万条，都呈现出持续高速发展的态势。

五、旅游业

伊朗是旅游资源丰富的国家，其地貌类型复杂多样，从里海森林来到波斯湾海滩，需要穿越中部沙漠和扎格罗斯山脉，美丽独特的自然风光，为游人游玩观赏提供了多种选择：国土的南北两端濒临大海，海滩景色优美迷人，充满独特的波斯风情；南部1800多千米的海岸线将伊朗同波斯湾以及阿拉伯海连接在一起，北部700多千米的海岸线则连接里海，还有高耸入云、空气清爽、景色宜人的厄尔布尔士山峦；自然景观多姿多彩，既有广袤的沙漠、苍茫的高原，也有静静流淌的小溪、宽阔的河流和美丽的高山湖泊，还有茂密的森林和神秘的溶洞。溪流和湖泊，水质优良，水产丰富，钓鱼爱好者可以静心垂钓；每一座城市也都有独特的历史和自然风光，即使是茫茫沙漠，也会给人留下难忘的印象——在伊朗高原中南部的卢特荒漠，不仅可以看到各种不同形状的沙丘，还能发现斑驳陆离的古城遗址，从东北部的呼罗珊省到中部的亚兹德省、克尔曼省，都有许多气势宏伟、别具一格的古老建筑，自然风光与人文景观在这里完美融合，代表了伊朗沙漠地区特有的风格。

伊朗是世界的文明古国，拥有历史悠久的伊斯兰文化景观。考古表明，在公元前7000年到8000年之间，这里就已经诞生了伟大的波斯文明。伊朗境内保存的大量珍贵的历史遗迹证明了这一点，到2005年底，伊朗注册的历史古迹增加到2万多处。① 2004年，在中国苏州召开的第28届世界遗产大会召开新闻发布会宣布，将伊朗的帕萨尔加德及巴姆古城堡列入世界文化遗产。两者分别是继波斯波利斯古建筑群、乔治·赞比尔古建筑遗址、苏莱曼殿、世界广场之后的第5个和第6个被列入世界文化遗产的

---

① 《伊朗旅游收入在未来20年将以2%的速度增加》，伊通社，2005年10月29日。

项目。①

伊朗大地上自然风景和历史文化古迹互相交融，构成了众多别具一格的旅游城市。

第一类，历史文化旅游城市。

德黑兰："德黑兰"意为"暖坡"，是一座历史悠久的城市，早在公元9世纪初期，这里已成为居民住宅点，原是古代丝绸之路上的重镇雷伊的市郊，公元13世纪蒙古人入侵之前，雷伊曾是伊朗的首都；1795年恺加王朝正式定都德黑兰，迄今留下了许多恺加王朝风格的城市建筑。古列斯坦王宫位于德黑兰市中心，又称玫瑰宫。德黑兰有自由广场纪念塔、霍梅尼陵墓、加扎里电影城等著名的古今建筑和文化盛景，还有许多著名的博物馆，最著名的是考古博物馆、伊朗中央银行地下保险库的珍宝博物馆以及专门展览驰名世界的波斯地毯博物馆等。

伊斯法罕：伊朗著名的古都，位于伊朗中部的扎格罗斯山脉与赫鲁德山脉的谷地之间，修建于公元前4世纪，建城的历史长达2500多年，至今保留着各个时期的文化遗迹和伊斯兰风格的建筑，有"伊斯兰建筑陈列室"之美誉，波斯语"伊斯法罕"的意思是军队，在古代，这里曾经是军队的集结地，因此而得名。从11世纪开始，这里成为古丝绸之路南路的一个重要旅栈，到了17世纪，发展成为一座商贾云集、贸易发达的城市。伊朗民间流传着一句谚语："伊斯法罕，世界之半"，反映了当时伊斯法罕的繁荣景象和深远的影响。名胜古迹有伊玛姆广场、伊玛姆霍梅尼清真寺、阿里卡普宫、谢赫鲁特富拉清真寺、巴扎、四十柱宫、三十三孔桥、社会清真寺等。

库姆：宗教圣城，1000多年来是伊朗各地和各邻国的教徒们的朝圣之地。现保存着150多座风格各异、规模不等的清真寺。这里有历史悠久的神学院和神学研究所。

马什哈德：伊朗东部的公路—铁路—航空枢纽、什叶派伊斯兰教圣地，历来为印度、阿富汗、中亚和德黑兰之间的贸易中心。这里有伊玛姆礼萨的墓地、伊斯兰世界最大的建筑物之一古哈尔沙德清真寺和众多各具

---

① "伊朗新增两处世界文化遗产"，中华人民共和国驻伊朗伊斯兰共和国大使馆，2004年7月5日。

特色的博物馆等历史文化珍宝。

克尔曼沙阿：有历史上各个朝代的雕像和墓地，还有希雷英宫殿遗址、琐罗亚斯德教堂、伊斯兰清真寺、波斯国王大流士一世记功石刻等。

哈马丹：建于公元前800年，是伊朗最古老的城市。公元前8世纪是米地亚王国的首都，出土有大量古器皿、雕刻、钱币、和很多古建筑、寺院等。

设拉子：古波斯文化的中心，被称为波斯文明的发源地，这里产生了两位伊朗大诗人——萨迪（1208—1292年）和哈菲兹（1327—1390年），因而有"诗人之都"的美称。设拉子有2500年前的波斯首领居鲁士大帝的陵墓和宫殿、鲁斯探姆壁画，著名中世纪诗人萨迪和哈菲兹的墓地公园，距离设拉子城东北60千米处是曾经的波斯帝国的中心、阿契美尼德王朝的国都波斯波利斯，这里有大流士一世（公元前521—468年）建造的最重要的皇家建筑。

波斯波利斯：公元前518年开始建造，是波斯帝国阿契美尼德王朝的第二个都城，保留着古宫殿、碑、墓穴、雕刻等古迹。

舒什：古称苏萨，公元前3000年形成的两河流域东部的奴隶制国家埃兰的都城，到公元11世纪一直是伊朗最大的城市。19世纪50年代开始发掘，获得大批埃兰时代和波斯帝国时的大批遗物。

第二类，自然风光旅游城市。

阿巴丹：气候四季分明，冬春季节温暖湿润，花鲜草绿，有不少旅游胜地。

大不里士：乌尔米耶湖风景秀丽，是著名的避暑胜地。

哈马丹：伊朗著名的休闲和避暑胜地，除冬季较寒冷外，春、夏、秋三季均气候温和，因而是伊朗人主要的国内旅游区，尤其是夏季为旅游旺季。

阿巴斯港：阿巴斯市冬季气候温和、夏季炎热；在冬季，北方人常到此度假。

此外，还有沙漠城市亚兹德、巴姆，波斯湾东北部的美丽的基什岛（还是伊朗的自由贸易区）、里海之滨避暑圣地拉姆萨尔等。

国际游客量和挣取外汇稳步增加的情况（见表5—29）表明，20世纪末21世纪初，伊朗的旅游业已经恢复了往日的活力，呈现出稳步发展的态势。如果伊朗国内社会经济秩序稳定祥和、国际环境优良，伊朗旅游业发展的得天独厚的优势就会更加充分地发挥出来，旅游业也将成为伊朗经济的重要组成部分，未来还可能成为伊朗经济的支柱产业。

表 5—29　伊朗 1998—2002 年的国际旅游情况

（单位：万人次，百万美元）

	1998 年	1999 年	2000 年	2001 年	2002 年
国际旅游人数	101	132	134	140	159
国际旅游收入	441	662	670	1120	1320

资料来源：世界银行数据库；世界银行《世界发展报告指标》1999—2001 年。

第四节　伊朗经济发展的地理基础

地理环境和自然资源永远是人类赖以生存和发展的物质基础，而且这种基础一经形成，几乎不能改变。世界上，很难有一个国家或地区拥有绝对优越的、十全十美的资源环境条件。但是，人们可以因地制宜地适应、开发、利用和保护自身拥有的资源环境，达到人地和谐共存；人们还可以通过经济社会交往、交流与合作，扬长避短，分享自身所没有、所缺少的资源环境条件，分享自身所不能提供的自然环境待遇，从而提高资源环境的利用价值和效率，不断提升人类的生活质量。

伊朗的地理基础，过去推动了古老文明国家的形成和发展，现在和将来，还将继续成为伊朗强盛繁荣的永恒力量。

一、区位条件具有优越性和限制性

伊朗国土主体位于北纬 25 度和 40 度、东经 44 度和 63 度之间。伊朗的地理区位影响主要体现在：

第一，纬度经度位置决定了伊朗的气候类型属于温带、亚热带气候，加之处于亚洲大陆西缘、临近地中海、南靠印度洋，四周又是高山环绕，决定了伊朗的温带亚热带大陆性气候的热量、降水、蒸发状况在时空上的分布与配置特点，从而决定了伊朗国土的土壤、植被、动物群落系统的组合特征差异：北部西部山区以森林植被、内陆以干旱荒漠盐漠、南部东南部以戈壁荒草等景观比较突出。人类的农牧生产活动类型，也基本上是以适应和利用这种自然生态环境为前提：多数地区需要灌溉才能发展种植业，内陆干旱半干旱地区则依靠绿洲农业和粗放的畜牧业为生，北部里海沿岸、西南和南部靠近波斯湾、印度洋的滨海地区居民的生计则与海洋捕捞与养殖业紧密关联。

第二，伊朗国土位于亚洲大陆西南部，这里具有联通亚洲和欧洲、通往非洲的东西方交通便利，被称之为"欧亚陆桥"，还是北亚、中亚南下波斯湾、印度洋的最近陆路，因此具有"十字路口的战略意义"，特别是在古代丝绸之路和当代"一带一路"倡仪格局中都具有承东联西、沟通南北、靠陆向海的陆海空交通枢纽的作用，因此有史以来伊朗的这种位置特征给自己带来了诸多的发展机遇，成为亚洲各民族、多文化的荟萃之地，历史和现实中也多次成为东西方强大势力的争夺场所。

第三，在战后以及当今的国际政治经济格局中，伊朗的位置对于美国、欧洲、俄罗斯势力角逐以及中国的发展都具有重要意义，特别是伊朗可以随时发挥对波斯湾、霍尔木兹海峡局势的重大影响，能够时刻聚焦世界的目光。

二、广阔的土地资源是伊朗经济社会发展的基础

土地对于人类的重要性有如鱼和水的关系，土地不光提供给人们生活劳作的空间和资料，而且是其他一切自然资源的终极载体，也是人类创造的物质财富的基本源泉。如前所述，伊朗国土面积达 164.5 万平方千米，在包括北非在内的 20 多个中东国家中，仅次于阿尔及利亚（238.17 万平方千米）、沙特（225 万平方千米）和利比亚（175.95 万平方千米）[①]，居第四位。如果与世界和中国相比，2014 年伊朗的人口密度为 48 人/平方千米，同年世界的人口密度为 56 人/平方千米、中国为 145 人/平方千米，由

[①] 范毅、周敏主编：《世界地图集》，中国地图出版社，2004 年 10 月版，第 234、235、246 页。

此可见，伊朗拥有明显的土地资源优势。

伊朗土地资源数量优势为伊朗经济社会发展奠定了坚实的物质基础，但是伊朗国土上众多崎岖的山区、广袤的荒漠戈壁盐漠，平原面积比较狭小，并且与气候资源的配置也存在错位的情况，给农业、城镇、居住、交通运输业的发展造成了一定的困难，加大了开发利用的成本，但是，可以肯定，伊朗的所有土地，都是伊朗人民宝贵的基本生产生活资源源泉，是支撑伊朗持久发展的根基。

三、气候资源具有特殊性

气候是形成、组成和影响自然环境的主要因素，它决定了区域土壤类型及其特征、植物群落植被类型和动物群落的形成与分布，以及河流湖泊的形成与分布，也影响着人们的生活、居住和生产活动，其中对人们的衣着居住和农牧业生产的影响最为直接。气候资源中主要的是降水资源、热量资源、光照资源和风力资源。伊朗属于温带和亚热带大陆性气候类型区，主要气候特征是降水不足、蒸发量大，降水自西向东、自北向南递减，夏热冬冷、年日较差都大。因此，伊朗相应的发展了传统的大陆性半干旱—干旱性灌溉农业、山区种植业和畜牧业、内陆干旱地区的绿洲农业和粗放型放牧业，创造出独特的"坎儿井"灌溉方式。对于伊朗农业的现代化而言，首先应当考虑的是伊朗水资源短缺和内陆地区因为降水少、蒸发强烈而导致的盐漠化、荒漠化问题。

四、矿产资源的优势突出，分布集中

由于国土面积广大，又处于大陆板块和海洋板块交接附近地区，因此，伊朗拥有比较丰富的矿产资源，其中，丰富的能源矿藏对伊朗现代经济影响最大，也是对世界经济具有撬动性作用的影响因素。长期以来，石油出口收入占到伊朗外汇收入的大部分、财政收入的绝大部分，石油工业是当代伊朗名副其实的"支柱产业"。伊朗还拥有比较丰富的煤炭、铁矿、铜矿、铅锌矿、铝矿、磷酸盐矿、菱镁矿、钛矿、明矾石、石棉矿、石膏、铬铁矿、锰矿、锑矿、硼、重晶石、大理石、硅石、珍珠岩等矿产资

源,这些资源的开发都为伊朗现代经济、特别是伊朗的现代工业的发展提供了可靠的物质条件。

截至2010年底,伊朗已探明矿山3800处,矿藏储量270亿吨。其中,铁矿储量47亿吨;铜矿储量30亿吨(矿石平均品位0.8%),位于克尔曼省的萨尔切什迈铜矿(Sarcheshmeh)是世界规模的大铜矿;锌矿储量2.3亿吨(平均品位20%),居世界前列;铬矿储量2000万吨;金矿储量150吨。目前,已开采矿种56个,年产矿1.5亿吨,占总储量的0.55%。①

矿业对伊朗人民的就业和收入等贡献很大,矿产部门在伊朗经济中的作用不可低估。虽然油气工业为伊朗提供了大部分的收入,但是,采矿业员工中的75%是在包括煤炭、铁矿石、铜、铅、锌、铬、重晶石、盐、石膏、钼、锶、硅、铀、金等部门在内的非油气矿业部门工作。

但是,长期依靠开发并出口矿产资源发展经济,一定程度上导致了伊朗经济结构的初级性、单一性和对外依赖性,成为了未来经济发展需要着力调整的重点。

具优势的能源矿产中以石油和天然气最有代表意义(见前面相关内容)。

(一)石油

伊朗在久远的地质时期曾是古地中海的一部分,海相含油气沉积地层分布很广。古地中海大量的海洋生物遗体与泥沙混合沉积在海底沉积岩中形成石油天然气矿床,形成丰富的油气资源。伊朗的石油储藏和生产主要集中在两个地区:第一个产油区主要位于胡齐斯坦省,北起迪兹富尔,南到布什尔的扎格罗斯山丘陵地带。这里邻近伊拉克,有40多个世界级规模的油汽田,例如马龙油田、阿加贾里油田、加奇萨兰油田、法尔斯油田、卡兰季油田等,产油量占伊朗石油产量的一半以上。第二个产油区是波斯湾海底油田,有萨珊油田、大流士油田等。

(二)天然气

2012年,伊朗天然气探明储量超过俄罗斯位居世界首位,成为世界上

---

① 王京烈:《伊斯兰世界的命运与前途》, http//iwaas.cass.cn/show/show_ fruit.asp? id = 561。

天然气储量最大的国家。目前天然气开采规模不大,出口量也不大,主要供国内消费。伊朗天然气资源分布高度集中,与石油分布区域基本一致,以大型气田为主。

(三) 其他矿产的分布

煤:主要分布在沿厄尔布尔士山约长300千米的地带。从西部腊什特以南的鲁德巴尔向东伸延伸,最重要的一组煤矿位于德黑兰以北约20千米,在卡腊季与贾吉河和加尔马布达尔两个谷地之间的靠近西母沙克和拉沙拉克的地区。

铁:伊朗有许多地方发现了铁矿,它们大部分位于厄尔布尔士山系的南坡和火山带之间,特别是火山带边界东北面的地方。大不里士南北各有一个矿点;赞蒹地区以西3千米一条西北—东南走向的地带内也发现有几处矿点。伊朗的铁矿主要是磁铁矿、菱铁矿和褐铁矿。

铜:伊朗中部和北部有许多带有铜矿物痕迹的小脉矿,也有少部分位于火山带以外的厄尔布尔士山系南缘,伊朗的铜矿以黄铜矿为主,赤铜矿、孔雀石和蓝铜矿等次生矿物也有出现。

铅—锌:伊朗的铅锌矿主要分布在东北面,以及厄尔布尔士山前沿。伊朗的铅矿物主要是方铅矿,时常与一种碳酸铅伴生,锌矿主要是锌的混合物或散矿。

第六章 伊朗伊斯兰文化

第一节 伊斯兰文明在伊朗的萌生与发展

一、伊朗伊斯兰文化的形成及其特点

伊斯兰文化不是伊朗的原生文化，伊朗伊斯兰文化是伊斯兰文化和伊朗原生文化结合的产物，伊斯兰文化是从外部移植、输入伊朗的，是阿拉伯人带来的。公元7世纪中叶以前的萨珊王朝时期，波斯文化的主要内容是萨珊文化，其特征是大多数伊朗人信奉氏族神、部落神，或者信奉琐罗亚斯德教、基督教（主要是聂斯托利派），少数人信奉犹太教。公元651年，萨珊王朝灭亡，阿拉伯人征服伊朗。阿拉伯语和伊斯兰教就是阿拉伯征服者留给伊朗的"礼物"：阿拉伯语很快成了当时伊朗的官话和知识分子的语言，伊斯兰教则逐渐在伊朗的民间传播。

公元7世纪中叶以来，伊朗文化就开始了以伊斯兰价值取向为核心的伊斯兰宗教文化的演变历程，或者说，今天的伊朗伊斯兰文化是世界伊斯兰文化的重要分支。

萨珊王朝的覆灭使萨珊文化遭受了毁灭性的打击。阿拉伯人入侵以后，伊朗又遭受过几次外族入侵，波斯文化又因此遭受到不同程度的摧残，其中最大的一次是公元1291年蒙古人的入侵。但是，在这个曲折漫长的历史长河中，波斯人将伊斯兰信仰融入了自己的民族文化中，以达里波斯语为主要手段，创建了新时代的伊朗文明。一直以来，波斯文化吸收了许多东方文化，其中包括许多的中国文化，例如中国的工笔画技法、造纸

术、印刷术等，促进了伊朗文明的发展，波斯文化成为不同文化之间相互借鉴、相互学习的先行者。

一直以来，波斯文化力图抵御外来文化的冲击、复兴传统的波斯民族文化，尤其是在公元9世纪下半叶到11世纪下半叶，大致可以分作两个阶段：第一阶段，萨曼王朝（公元874—999年）时期，诗人鲁达基是其文化代表；第二阶段，伽色尼王朝（公元962—1186年）时期，菲尔杜西（公元940—1020年）是其文化代表，他的《列王记》是一部长达6万别特（联句）的史诗。伊朗的伊斯兰化是从伊朗的封建上层和城市居民开始传播的，农村地区则进行得比较缓慢。直到11世纪之前，伊斯兰教在伊朗的传播也比较缓慢，因为伊朗的非穆斯林居民被穆斯林统治者允许保留自己原来的宗教信仰，琐罗亚斯德教在较长时期里依然是伊朗农村地区的主要宗教——里海沿岸保留到9世纪，而法尔斯地区则保留到10世纪。[1] 15世纪末16世纪初，逊尼派也依然在伊朗伊斯兰教中居优势地位，直到1502年，萨法维王朝第一任国王宣布伊斯兰教什叶派作为伊朗的国教。

二、形成伊朗伊斯兰文化的主要原因

第一，伊斯兰教本身具有国际性和共性因素。共性主要体现在三个层次上：

第一层次："认主独一"的宇宙观、人生观具有精神指导作用。伊斯兰教坚信，包括人类在内的宇宙万物都是真主的"造化物"，并将最终回归真主。这种宇宙观在精神上确立了真主对国家、社会、群体、个人的主宰地位，并通过宗教制度和日常宗教生活不断强化认主、从主、归主的宗教观念，从而形成一种共同的思维范式。这种人生观把宗教信仰提高到首位，因而，以共同信仰为纽带的穆斯林兄弟情谊成为了一种有着共同价值取向的泛伊斯兰宗教情感，进而成为影响人际关系的首要因素。

第二层次：主体宗教文化具有广泛影响。伊斯兰文化长期对伊朗、中东众多民族的思想和行为有着决定性的影响，其在认知方式上的突出影响

---

[1] 世界宗教研究所《各国宗教概况》编写组编：《各国宗教概况》，中国社会科学出版社，1984年9月版，第107页。

是尊经崇圣，以是否符合圣命和伊斯兰文化传统作为价值判断的依据。伊斯兰教的知识体系主要由启示知识的《古兰经》、传述知识的《圣训》和推导知识的《宗教法学》三部分组成，虽然世界各地的穆斯林因为历史文化的差异会产生对经训理解的差异，但是主体宗教（伊斯兰教）却对他们都具有决定性的影响。

第三层次：神圣律法对社会具有强大整合作用。人们认为伊斯兰教是一种政治文化，因为它的律法制度对国家政治生活产生过并且现在仍然具有决定性的影响。伊斯兰教法虽然只是一部宗教律法，但是它将宗教教义、道德规范、法律制度集于一体，从"信仰真主"出发，把人类错综复杂的关系简化为个人与真主的关系，并做出相应的规定，以便大家遵循。这种背景之下的法律，变成了宗教信仰的外化和延伸。因而，伊斯兰教法具有相对独立的精神价值和超越性。

伊斯兰文化价值的这种超越性意味着一种高于人类自我、高于物质世界的宗教目标、精神目标、价值追求，与其"原型"相比，它在实践过程中会因为时空差异和人类自我局限而发生改变或"走样"，这就是伊斯兰文化的"共性"与"个性"特征："共性"或"统一性"是从全能真主绝对精神的投射中构建起来的一种完美的精神境界；"个性"或"多样性"则是受实践中主客观环境影响而形成的差异性。从理想和现实的角度看，无论是伊斯兰文化的共性或个性，都与最高精神境界存在巨大差异。

第二，经济因素。阿拉伯人通过经济惩罚机制和激励机制迫使被征服居民信仰伊斯兰教。阿拉伯人占领下的伊朗，早期虽不强迫当地居民改信伊斯兰教，但是规定非穆斯林需要缴纳人丁税，穆斯林则免交，非穆斯林的土地税比穆斯林要重1—2倍。

第三，伊朗原有种姓制度压迫。种姓制度是古代印度波斯语居民（雅利安人）共同体的特点。[①] 根据《阿维斯陀》，伊朗的种姓称为皮斯特拉（pištra），主要是根据职业集团来划分的，在《阿维斯陀》最古老的《伽泰》（《神歌》）中，保留了最初三个种姓的称号：祭司、武士、农夫，后来又从农夫种姓中分离出工匠种姓。伊朗城市生活和工商业的发展，造就

---

① R. N. Frye. The Heritage of Persia, London: Weidenfeld and Nicolson, 1962.

了一个人数众多的文士阶层,他们在国家行政、财政机构中充当官吏、书吏、管理人和督查,从而使得原有的第三、第四种姓内部发生了重要变化,平民种姓拉马克(ramak)取代了农夫种姓,拉马克包括了城市和乡村的平民。这些种姓中,祭司、武士、文士种姓是特权等级,免纳赋税。而包括农夫、工匠和商人在内的平民种姓则属于纳税等级,此外,还有人数较少、地位极其低下的等级——不净人。伊朗的种姓制度也具有世袭性、内婚制、不平等性特征[1],给人们带来了苦难,引起人们不满。简明朴素的伊斯兰教则给人们以平等的安慰,伊朗下层百姓从这个角度是乐于接受伊斯兰教的。

第四,上层统治阶级纷纷皈依伊斯兰教,对伊朗民众起到示范作用。

第五,伊斯兰教教义与琐罗亚斯德教有相通之处——如存在天国与地狱、"末世论"、"最后审判"、伦理道德观念、每天五次祈祷、反对偶像崇拜等,琐罗亚斯德教徒因而比较容易接受伊斯兰教。

第六,阿拉伯文化的影响。萨珊波斯灭亡之后,越来越多的波斯人学习阿拉伯语,波斯儿童也习惯了阿拉伯—伊斯兰环境,改信伊斯兰教成为一种潮流。

可见,伊斯兰文化与伊朗本地文化的冲撞、融合是在特定历史条件下完成的。1000多年来,伊斯兰文化已经成为伊朗穆斯林社会的经济、政治、社会生活的直接或间接反映,是伊朗民族化的表现形式。一方面,伊朗伊斯兰文化包含了对古代波斯传统文化中有价值的成果的继承和改造;另一方面,它又吸收和融合了部分伊朗民族固有的本土文化(以琐罗亚斯德教为代表)与社会习俗,因而既具有世界伊斯兰文化的共同因素,也具有波斯传统文化的色彩。

伊朗伊斯兰化和伊斯兰伊朗化是一种显著的双向的文化互动。伊朗的伊斯兰文化体系具有玄冥的共性特征,又具有时空上的个性特征。伊斯兰文化对民族文化的影响是以统一性(共同信仰真主及其使者)和规范性(共同遵守宗教法规)为特色,民族(本土)文化对伊斯兰文化的影响则主要是本地化、民族化、多样化。伊斯兰文化的共性寓于民族文化的个性之中,它才能在世界各地、在伊朗众多民族中间生根、开花、结果、繁

---

[1] 李铁匠:《古代伊朗的种姓制度》,《世界历史》,1998年第2期。

衍、延续。中世纪伊斯兰文化之所以具有世界性魅力,除了它是征服者的文化武器以外,主要是因为它在走向世界的进程中,长期用其包容性、开放性、宽容精神较好地解决了与各地民族文化的关系,消解了宗教文化与民族文化之间的张力,这种张力集中体现在如何对待具有民族特色的外来文化问题上。此外,伊斯兰文化的平等主张和意识也是其易于在各地传播的基本前提。即便如此,不同文化之间的冲突依然难以避免,它们也对伊斯兰文化的内容和形式施加着影响,因而形成了多元一体或者多元多体的文化。在伊朗,居主导地位的伊斯兰文化,一方面对外来民族文化采取改造、融合、利用的态度,另一方面民族文化对伊斯兰文化也有保留和改造,特别是伊朗民族主义情绪在伊朗伊斯兰文化中是根深蒂固的:"伊朗人一直崇尚自己的民族性。他们对自己国家过去的著名王朝和灿烂辉煌的历史引以为荣。他们不但与倭马亚族人结仇,而且把整个阿拉伯民族视为敌手。伊朗人一直想摆脱阿拉伯人的统治,意欲再度弘扬萨珊王朝时代的庄严和尊贵。尤其对倭马亚人的歧视,许多伊朗人起来著文嘲讽阿拉伯人,有一部分公开起来反叛倭马亚族人"[①]。换言之,长期以来,伊斯兰文化在伊朗也已经被伊朗化了。伊朗伊斯兰化把伊朗并入伊斯兰世界,伊斯兰伊朗化则把伊朗与其他伊斯兰教国家区别开来,伊朗的民族文化和民族心理融入伊斯兰教,伊朗的民族本性和传统文化也改变了进入伊朗的原生的伊斯兰教。

伊朗伊斯兰文化主要分布在以今天的伊朗为核心的地区,它以波斯语、什叶派、苏菲神秘主义为主要特征,对伊斯兰文化有着重要影响和贡献。埃及学者艾哈迈德·爱敏认为:"阿拉伯文化乃由三种文化源流汇合而成:一是阿拉伯人的固有文化;一是伊斯兰教文化;一是波斯、印度、希腊、罗马……等外族的文化。"[②] 第三种文化便包含了波斯的语言、文学、传说、故事、艺术、音乐、历史、哲学、政治等。

[①] [伊朗] 阿巴斯·艾克巴尔·奥希梯扬尼著,叶奕良译:《伊朗通史》,经济日报出版社,1997年版,第91—92页。

[②] [埃及] 艾哈迈德爱敏著,纳忠译:《阿拉伯—伊斯兰文化史》,商务印书馆,1982年版。

第二节 伊斯兰教与伊朗伊斯兰文化的关联与特征

1000多年来,伊斯兰教思想和制度已经深深扎根于伊朗大地,伊斯兰思想已经成为当代伊朗文化发展的根基与指南。

一、苏菲主义思想和苏菲教团对伊斯兰什叶派文化的影响

苏菲派和伊斯兰教什叶派有着密切的思想渊源,因此苏菲思想的流行和苏菲教团的活动有助于什叶派在伊朗发展。什叶派的伊玛目是苏菲派的北极(固特卜)的原型①,什叶派的神智论与苏菲派的神智论(或神光思想)是相通的,苏菲派关于马赫迪再世的条件和时间与什叶派的传统主张大致吻合。苏菲派和什叶派都奉行圣族崇拜,特别是在蒙古人入侵后,伊朗人民普遍敌视蒙古人的宗教信仰,他们期待复兴伊斯兰教、恢复真正的沙里亚②,这些正是什叶派信奉和宣扬的,自然成为了苏菲派信仰与什叶派因素相互结合的基础。

苏菲主义是伊斯兰教内部以苦行和禁欲为基础、以神秘主义为主要特征的思想体系,苏菲派就是伊斯兰教徒中采取禁欲和神秘主义的虔诚信者的总称。③ 13世纪以后,苏菲派信仰是伊斯兰教在波斯和中亚地区的主要表现形式,苏菲教团在伊朗特别流行。因为:

第一,伊朗具有神秘主义的传统。伊朗是琐罗亚斯德教、摩尼教、马兹达克教(5世纪末在波斯第二帝国创立的马兹达克教,是从琐罗亚斯德教中分裂出来的一个异端。琐罗亚斯德教持善恶二元论,善恶对立,界线分明。马兹达克教也持善恶二元论,但善恶相混,善中有恶,恶中有善,连上帝也不例外。马兹达克出身于世袭琐罗亚斯德教教士家庭,本身是一

---

① [美]西提著,马坚译:《阿拉伯通史》,商务印书馆,1990年版,第517页。
② 搜狗百科:"沙里亚"是伊斯兰教法的专称,阿拉伯语音译,原意为"通向水泉之路"。泛指"行为""道路",引申为应予遵循的"正道""常道",即指《古兰经》中所启示的、圣训中所明确解释的安拉诫命的总称,为每一个穆斯林必须遵行的宗教义务。
③ 金宜久:《伊斯兰教史》,中国社会科学出版社,1990年版,第459、360页。

个高阶神职人员。他声称受到上帝圣灵的启示，要对琐罗亚斯德教进行改革，经他改造过的琐罗亚斯德教被称为马兹达克教。马兹达克教本身的文字资料已经全部失传，今人对马兹达克教的了解，都是通过它的意识形态上的敌人：琐罗亚斯德教、基督教，以及后来的伊斯兰教的记述才知道的）、佛教、萨满教（萨满教是在原始信仰基础上发展起来的一种民间信仰活动，始于史前时代并且遍布世界。因为通古斯语称巫师为"萨满"，故得此称谓。萨满教在中国流传于东北到西北边疆地区，操阿尔泰语系的满—通古斯语族、蒙古语族、突厥语族的许多民族中，鄂伦春族、鄂温克族、赫哲族和达斡尔族到 20 世纪 50 年代初还保存该教的信仰）、印度教、希腊哲学等的汇集之地，伊斯兰教是以武力征服的方式进入这里的，它不可能在短时间内完全清除这些宗教、学说，只能以伊斯兰教为基础，对它们进行吸收、消化、融合，苏菲教团在这个过程中扮演了重要角色。

第二，蒙古人的入侵结束了伊斯兰逊尼派官方信仰的统治地位。蒙古人的统治使原有的政治背景丧失、哈里发制度崩溃，宣扬理性主义的官方神学失去了它的重要地位和影响。而活跃在民间的实践神秘主义的苏菲派则乘机发展起来，人们相信神迹、礼拜圣人、朝圣，甚至崇拜阿里——先知的女婿，苏菲派逐渐控制了广大下层穆斯林的思想和宗教生活。

二、什叶派在伊朗发展并成为国教和国家文化的土壤

什叶派和逊尼派是伊斯兰教最大的两个派别，它们的斗争，贯穿了整个伊斯兰教的历史。什叶派和逊尼派的形成是穆罕默德死后，伊斯兰教两大政治派别在历史上最大的一次分裂的结果，分裂的根本原因是对伊斯兰教继承权的争夺。

阿里是在第三任哈里发奥斯曼被杀后继任第四任哈里发的，此时穆斯林之间发生了内战，内战中阿里失利并于公元 661 年遇刺身亡。穆阿维叶夺取政权，建立以大马士革为都的伍麦叶王朝，阿里的追随者拥戴阿里的长子哈桑为哈里发，被什叶派奉为伊玛目二世。哈桑死后，阿里的次子侯赛因又被拥戴为哈里发。侯赛因起兵反抗伍麦叶王朝，在伊拉克南部的卡尔巴拉兵败被杀，侯赛因被什叶派奉为伊玛目三世，卡尔巴拉村则被列为什叶派的圣地。侯赛因的死昭示了什叶派的诞生，阿里党人由政治小宗派

发展成为宗教大派别。侯赛因死后，阿卜杜拉自立为伊玛目四世，并得到各地什叶派拥护。麦加的倭马亚王朝哈里发叶基德两次带兵讨伐，终于在公元692年将阿卜杜拉打败，阿卜杜拉战死。此后，什叶派反对倭马亚王朝（实际代表的是逊尼派）的统治、倭马亚王朝对什叶派的镇压，一直没有停息过。

逊尼派的政治主张是，有威望的穆罕默德的老战友（也是其岳父）艾布·伯克尔应该作为穆罕默德的继承人，伯克尔在多数人的支持下，在争夺继承权的斗争中获得了胜利。逊尼派也承认，艾布·伯克尔、欧默尔、奥斯曼、阿里都是穆罕默德的合法继承人，逊尼派在倭马亚王朝时期代表的是叙利亚的阿拉伯贵族的利益，并且获得了历代哈里发的支持，被称为"正统派"。逊尼派的发展很快，是世界穆斯林的多数派，除了伊拉克以外的阿拉伯国家的居民多数都信仰伊斯兰教逊尼派。

什叶派代表的是两河流域的阿拉伯人和波斯贵族的利益，还在一定程度上反映了下层人民的愿望。伊玛目被什叶派认为是人世间最伟大的导师，认为他继承了穆罕默德的所有学问，受真主安拉的保佑，从不犯错，是一个超人，他的地位在哈里发之上。什叶派认为，只有出生于哈西姆家族的阿里（他是穆罕默德的堂弟和女婿）及其后裔才是穆罕默德的合法的继承人（"什叶派"原意即追随）。而末代伊玛目已经隐遁，以后将以救世主（马赫迪）的身份再现。[①] 现实中，什叶派以反对派的面目出现，采取秘密的暴力活动方式与正统派的逊尼派和当权者进行斗争，因而一直以来，什叶派在多数伊斯兰国家被当作异端，受到排斥和镇压。波斯人拒绝逊尼派教义，发展什叶派教义，表明了他们在政治上不承认巴格达世袭哈里发的合法性，也不接受巴格达哈里发的精神主宰，还维护了波斯人的文明创建与独立。这就是说，伊朗是在坚持民族主义的前提下接受伊斯兰教的，而伊斯兰教进入伊朗后开始了波斯民族化的进程。

什叶派形成于伊拉克，但却壮大于伊朗。其原因主要是：在地理上是受到地缘文化因素的影响，波斯人接受什叶派，这是历史、民族、政治交往的产物，什叶派在伊朗生根、开花、繁衍，也是波斯民族与周边民族文化交往和国内政治发展的结果。穆阿维叶建立倭马亚王朝（公元661—750

---

① 陈麟书、朱森溥：《世界七大宗教》，重庆出版社，1987年8月版，第76、81页。

年）后，伊朗成为倭马亚哈里发的一个省。以伊拉克为根据地的阿里党人希望阿里的次子侯赛因反对"窃权的"倭马亚家族，建立神权政府。波斯人与阿里党人有一个共同的敌人——倭马亚人（王朝）。波斯人相信子承父业的王权正统主义与阿里党人主张的血缘继承一脉相承，加之伊拉克紧邻伊朗，因此，什叶派在伊朗的落地、生根、传播就是顺理成章之事。美国学者希提认为，波斯人是用伊斯兰教做伪装，来复兴伊朗民族主义的①，由于波斯人把倭马亚人看作民族敌人，伊朗呼罗珊人艾卜·穆斯林支持阿拔斯家族推翻了倭马亚王朝，于是呼罗珊人成了阿拔斯王朝的开国功臣，伊朗人进入了阿拔斯新王朝（公元750—1055年）②的高官行列，伊朗的头衔、专制制度、服饰、歌曲……很多被阿拉伯人接受，尤其是伊朗的文学和艺术对阿拉伯人影响极大。于是，"在国际伊斯兰教的伪装下，伊朗民族主义耀武扬威地前进"③。

　　什叶派除了自身的团结，还把一切反抗逊尼派的教派、民族、穷苦人都拉到自己一边，这样，犹太教、基督教、琐罗亚斯德教、印度教等教义也逐渐被部分地融入，特别是对武力反抗倭马亚王朝失败的波斯人，逐渐改信伊斯兰教并倾向于什叶派，企图借此来同掌握阿拉伯国家权力的逊尼派做斗争。什叶派的犹太教、基督教色彩的历史根源就在于此，波斯人成了当时信奉伊斯兰教的最大外族人，因此什叶派的波斯色彩特别浓厚，什叶派也成了以后伊朗的穆斯林王朝的基础。

　　什叶派与琐罗亚斯德教有着深厚的思想和文化渊源，什叶派的神学思想深受琐罗亚斯德教影响，什叶派的基本信条伊玛目和伊玛目隐遁说均可在琐罗亚斯德教中发现其思想根源。第一，琐罗亚斯德教思想中的君权神授、王朝正统主义的继承原则影响了伊玛目思想的形成——萨珊王朝的国王号称"王中之王""神""神的后裔"，国王必须出自萨珊家族，什叶派的伊玛目学说认为，只有先知的后裔、阿里及其直系后裔才是最高的宗教和世俗领袖，才是真主特选的，其他的哈里发都是篡权者；第二，琐罗亚斯德教中早就有类似隐遁的传说，琐罗亚斯德在《伽泰》中预言，来世到

---

①［美］希提著，马坚译：《阿拉伯通史》，商务印书馆，1990年版，第330页。
②［苏］米·谢·伊凡诺夫著，李希泌等译：《伊朗史纲》，生活·读书·新知三联书店，1973年版，第604页。
③［美］希提著，马坚译：《阿拉伯通史》，商务印书馆，1990年版，第334页。

来之际，会有救世主苏什扬特（"带来福乐的人"）出世，带领人类与恶魔进行最后的决战，琐罗亚斯德教认为，苏什扬特是处女在湖里淋浴时，与藏在喀萨亚湖深处的琐罗亚斯德的精液结合生下的儿子，他就是该教信奉的最后一位隐遁先知。

总而言之，什叶派在伊朗传播并成为伊朗国教，确实是阿拉伯伊斯兰教文明与伊朗琐罗亚斯德教文明长期交往、融合的结果，是波斯人在接受伊斯兰教的基础上，不断融入自己的文化传统，把什叶派改造成为伊斯兰形式的波斯文明的体现。什叶派成为伊朗国教以后，伊朗在伊斯兰世界独树一帜，以什叶派的外形保持着、展示着自己的民族特色，什叶派信仰产生的宗教意识、宗教感情与伊朗人民的民族意识、民族感情紧紧地结合在一起，积淀为伊朗民族的共同心理素质，影响着伊朗人民的价值取向和行为方式。伊斯兰教在伊朗的传播也表明，文明交往是不同民族主体之间互动沟通的过程，不同文明之间不应该仅仅是冲突，更多的应该是求同存异、相互了解、相互尊重、相互欣赏、相互包容、共存发展。

伊斯兰教因此也成为近代以来伊朗人民反抗殖民主义和封建主义的武器，比如，1848—1852年爆发的巴布教徒起义虽然是以"巴布教徒"名义发起的，但是巴布原名为阿里·穆罕默德，其中蕴含的强烈的伊斯兰教什叶派文化，却是众所周知的。[1]

但是，1921年12月，通过政变上台的礼萨·汗掌握了恺加王朝的政权以后，4年之后建立了君主制政权巴列维王朝，在国家社会和政治生活中，仿效凯末尔实行西方化、世俗化，还进行了弱化伊斯兰教什叶派的系列改革：

第一，建立中央集权制度——建立现代政府机构，成立了内务部、外事部、司法部、财政部、教育部、贸易部、邮电部、农业部、工业部和公路局等10个政府部门，并把全国统一划分成11个省、49个县、许多乡村行政区，分别任命各级地方行政长官[2]，使国家权力第一次延伸到了德黑兰以外的一些乡村地区。与此同时，什叶派教士对国家政治的干预被大大

---

[1] 艾少伟：《伊朗伊斯兰文化与中伊文化交流》，西南大学硕士学位论文，2006年，第53—54页。

[2] Ervand Abrahamian：*Iran Between Two Revolutions*，Princeton University Press 1982：p. 137.

削弱了：教士在国民议会中的席位由第五届的 24 席缩减至第十届的 6 席①。

第二，控制宗教地产，削弱什叶派教士集团的经济基础——1939 年颁布由国家接收全部宗教土地和基金会的法令②；颁布土地法，确认地主土地私有制，建立国家银行，支持农业商品化生产，促进农业经济中雇佣劳动的成长。

第三，建立国民教育体系，开办世俗学校，增建现代小学、中学和高等学校，相继开办体育学校、音乐学院、技术学校、商贸学校等各类世俗学校。1925 年时，伊朗只有医学院、农学院、师范学院、法律学院、文学院和政治学院等六所世俗学校，在校生不足 600 人。1934 年，这 6 所学院合并，成立了德黑兰大学。之后又增加了牙科、药理、兽医、美术、自然科学、工程等 5 所学院。到 1941 年，德黑兰大学的在校生已经超过 3300 人，当年伊朗小学在校生人数则由 1925 年的 5000 多人增加到 28.7 万人，中学在校生则由 1.4 万人增加到 2.8 万人③。而此前，伊朗的国民教育主要是以《古兰经》、什叶派圣训、伊斯兰教法为主要内容的宗教教育。

第四，推行世俗司法体制，限制教士的司法权——借鉴法国、比利时、瑞士等欧洲国家的法律，颁布了伊朗的商法、刑法、诉讼法、民法，改革传统的伊斯兰教法，限制或剥夺了教士掌握的司法权。

1928 年，制定民法，又陆续制定商业法和刑法，同时建立各级世俗法庭和监察机关；1931 年颁布司法改革法令，开始限制教士的司法权，把宗教法庭审理诉讼的范围限制到只能处理诸如皈依伊斯兰教、男子重婚等事务，也可以审理某些有关遗产、离婚、监护人的诉讼，但是需经世俗法庭或监察机关的许可并经双方当事人同意④。

第五，提高妇女地位，改革服饰。规定德黑兰大学等高校要招收女生，电影院、餐馆、旅馆等公共场所，不得歧视妇女，否则重罚；政府于 1928 年和 1935 年两次立法进行服饰改革：强制男性穿西服、戴"巴列维"帽和西式帽，禁止妇女戴面纱、穿传统长袍。

---

① Ervand Abrahamian：*Iran Between Two Revolutions*，Princeton University Press 1982：p. 140.
② Ervand Abrahamian：*Iran Between Two Revolutions*，Princeton University Press 1982：p. 141.
③ Ervand Abrahamian：*Iran Between Two Revolutions*，Princeton University Press 1982：p. 145.
④ 张振国：《未成功的现代化》，北京大学出版社，1993 年版，第 114 页。

1941年礼萨·巴列维即位后，继承其父的改革事业，从20世纪60年代开始，开展了以土地改革为核心，实现工业、农业现代化为目标的"白色革命"，进一步深化了对伊朗社会的世俗化改革。土地改革使伊朗的宗教地产占全国可耕地的比重从1960年的20%下降至1965年的0.02%[①]，而且宗教地产管理人还需与佃农签订为期99年的租佃协议，农民每年缴纳的地租额都有所减少，宗教界人士的收入大大下降、教士集团的经济实力大大削弱了。礼萨·巴列维在1963—1978年期间大力普及农村教育、扫除文盲，进一步推动世俗的小学、中学、职业教育和高等教育的发展；在司法改革方面，主要是在农村建立"公正法院"（农村法庭）、在城市建立"仲裁委员会"[②]；巴列维提高妇女地位的改革主要体现在他1963年修改选举法，给予妇女与男子同等的选举权和被选举权，"使伊朗真正实行了普选制"[③]，同年有6名妇女当选为伊朗众议员议员、2名妇女当选为参议员，1965年他任命了第一位女教育部长，还制定机器进口免税法和对外贸易垄断法，保护和支持民族工业。

　　自上而下的礼萨·汗和礼萨·巴列维的世俗化改革，实质上是一场削弱伊斯兰教什叶派宗教文化的改革，初步奠定了伊朗现代国家发展的基础。但是，巴列维王朝的达官显贵崇拜西方物质文明和精神文明，而下层社会的普通穆斯林则坚持伊斯兰价值观和道德观，穷人憎恨富人的豪华奢侈，平民憎恨西方化带来的纵情声色，知识分子和学生憎恨专制独裁，全国人民憎恨崇洋媚外——礼萨·汗和礼萨·巴列维们忽视了具有1000多年历史根基的伊斯兰教什叶派已经成为伊朗的文化社会根基和当时的伊朗还是一个落后农业国的基本国情，改革遭到什叶派教士和穆斯林民众的反对，最终归于失败就是其必然的结果。在世俗化与伊斯兰传统社会的冲突中，什叶派教士集团以维护伊斯兰教为旗帜，以建立"伊斯兰共和国"为号召，发动了全国范围的反对国王的群众运动，推翻了世俗化的巴列维王朝，伊斯兰传统文化获得了胜利。

[①] ［苏］伊凡诺夫：《20世纪60—70年代的伊朗》，《西南亚资料》，1983年第1期。
[②] ［伊朗］穆罕默德·礼萨·巴列维：《对历史的回答》，中国对外翻译出版公司，1956年版，第108页。
[③] ［伊朗］穆罕默德·礼萨·巴列维：《对历史的回答》，中国对外翻译出版公司，1956年版，第117页。

三、伊斯兰革命以来的伊朗文化特征

第一，伊斯兰宗教文化与国家政治生活密不可分。如果说，20 世纪 50—60 年代，巴列维国王依靠与地主、传统宗教势力的结盟战胜了萨摩台（1951—1953 年任伊朗首相）的完全西方化民主政治的挑战的话，60 年代初开始的"白色革命"则严重损害了地主和宗教集团的既得利益，使得巴列维王朝与地主、宗教集团的政治联盟瓦解，宗教界成为反对国王独裁的重要角色——既是领导者，又是基础力量。1963 年，宗教圣城库姆成为攻击巴列维独裁的重要据点，阿亚图拉鲁霍拉·穆萨维·霍梅尼首次亮相政坛，公开批评巴列维是暴君，谴责王朝的腐败、专制和卖国。1977—1979 年的伊斯兰革命，最初表现为代表资产阶级利益的世俗的知识界发起的自由化运动，他们无意推翻君主制度，其政治纲领的态度和倾向是温和的：要求恢复 1906 年宪法，与国王分享权力。1977 年 5 月，53 名律师致信国家调查署，抗议司法程序屡受政府首脑的干涉。同年 6 月，40 名作家致信首相胡维达，要求言论自由，承认民间社团的合法地位，取消新闻审查。与此同时，被解散的前民族阵线领导人桑贾比、巴赫蒂亚尔、福鲁哈尔致信国王，批评君主独裁，要求尊重人权，释放政治犯。自由运动领导人巴扎尔甘曾向美国驻伊朗大使表示："如果国王愿意实施宪法的所有条款，那么我们就会接受君主制并参加选举。"[①] 1977 年，德黑兰学生上街游行，要求校园政治自由。[②] 1978 年 1 月，政府指责宗教界是"黑色反动派"，诬陷霍梅尼是外国间谍，引发宗教界的愤慨，于是宗教界放弃中立，加入世俗知识界的斗争行列，斗争得到巴扎商人和工匠的支持，斗争范围从德黑兰扩展到其他城市，各地的清真寺成为反对国王的据点，标志着反对国王的政治斗争由世俗形式转变成宗教形式。

1978 年夏季以后，伊斯兰革命进入高潮时期，商人、工匠、产业工人、政府雇员等城市下层民众成为反对巴列维王朝的重要力量。1978 年 8

---

① M. M. Milani, The making of Irans Islamic Revolution: From Monarchy to Islamic Republic, Westuiew Press, 1994：114，244。

② S. A. Arjomand, *The Turban for the Crown*: *The Islamic Revolution in Iran*, Oxford, 1988：116 - 118。

月"阿巴丹纵火案"和8月"黑色星期五"之后,"处死国王"成为民众的心声和示威的口号,民众把霍梅尼看作是期待已久的拯救者,因为他长期毫不妥协地反对巴列维王朝的坚定立场和民主斗士的政治形象,在伊朗各界民众中赢得了崇高的敬意和信任,虽然当时他在宗教界并无显赫的地位,也不是伊斯兰革命的发起者和领导者,但他却成为了伊斯兰革命的灵魂和象征、社会群体共同拥戴的政治领袖。

第二,伊斯兰原教旨主义成为伊朗文化的核心内容。伊斯兰原教旨主义既是一种传统的宗教,又是一种社会改良学说。针对巴列维王朝的社会世俗化、西方化、堕落和腐化,主张"全面伊斯兰化":严格恢复并遵循伊斯兰教初创时期的原旨教义和传统,用伊斯兰教的本来精神作为改良、复兴宗教与社会的动力,以消除腐败,纯洁信仰,清除外来的各种异端学说,以及西方腐朽文化和生活方式的污染,恢复伊斯兰教"正道"并以此作为国家法律的基础。1979年伊朗"伊斯兰革命"的胜利,为原教旨主义思潮的广泛传播提供了契机,成为伊斯兰复兴运动的精神支柱和样板。

20世纪70—80年代以来,伊斯兰原教旨主义从一般宗教复兴思潮发展为广泛的社会政治运动,社会基础更加广泛、斗争方式灵活多变的泛伊斯兰复兴运动。

第三节 伊朗伊斯兰文化的空间扩展

从上可见,伊朗伊斯兰文化实质上是伊斯兰什叶派文化。在伊斯兰文化海洋中,毕竟比逊尼派思想及其文化的影响范围要小得多,无论是从对抗逊尼派文化或其他非伊斯兰文化的角度,还是从提升民族文化和国家影响力的角度,扩张伊朗伊斯兰文化的地位和影响的工作都是必须而紧迫的。

一、伊朗高原为核心的伊朗伊斯兰文化圈初步形成

伊朗人是雅利安人,伊朗文明是雅利安人创造的,其语言属于印欧语系。伊朗文明有文字可考的历史可以上溯到公元前6世纪,之后一直延续

到今天，从未间断。伊朗文明曾出现过三次繁荣，第三次繁荣就是伊朗伊斯兰时期。

波斯文化的发展及其文化体系的形成主要是在公元11世纪下半叶到15世纪末期，波斯文学在这个时期进入黄金时代，波斯文化也得到了全面发展：文学、历史、绘画、哲学、医学、天文学、数学、建筑学、音乐、手工艺品、地毯编织等取得了前所未有的成绩。

波斯—阿拉伯文化体系成为了世界四大文化体系[①]之一。在这个体系中，阿拉伯文化的主要贡献是伊斯兰教，波斯文化的主要贡献是除伊斯兰教以外的其他方面，因为在文化领域，统治者阿拉伯人学习和吸收了大量的波斯文化。

伊朗文化的繁荣和文化体系的形成，影响了周边国家和民族，逐渐形成了伊朗文化圈。大体包括：中亚的塔吉克斯坦、土库曼斯坦、哈萨克斯坦、乌兹别克斯坦、吉尔吉斯斯坦，西亚的阿塞拜疆、阿富汗，以及南亚的巴基斯坦，中国新疆的维吾尔族、柯尔克孜族、塔吉克族、乌孜别克族、塔塔尔族等也受到伊朗文化的影响。

1800年以前，伊朗是一个拥有完全主权和能够捍卫自己独立的封建国家。1813年10月12日，战败的伊朗被迫与俄国签订了《古利斯坦条约》，这是近代以来伊朗与强权外国签订的第一个割地、放弃在里海建立海军权利的丧权辱国条约，标志着伊朗开始了丧失独立和主权的半殖民地化进程。因伊朗在伊俄战争中战败，被迫于1828年2月签订的停战协定《土库曼恰伊条约》代替了《古利斯坦条约》，条约规定伊俄之间的新国界基本上以阿拉斯河为界，（原属伊朗的）埃里温汗国、纳希切凡汗国和奥尔都巴德行政区都归入俄国版图，伊朗还应向俄国缴纳军事赔款2000万卢布。[②]《土库曼恰伊条约》成为伊朗完全沦为半殖民地国家的标志，伊朗被推进了资本主义殖民世界体系。

从1800年英国驻印度当局派代表马尔科穆，到伊朗强迫伊朗国王缔结数个英伊政治贸易条约开始，1814年的伊英条约，使伊朗国王政权完全倒向了英国，伊朗王储阿拔斯·米尔扎在屡战屡败的对俄战争中长期充当伊

[①] 季羡林等：《简明东方文学史：绪论》，北京大学出版社，1987年版，第5页。
[②] ［苏］米·谢·伊凡诺夫著，李希泌等译：《伊朗史纲》，生活·读书·新知三联书店，1973年版，第189—191页。

朗军队的统帅,当时伊朗军队的教官、大炮,大都由英国提供。由此可见,伊朗的政治、军事、文化的近代化(现代化或者西方化),是在被逼无奈的状态下拉开序幕。

纳赛尔丁国王统治时期(1848—1896年),出现了一位具有开放意识和改革意识的政治家——阿米尔卡米尔。他于1848年出任伊朗首相后,开启了伊朗现代化的进程——建立高效、分工明确的官僚机构,取消冗长乏味的官员称呼;严禁官员受贿;设立专门的财政机构,制定合理的税收制度;促进伊朗国内贸易发展,鼓励国内工匠仿制国外产品;派遣伊朗学生去欧洲学艺;在伦敦、圣彼得堡、伊斯坦布尔建立公使馆;在欧洲教官的帮助下,建立欧洲模式的正规部队;聘请欧洲教师来伊朗教学;在德黑兰出版日报;翻译国外书籍。

伊朗学生出国学习的结果是,了解并崇拜西方的自由民主制度,尤其仰慕英国的君主立宪制,这些年轻的伊朗人转而痛恨伊朗国王的独裁统治和政治腐败,反对西方列强侵略和奴役伊朗,主张通过改革让伊朗摆脱积贫积弱的处境,主张在伊朗实行宪政主义,这就是伊朗资产阶级民族主义思想,其代表性人物是马尔科姆汗。

1905年底,伊朗爆发立宪革命。次年底,议会通过了伊朗第一部宪法《基本法》,确立了议会对法律、预算的批准权和监督权,确定了公民的自由权以不违背伊斯兰教教义为原则。1907年,又通过了《基本法补充条款》,该条款规定:国家权力来自人民;立法、行政、司法三权分立;法律面前一律平等;人身自由及生命财产不受侵犯;在不违反伊斯兰教教义的前提下,出版、结社、集会、受教育及就业自由。[①] 学习和引进西方先进技术、工厂制度、科学知识、生活习俗,成为伊朗现代化初期的基本内容,开始初步涉及到伊朗传统的制度层面和价值层面。伊朗立宪革命是伊朗现代化的标志,宗教领袖拥有最高的宪法裁决权,发挥着政治领导的作用,但是世俗的资产阶级民族主义也初步形成并发展起来。[②] 可见,包括文化、政治制度在内的伊朗现代化,其实质就是西方化,而且经历了由被迫现代化到自愿现代化的转变,但是它依然保留了伊朗传统文化—政治传

[①] 彭树智:《论1905—1911年伊朗资产阶级革命》,《西南亚研究》,1987年第4期。
[②] 钱乘旦:《论伊朗现代化的失误及其原因》,《世界历史》,1998年第3期。

统的核心内容。

1925年，礼萨·汗建立巴列维王朝，并最终完成了国家的统一和独立，在此期间，礼萨·汗对伊朗进行了全方位的现代化改革。[①]

通过制定经济发展计划来指导经济发展的做法也是学习国外的结果，1962—1972年期间制定并实施了两个国民经济发展计划，并取得了令人瞩目的成绩。但是，由于巴列维王朝好大喜功，其制定的超越国情的发展计划也从经济上挖掘了王朝覆灭的墓坑。

礼萨·汗将国际性和民族性统一起来，用西方化推动工业化和城市化，用暴力和强权推动改革，实行法律、司法、教育的世俗化和合理化。但是礼萨·汗及其以后的巴列维国王都把与地主阶级结盟作为王国政权的政治基础，强化了伊朗的君主政治制度，过分偏重于古波斯的传统文化，淡化了伊斯兰文化的影响，简单粗暴地对待伊斯兰问题，以至于1940年时伊朗议会已经没有1席宗教界议席，而1925年时尚有24席。这并不符合伊朗的国情，疾风骤雨式的、决绝式的现代化（西方化）进程动摇了1000多年来形成的伊朗传统文化根基和社会基础。

二、扩张伊朗伊斯兰文化圈的影响范围和深度

（一）向伊斯兰世界扩张

长期以来，什叶派与逊尼派之间围绕谁是穆罕默德的合法继承人，即伊斯兰世界宗教—政治权力的争斗一直没有停息过，这个斗争刻画了伊斯兰世界中古时期的历史发展轨迹，也描绘着当代伊斯兰世界各国之间的国家关系：逊尼派极力全面压制什叶派国家的精神和物质影响力，什叶派则拼命反抗并力图变少数派为主流派。当代伊朗理所当然地以领袖的身份扛起什叶派的大旗，阿以争端中的真主党因素、霍梅尼提出的"输出伊斯兰革命"、延续8年的两伊战争、叙利亚危机中的什叶派影响、海湾危机—伊拉克战争、今日的伊朗核危机、也门动荡等等大小事件，或多或少展示了伊斯兰教两派斗争的影响，当然也是伊朗什叶派文化向伊斯兰世界扩张的表现。

[①] 彭树智：《现代民族主义运动史》，西北大学出版社，1987年版，第195—213页。

(二) 向周边邻国扩张

历史上的伊朗，除了近代被沙俄、英国以及欧洲列强殖民入侵、统治的历史之外，还遭受过蒙古人、阿富汗人、土库曼人等的入侵和统治，因此，伊朗与周边国家的民族文化关系深远而复杂。西面的伊拉克和南面的巴林已经是穆斯林什叶派国家的主要组成部分，东面邻国阿富汗不可避免地将长期受到伊朗文化的影响和控制，北面的土库曼斯坦、西北面的阿塞拜疆、亚美尼亚也将是伊朗文化圈的范畴，西面的土耳其以及东南面的巴基斯坦则构成了什叶派文化扩张的几堵大墙。但是，伊朗文化向南亚、中亚发展的势头也是存在的。

(三) 在与东、西方文化抗衡中扩张

不可否认，文化、文明在萌生与发展中就与其他文化、文明产生着千丝万缕的联系：相互排斥、相互学习借鉴吸收乃至融合，伊朗伊斯兰文明的发展同样如此。伊朗前总统哈塔米（执政两届 1997—2005 年）上任时提出的"文明间对话"理论则提出不同文明之间应该求同存异，可以共同繁荣发展：1999 年 5 月 3—5 日在德黑兰组织召开伊斯兰关于不同文明之间对话的研讨会，会议通过了《德黑兰不同文明间对话的宣言》；在哈塔米倡导下，联合国宣布 2001 年为"文明对话年"。哈塔米反对"文明冲突理论"，认为世界上所有的文明都会相互影响，现在西方的优势不容忽视，穆斯林和伊朗人都应当学习它。

哈塔米倡导的文明间对话的主要内容有：第一，尊重所有人的尊严和平等，不论国家大小，无任何差别；第二，诚意地接受文化多样性为人类社会的永恒特征，为全人类进步和幸福额增加资产；第三，相互尊重和宽容不同文化和文明的观点和价值，以及所有文明成员均有保存其文化遗产和价值的权利，摒弃对道德、宗教和文化价值、圣物和圣所的亵渎；第四，承认整个时空中的知识有各种来源，必须诚心诚意地借鉴各个文明的长处、智慧和丰富的内容；第五，摒弃企图进行文化支配和文化控制，以及煽动文明之间对抗和冲突的理论和做法；第六，在文明之间和文明内容之中寻找共同基础迎接共同面临的全球挑战；第七，接受合作和追求理解，是推广共同的全球价值观、消除全球性威胁的良好机制；第八，承诺

所有国家和各国人民参与本国以及全球决策与价值传播,不得有任何歧视;第九,尊重公平、公正、和平、团结的原则,以及国际法和《联合国宪章》中的基本原则。①

哈塔米的文明对话论比较客观地分析了不同文明之间产生冲突与融合的原因,并提出了解决冲突的对策,得到了世界的好评。应该说,这是伊斯兰什叶派向不同文明、不同宗教释放出的善意与和解的信息,这在当今的鲁哈尼总统的对外政策中得到了一定的体现,伊朗也因此获得了显著的外交、政治和经济的回报。

三、伊斯兰教与伊斯兰文化的关联与特征

(一) 伊斯兰什叶派思想是伊朗伊斯兰文化的核心

伊斯兰文化内容丰富,涉及自然科学(包括数学、天文学、医学、地理学、化学、物理学等)、人文学科(包括历史学、政治学、语言学、文学、艺术等)、宗教(古兰经学、经注学、圣训学、凯拉姆学、教法学、诵经学)、经济、法律、哲学(自然哲学、宗教哲学、逻辑学、伦理学)等诸多领域。

实际上,伊斯兰文化是在吸收外族文化的基础上发展而来的,希腊的哲学、自然科学,罗马的政治学、法学,波斯的历史、文学、艺术,印度的数学、天文学、医学、宗教哲学,以及中国的四大发明等,这些人类文化的瑰宝都成为了伊斯兰文化的基本养料。②

伊朗伊斯兰文化实质上是伊斯兰什叶派文化。因为在伊朗穆斯林中,什叶派占总人数的95%以上,其中十二伊玛目派占85%以上,其余为伊斯玛仪派、栽德派、巴哈派和巴布派。十二伊玛目派穆斯林在教法上分别遵奉乌苏勒派(占80%)和艾赫巴里派(占20%)。逊尼派只占穆斯林总数的5%,主要是库尔德人、阿拉伯人和土库曼人等。在教法上,逊尼派穆斯林分属于沙斐仪教法学派(占60%)和哈乃斐教法学派(占40%)。国

---

① 第54届联大A54/116文件,转引自蒋真:《从伊朗外交看"哈塔米主义"》,《西亚非洲》,2005年第3期,第57页。

② 搜狗百科:"伊斯兰文化",http://baike.sogou.com/v173236.htm?fromTitle=%E4%BC%8A%E6%96%AF%E5%85%B0%E6%96%87%E5%8C%96。

家在首都德黑兰和各省设立由教法官执掌的宗教法庭，依教法裁决民事及有关宗教的案件。宗教学者欧莱玛阶层有较高的社会地位，各级政府的主要官员大多由高级欧莱玛担任。全国有 8 万多座清真寺。清真寺、圣墓均有大量瓦克夫土地及不动产，宗教课税为宗教基金的主要来源。

宗教教育分为三级：初级教育一般在清真寺中招收儿童，学习波斯文经典和普通知识；中等教育在所设的各种专科宗教学校中进行，培养中级宗教职业者；高等教育由库姆、马什哈德两圣地和伊斯法罕的高等伊斯兰经学院承担，培养高级公职宗教职业者和政府官员。欧莱玛的高级职称（如阿亚图拉）由库姆伊斯兰经学院的最高长老委员会授予。伊朗用波斯文和阿拉伯文出版有大量伊斯兰经籍和期刊。伊朗是"伊斯兰会议组织""伊斯兰世界联盟""世界伊斯兰大会"的成员国。[1]

（二）伊朗古代文化科技对伊斯兰文化发展的影响

伊朗是世界的文明古国，古代伊朗拥有灿烂、悠久的文明，具有高度的科学与文化水平。

萨珊王朝（公元 224—651 年）时期有很多人致力于研究科学知识，他们翻译书籍并著书立作。当时用波斯语撰写的学术著作非常出名，包括政治、政府、学术、伦理、历史、自传等方面。建于公元前 3 世纪的君迪沙普尔市，对波斯文明产生了非常大的影响，是古代学术、哲学和医学的发祥地。当时在医学领域所有著名的书籍都陈列在该市的图书馆内，并被翻译成了其他文字。君迪沙普尔大学是当时世界上最大的文化教育中心，世界各地的大学生和老师纷纷前往该市。在阿巴斯国王时期，特别是马蒙国王时期（公元 814—833 年），这些学术和文化遗产被翻译成了阿拉伯语。

伊朗人把这些辉煌的文化带进了伊斯兰社会的各种元素中。在"伊朗人对伊斯兰文明的贡献"国际研讨会开幕式上，印度尼西亚沙立夫希达亚图拉大学校长卡马鲁丁·希达亚特说：部分人认为伊斯兰只与阿拉伯世界有关，这种观点是不成熟的。其实伊朗人是伊斯兰文明中部分学术的奠基

---

[1] 搜狗百科："伊朗伊斯兰教"，http：//baike.sogou.com/v64163543.htm？fromTitle=%E4%BC%8A%E6%9C%97%E4%BC%8A%E6%96%AF%E5%85%B0%E6%95%99。

人。伊朗人对知识的渴望正如先知所说的那样："如果知识存在于遥远的星际，波斯人将达到星际。"因此，伊斯兰教治国体现出伊朗人对知识的重视，他们是文化与文明的主人，他们将其能力与潜能发挥得淋漓尽致。因此在政治领域，伊朗的领导人可以说是伊斯兰教的继承人。

实际上，包括阿拉伯语语法、词法、修辞、含义等在内的阿拉伯语言文学，是在伊朗人的参与下完善的。诸如希布维、阿布杜贾希尔·杰尔贾尼（阿拉伯语修辞学奠基人）、贾姆赫希里、萨贾基、哈提布·加兹维尼、菲鲁兹·阿巴迪等这些具有影响力的人物都是伊朗的大文豪和大学者。埃及学者、作家、雄辩家塔赫·侯赛因在其撰写的《尊贵的古兰经对阿拉伯语产生的影响》一书的前言中认为：阿拉伯人在获得解放后进入了伊朗领土，并在这片土地上居住了下来，直到伊朗人学习阿拉伯语，讲阿拉伯语，用阿拉伯语写字。不知有多少伊朗人参与编纂阿拉伯语语言文学，又不知有多少伊朗人对这一学科做出了多大贡献，以至于最后伊朗人成为了该学科的主人。希布维的阿拉伯语语法学著作和伊朗人对整理阿拉伯语修辞学做出的巨大贡献是永世长存的，今天埃及艾资哈尔大学仍然沿用伊朗人编纂的阿拉伯语修辞学教材授课。

在《古兰经》经注中，塔巴里、苏尔拉比·尼沙布里和法赫尔拉兹的经注是最著名的，他们是宗教学和哲学界的泰斗。伊斯兰世界各地的莘莘学子不远万里拜在他们的门下求学，这些大学者在诸如教法、《古兰经》经注、认主学、哲学等各个学术领域都有非常高的造诣。

伊朗学者在教法和圣训学领域也像在其他伊斯兰学科一样取得了令人瞩目的成就。六大部圣训集的五位作者——布哈里、穆斯林、提尔米兹、阿布达伍德和尼萨伊都是伊朗人。包括穆罕默德·本·玛哲在内的这些逊尼派学者分别著有一部圣训集，故称六大部圣训集，是逊尼派穆斯林信赖的圣训典籍。在教法学领域，逊尼派大伊玛目阿布·哈尼法也是伊朗人，他在教法学中运用表决和类比，并以此像其他学科一样制定法则。因此阿布·哈尼法被逊尼派尊称为法学权威之一。

伊朗学者不仅仅在伊斯兰各个学科中体现出了他们巨大的潜力和天赋，而且在历史方面也是出类拔萃的。《先知与君主史》的作者穆罕默德·贾里勒·塔巴里是伊朗著名的历史学家、圣训学家、教法学家和《古兰经》经注学家，他的著作除了涉及领域广之外，还包括伊斯兰初期一些最重要的信息。塔巴里的这部史书记载了人类初期到他出生时代的人类生活。他是伊斯兰世界第一位撰写伊斯兰通史的史学家。很多伊朗学者还被载入地理学史册中，其中最多的内容是他们关于地球地理状况、经济、农业生产、道路和社会等问题的论述。

伊朗精英在发展智力学和数学领域对伊斯兰文明也做出了巨大贡献。事实上，今天数学的成就可以说与伊朗穆斯林学者的努力是分不开的。这些穆斯林学者在数学方面做出的最大贡献是，他们应用阿拉伯数字和十进制数字系统。在这之前，罗马数字没有使用零，是穆斯林使用零并使数学变得更加容易。欧洲人把这种新的方式称之为"算法"，事实上这个名字源自于花拉子米（约公元780年，伊朗著名的天文学家和数学家）撰写的一部名叫《代数学》的书中。因此代数也由此在西方广为流传，其拉丁名称"Algebra"也来自该书。

伊朗古代杰出学者穆罕默德·本·泽凯里亚拉齐在实用医学领域具有很高的声望，他最大的优点就是好奇且钻研各种疑难病症，并记录和发表自己的观点，这在他之前是屈指可数的。16世纪，拉齐在欧洲名声大震，他的著作《论天花与麻疹》一书于1848年在伦敦出版。伊本·西那是伊斯兰教历第14世纪伊朗最著名的穆斯林学者。他在哲学、医学、数学和天文学方面造诣匪浅，著有约100部著作。伊本·西那的医书被翻译成了世界上很多语种，以至于几个世纪以来一直被欧洲作为教材使用。伊朗杰出的思想家伊玛目穆罕默德·安萨里是当时伊斯兰各学科造诣最深的学者，他的名字在当时的伊斯兰世界无人不知。著书立说的伊玛目穆罕默德·安萨里·图斯在教法、神学、哲学、认主学、心理学和伦理学方面均有很深的造诣。在愚昧和无知阴影笼罩着欧洲人的中世纪，伊朗穆斯林精英和学者在科学生产领域取得了很大成就，这便为人类的发展和掀起文艺复兴运动奠定了基础。[1]

今天伊朗伊斯兰共和国在科学领域的成就与日俱增，在很多科技领域都迈出了重要步伐。伊朗学者在1990—2010年间总共打破了约8.8万个学术记录。2011年，伊朗在科学生产方面取得了世界第19名的成绩。

---

[1] 世穆网，http://www.yisilan.cc/forum.php?mod=viewthread&tid=1598。

(三) 伊朗伊斯兰文化扩展的前景

伊斯兰文化是科学理论与伊斯兰教的有机结合，因此，科学知识的进步必然带动伊斯兰文化的前进，进而引领伊斯兰教在科学的方向上迈进。伊斯兰文化也要与时俱进，这是世界上所有事物发展都必须遵循的规律。

伊朗伊斯兰文化扩展的空间指向，应当是地理空间接近、文化基础接近、宗教信仰接近，或者缺乏宗教信仰，或者经济文化发展水平滞后、贫富差距巨大的地区，这些地区更易于伊斯兰教进入和扎根。从历史和现实的角度来分析，伊朗伊斯兰文化扩张的地理空间指向，大致有以下几个：

第一，向远西——小亚细亚、北非以及西南面的阿拉伯半岛和波斯湾，那里是伊斯兰世界，也是中东的主要区域，实现与逊尼派争夺伊斯兰教主导权的最终目标只能在那里获得。

第二，向近西——伊拉克、叙利亚，那里是什叶派的历史根基，也是穆斯林什叶派的大本营所在，但是需要进一步巩固其地位。

第三，向北——向中亚、高加索地区扩展。

第四，向南——向波斯湾印度洋北部沿岸国家和地区扩展。

第五，向东——首先是阿富汗，然后是中国西部、西北部地区，再向东南亚。

上述伊朗伊斯兰文化扩散的地理指向仅仅指出了几种扩散可能，因为在伊朗伊斯兰文化努力渗透的地方，已经有其他文化（文明）先期到达并扎下了根基，对于新进入的或者是对立的文化，它们的排斥力、反抗力是强大而持久的，很可能引发地缘政治、地缘文化的冲突和动荡。因此，伊朗伊斯兰文化进入这些地区建立根据地并取代原有文化的努力和代价是巨大的，不光取决于新进入文化自身的强大与否，也取决于国际形势和被进入地区文化经济状况的改善程度。换句话说，强行输出"伊斯兰革命文化"难以行得通，也许换种方式，比如通过"文明间的对话"的形式，或多种方式相互搭配，效果反而会更好。

第七章 国际环境对伊朗经济社会发展的影响

第一节 "国际通道"上的地理位置

如何利用自身的区位条件服务于本国的内政外交是伊朗长期研究的课题。伊朗的地理区位特点是：位于古今"陆上丝绸之路"的中间地带、与俄罗斯和中亚国家之间有里海一衣带水、濒临印度洋北岸的国际海上通道。这为伊朗处理邻国关系、发展一体化的区域经济合作与国际文化交流都提供了基础条件，也提出了与时俱进的实际要求。

伊朗位于亚洲西南部，北濒里海，与亚美尼亚、阿塞拜疆、土库曼斯坦为邻，西与土耳其和伊拉克接壤，东面与巴基斯坦和阿富汗相连，伊朗与邻国接壤的陆地边界线为5434千米，水域为2410千米。南面濒临波斯湾和阿曼湾，海岸线长1880千米。

伊朗的位置优势主要体现在：第一，处于东西方文化交汇的枢纽——伊朗高原，这里是东亚通往两河流域、小亚细亚半岛的中间地带，也是中亚出入印度洋的陆上通道；伊朗的地理位置可以方便它北上中亚、俄罗斯，西进土耳其、东南欧，东控阿富汗，西南通往东北非，东南连接巴基斯坦、印度河流域。从伊朗高原北上可以带动中亚，南下可以联通波斯湾和印度洋，向西可以连接欧洲大陆，东进可与东亚和太平洋连接在一起，这个位置为伊朗加快经济发展，特别是推动工业、农业、旅游业的现代化和国际化，为拓展国际交流打下了良好的区位基础。

第二，位于伊朗南面的霍尔木兹海峡扼守波斯湾口，是当今世界主要的石油海上运输通道，也是波斯湾通往印度洋的唯一出口。伊朗北部、中部也有陆空交通线路通往波斯湾地区。霍尔木兹海峡形似"人"字型，东西长约150千米，南北宽约56—125千米，平均水深70米，最浅处10.5米，最深处219米。霍尔木兹海峡自古就是东西方国家间文化、经济、贸易的水上通道的咽喉。海湾地区成为世界石油主要生产和输出地之后，每天约有400万吨石油通过海峡运往世界各地，约占世界石油出口总量的1/3，西方发达国家从海湾进口的石油基本上都是从这里运出，所以霍尔木兹海峡又被称作"西方的生命线""石油海峡"，其经济和战略地位由此可见一斑，因此也成为世界强国争夺的重要目标。

得益于靠近波斯湾和霍尔木兹海峡的区位优势，伊朗西南地区的科吉卢耶—博耶尔艾哈迈迪、胡齐斯坦、布什尔等省的经济发展迅速，成为伊朗经济最发达的地区，也成为投资者青睐的地区。以首都德黑兰为经济中心的北部地区，因为临近里海，又是东西方陆路的纽带地区，经济也比较发达。

2013年，中国国家主席习近平提出推动东亚—西亚—欧洲—非洲经济文化发展的"一带一路"倡议以来，处于古代"陆上丝绸之路"中间区位的伊朗，在"一带一路"中的位置显得更加重要：伊朗高原大部分都在"一带一路"经济辐射带内，特别成为了中欧铁路的中间枢纽：它承东启西，东进阿富汗，西南联接伊拉克，西通小亚细亚、欧洲和地中海。2016年1月，习近平主席访问了伊朗，加深了两国人民的联系，特别就实施"一带一路"倡议进行了沟通。

第二节　伊斯兰革命时期的国际环境

20世纪70年代末期到80年代初期，是美国和苏联两个超级大国对抗、世界经济政治处于冷战和相互封锁状态的时期，也是中国刚刚开始改革开放的时期。伊斯兰革命从政治上宣告了伊朗"白色革命"的失败，也将伊朗从美国的中东盟友变成了美国的对手。

20世纪70年代末以前的伊朗充当着美国在海湾地区的"宪兵"，是美国在中东最可靠的朋友之一。当年伊朗国王政权实行专制独裁统治，在美国支持下扩充军备，设立秘密的警察机构（即萨瓦克），特务肆意横行，镇压政治反对派，监狱人满为患。一切言论、集会和组织政党的自由都被取消。一些宗教领袖因反对国王的专权和世俗化政策，被监禁或驱逐。各阶层人民积怨日深。

伊朗伊斯兰革命（1979年革命）实质上是一场自下而上的以宗教为外衣的反对国王政权、反对美国（西方）全面入侵伊朗的政治运动，革命的种子在20世纪70年代甚至更早些时间已经孕育：1978年1月，发生反对伊朗君主体制的大规模群众（反对派群众包括：霍梅尼为代表的伊斯兰复兴派、民主伊斯兰教改革派伊朗自由运动、世俗的伊朗民族阵线、奉行共产主义的伊朗群众党、伊朗人民敢死队为首的马克思主义者等[1]）示威活动。同年8—12月，罢工及示威活动波及整个国家，国民经济也随之瘫痪。1979年1月中旬，国王被迫流亡海外，两星期后，在外流亡了15年的霍梅尼回到德黑兰，受到数百万民众的欢迎。2月11日，游击队和叛军通过巷战击败了忠于国王的部队，推翻了巴列维国王政权。1979年4月1日，建立伊朗伊斯兰共和国，并通过了新的伊朗伊斯兰共和国宪法。阿亚图拉（革命领袖）鲁霍拉·穆萨维·霍梅尼在1979年12月成为政教合一的伊斯兰共和国的最高领袖。

毫无疑问，20世纪70年代及其之前，伊朗是西方经济体系中的一员，更是美国在中东的"铁杆粉丝"。政治上，伊朗承担着北挡苏联、东防中国、西控伊斯兰世界的美国重任，经济上是西方的商品市场和投资场所，在国际市场上石油价格长期低廉之时，伊朗丰富的石油资源为西方国家经济发展提供了能源，但是伊朗自身获利甚微。礼萨·巴列维国王利用石油收入和美国的援助，推行了以土改为核心的"白色革命"及雄心勃勃的社会经济发展计划，企图按照美国的模式来改造当年的伊朗。

巴列维王朝推行开放型文化政策，使西方腐朽文化和生活方式大量涌入，色情、淫秽、凶杀书刊和影视泛滥，赌场、妓院公开活动，西式酒吧、夜总会争利于市，社会风尚败坏，冲击着伊朗固有的伊斯兰文化传统和生活方式，引起穆斯林的普遍不满。

---

[1] http://baike.sogou.com/v788388.htm?fromTitle=%E4%BC%8A%E6%9C%97%E4%BC%8A%E6%96%AF%E5%85%B0%E9%9D%A9%E5%91%BD.

更重要的是，巴列维王朝实行政教分离，限制宗教上层的政治活动，取消宗教领袖的特权。禁止寺院征收天课，将清真寺、宗教学校和圣地的瓦克夫土地大部分收归国有；关闭大量宗教学校，代之以世俗教育；制定《家庭保护法》，给妇女以一定自由（并不是说伊斯兰革命后的伊朗妇女没有自由，只是对穿着进行了要求）；撤消沙里亚司法机构，代之以世俗司法机构等，这些世俗化的政策极大地损害了宗教阶层的利益，招致了宗教上层的强烈反对。

"白色革命"虽然使伊朗经济有了明显进步，但是经济发展并没有提升民众的生活水平，使普通民众受益。"白色革命"提出的经济目标也没有完全实现，除了少数富人受惠，多数伊朗民众依然贫困，并对国王政权充满了怨恨。

在这种背景下，伊朗各阶层的人民及各种政治力量联合起来，形成了反国王的群众运动。利用人民的强烈不满，什叶派宗教上层扛起了反国王运动的旗帜，伊玛目霍梅尼曾在20世纪60年代初因反对"白色革命"而获得了声誉，在这次反国王的运动中受到民众的拥戴，取得了领袖的地位。

第三节　两伊战争时期的国际环境

1980—1988年8年期间，伊朗经历了惨烈的与伊拉克的战争。这时的国际环境是两霸中的苏联颓势已现：苏联攻势、美国守势的格局开始颠倒过来——由于戈尔巴乔夫推行失败的"新思维"战略，东欧国家纷纷倒戈、两德统一，苏联即将崩溃，美国势力趁机在全球发力扩张；中美关系继续缓和，中苏关系仍然处于敌对状态。中东依然是美国全球战略中的重心，欧洲、中东、亚洲都成为美国压缩、包围苏联的地理锁链，苏联已经自顾不暇，到20世纪90年代初终于分裂为15个独立国家，它们中的多数都先后加入了西方阵营，有的甚至成为了现今俄罗斯的敌人。

伊斯兰共和国刚刚成立，即进入了两伊战争。战争从1980年伊拉克入侵开始，到1988年伊朗接受联合国停火决议结束，几乎贯穿了整个80年代，两国军费开支和经济损失达到 6000 亿美元，交战双方伤亡 148 万人，被俘 8 万人（其中伊朗军队死亡 35 万人、受伤 70 万人、被俘 3 万人）[1]。这场战争，可以看作是阿拉伯人与伊朗人之间的民族战争，也可以解读为伊斯兰内部的逊尼派对什叶派的宗教战争，是伊朗与伊拉克争夺海湾霸权的战争，是逊尼派世界对什叶派新政权的直接宣战。期间，伊朗处于被国际环境孤立的状态：被以美国为首的西方孤立，也被阿拉伯人和逊尼派国家孤立。由于"输出伊斯兰革命"，伊朗被世界多数穆斯林国家疏远。诞生不久的伊斯兰政权做出的与美国决绝的事情就是"美国驻伊朗使馆人质事件"及在美国宣布冻结伊朗在美全部资产后的强硬回应。霍梅尼政权的政治倾向是鲜明的：反对美国——美国是"大撒旦"，对外不结盟，但是没有明确地反对苏联。他始终不渝地推行"不要东方，不要西方，只要伊斯兰"的外交政策，积极地输出伊斯兰革命。这个政策在意思形态上反映了霍梅尼政权既反对东方的无神论，也反对西方的"自由""民主"思想，而追求伊斯兰的"完善无缺"。从国家政策上说明了霍梅尼政权既不想建立西方的资本主义制度，也不想走东方的社会主义道路，而是要用《古兰经》规定的社会制度来取代这两种制度，即"第三条发展道路"。因此，伊朗的对外政策自然表现为反对东西方两个超级大国（即美国和苏联）在中东所营建的政治格局，力图依靠伊斯兰教求得国家独立，建立"伊斯兰秩序"的立场。

第四节　伊朗核问题及伊核协议以来的国际形势

20 世纪 90 年代，苏联解体、俄罗斯衰落、美国独霸、中国迅速发展的格局形成，现代科技迅猛发展，世界经济"一体化"的浪潮高涨，政治上的东西方概念逐渐模糊，世界各国经济联系空前深化，国际经济实力对比发生重大变化：中国成为世界第二大经济实体和潜在的最大市场；美国的经济、政治霸权地位受到严重冲击。期间，美国的全球战略重心东移，

---

[1] https://baike.baidu.com/item/%E4%B8%A4%E4%BC%8A%E6%88%98%E4%BA%89/332869? fr = aladdin.

世界经济危机持续，阿富汗问题日益地区化，能源结构变化、新能源发展导致国际石油市场萎靡不振。

伊朗的经济社会发展也受到世界经济危机持续不去、大国威胁与周边关系严峻、能源市场争夺复杂、地缘优势态势变局难测等现实因素的影响。其中影响最大的莫过于从2003年开始进入世人眼帘的"核危机"和世界石油价格巨大波动（油价严重下跌），以及伊朗与沙特等逊尼派国家的矛盾处于长期化、复杂化、尖锐化之中。

历经10多年的磨难，伊朗核危机终于在2015年7月得到缓解，伊朗与伊核问题六国达成最终协议，长期缠绕伊朗的一道锁链被破除，伊朗迎来了伊核协议后的发展新时期：

第一，伊朗开始从被西方军事、政治和经济围剿的险境中摆脱。伊朗国家管理与规划组织（MPO）主席穆罕默德·诺巴特说，自2016年1月伊核协议实施之日起的6个月中，伊朗吸引外国投资项目66个，这些项目主要在交通运输、可再生能源、旅游、资源回收、电力、食物、机械等领域，投资总额达51.6亿美元，本伊历年伊朗计划吸引外资67亿美元，而上一个伊历年，伊朗吸引外国投资项目只有41个、总金额9.2亿美元[①]。

第二，西方威胁减轻。伊朗长期遭受以美国为首的西方国家的经济制裁。美国借反恐之名，在"9·11"袭击事件以后推出改造中东的"大中东计划"，伊朗成为继美国"改造"阿富汗和伊拉克之后的下一个目标。美国已从东部阿富汗到西部地中海对伊朗形成弧形威胁。核问题则是美国向伊朗施压并进而改造伊朗的最佳突破口和着力点。欧盟也对伊朗核问题持反对态度，2005年9月21日，欧盟要求国际原子能机构将伊朗核问题提交联合国安理会讨论。2005年9月26日，国际原子能机构通过了一项决议案，要求将伊朗核问题报告联合国安理会。一旦这项议案正式提交安理会，伊朗将受到西方制裁甚至美国以色列的军事打击。因此，如何妥善解决核问题已到了非常严峻的时刻。

第三，美国全球战略调整。2008年由美国引发的世界经济危机导致世界经济持续衰退，危机持久不去。美国经济自然不能独善其身，中国经济却在逆境中特立独行、趁势而上，成为仅次于美国的第二经济大国，美国

---

① 壹行伊朗：中国商务部，转引自《伊朗金融论坛报》，2016年8月8日报道。

感到自己的世界经济、政治霸权地位遭受了来自中国的现实挑战，于是调整其全球战略，提出"重返亚太""力量再平衡"，将全球战略重心从中东转移到亚太，运用迄今仍然雄踞世界第一的军事力量，再集聚日本、澳大利亚、西欧以及部分东盟国家，通过挑拨中国邻国与中国的领土、领海争端，从东、西、南面"围堵"中国，从军事、政治、经济上全方位遏制、打压中国的发展。在此大格局之下，伊核协议的签署恰好反映了美国战略重心的转移，即从中东与转向亚太，从"无赖国家"转向中俄等新兴大国。①

第四，周边严峻环境有所改善。2005年10月26日，伊朗总统艾哈迈迪—内贾德说，"以色列必须从地图上被抹掉。"伊朗如此激烈地向与以色列接近的国家发出警告，对阿拉伯国家触动较大，特别是海湾国家，而埃及、约旦等与以色列建交国也因此感到难堪。伊朗与传统盟国俄罗斯的关系也遭受了负面影响。俄罗斯曾一再向以色列表示，他与伊朗和叙利亚的军事合作不会危及以色列的安全，并不顾美国反对，表示要继续深化与伊朗核合作。但内贾德此话一出，俄罗斯立即处于被动地位。同时伊朗和以色列的关系也更加恶化，如果说此前双方的敌对讲话还停留在旁敲侧击阶段，内贾德的讲话就是加速双方对立态势表面化的催化剂。加上美国在中亚、高加索和巴尔干地区频频鼓动"玫瑰革命"，催生亲美国家，使伊朗的周边形势日趋险恶和复杂。

第五，新的能源政策有助于抵御世界能源市场动荡与能源争夺。2015—2016年，世界经济危机导致世界石油市场的油价持续在40—50美元/桶的低位之间徘徊，与之前的原油最高价（2008年10月纽约轻质原油期货价高达147美元/桶）② 相比，已经下跌2/3，使得长期依赖石油的科威特、阿联酋、俄罗斯、伊朗、委内瑞拉、沙特等国的经济受到巨大打击，甚至委内瑞拉、沙特、伊朗的国民经济都到了招架不住的地步。伊朗已探明的石油储量为930亿桶，占世界总储量的10%，居于世界第五位。已探明的天然气储量为24万亿立方米，占世界总储量的16%，仅次于俄罗斯，居世界第二位。长期以来，石油是伊朗的经济命脉，目前伊朗是世界第二大原油出口国。虽然伊朗石油和天然气储量丰富，但近年来，国际

---

① 田文林：《伊核协议与美国的战略调整》，《现代国际关系》，2015年第9期。
② 杨兴礼等：《现代中国与伊朗关系》，时事出版社，2013年2月版，第1页。

能源市场气氛紧张，石油价格动荡不已，总趋势走向下行。与前些年的能源市场供需态势迥然不同，伊朗石油开采和投资政策需做重大转变，伊朗经济结构面临重大调整和转型。2015年伊核协议之后，伊朗获得了放开手脚发展经济的良好机会，推行新的能源政策，吸引经济大国在伊朗油气和其他领域投资，促使它们成为伊朗能源的稳定买主。

第六，地缘区位优势得以继续发挥。从地缘政治角度来看，伊朗既控制着波斯湾及其东岸、扼守着霍尔木兹海峡这条世界石油通道，又掌握着里海—中亚地区油气产品的生产和运输重地，这对海湾、中东、中亚、南亚都有巨大影响，西方、美国也把掌控这条石油通道看作是生死攸关的大事。政治上，伊朗可以作为美国包围俄罗斯、控制中亚、进逼中国的全球战略的重要堡垒，也可以成为截断中国"一带一路"倡议的中间地段，伊朗的地缘政治区位在美国全球战略中的分量由此可见一斑。

2016年8月，伊朗、俄罗斯、阿塞拜疆三国首脑在巴库举行三方会谈，商讨连接南亚（印度孟买），经伊朗阿巴斯港、中亚、高加索、俄罗斯到达巴库、莫斯科和圣彼得堡的"南北运输走廊项目"（NSTC）的最后细节，这条通道（其中将修建一条连接波斯湾和里海、被称作第二条苏伊士运河的南北向运河）可以让伊朗—俄罗斯的贸易不再经过苏伊士运河。①

第七，伊朗与逊尼派穆斯林世界的关系进入持久的对抗状态，直接对抗的可能性增加。这是对波斯湾霸权、中东霸权的争夺，抗衡伊朗的阿拉伯国家的代表由伊拉克换成了沙特阿拉伯，埃及等国退居对抗的二线。

第五节　国际环境带给伊朗的机遇和挑战

一、伊斯兰教什叶派势力在海湾②地区的巩固与扩张

伊拉克战争推翻萨达姆政权造成的一个最重要结果，就是解除了伊拉克逊尼派政权对伊朗什叶派神权政府的威胁，还使得伊拉克什叶派在战后

---

① http://finance.ifeng.com/a/20160810/14716362_0.shtml.
② 海湾即波斯湾，是一种中性的称呼。由于历史和现实的原因，伊朗人将它叫作"波斯湾"，阿拉伯人则称其为"阿拉伯湾"。——笔者

逐步占据了政治主导地位。随着伊朗什叶派政权和伊拉克什叶派势力的联系日益加强,海湾地区已经形成了一股强大的什叶派宗教政治势力。在其影响下,周边其他逊尼派国家内部的什叶派民众纷纷要求扩大政治权力,逊尼派君主制国家感到了什叶派神权思想反对君主制度的空前压力。

这一系列事件表明,1979年伊朗爆发的什叶派伊斯兰革命正在进入向外扩展的阶段。伊斯兰革命使什叶派教士首次在伊朗获得了国家政治统治权,并且用什叶派的宗教法律取代了世俗的法律。当时,霍梅尼主义者希望把这种制度输出到整个伊斯兰世界,但是遭到了逊尼派阿拉伯国家的抵制和反对。直到2003年伊拉克战争前,伊朗的霍梅尼主义只是通过真主党在黎巴嫩获得了传播。多年来,伊朗一直以建立伊斯兰什叶派世界为己任,并与中东地区的伊斯兰运动"穆斯林兄弟会""真主党""哈马斯"和"杰哈德"等保持着密切联系。随着萨达姆政权的垮台和什叶派宗教政党在伊拉克大选中获得政权,伊朗什叶派伊斯兰革命的观念开始影响到伊拉克政府的政策和新宪法的制定,霍梅尼思想向伊斯兰世界扩展有了现实的空间以及恰当的时机。

伊朗高原和两河流域正在日益成形的"什叶派新月带"标志着以伊朗为核心的伊斯兰"什叶派力量"在海湾地区的兴起,改变着海湾地区什叶派长期遭受逊尼派压制的传统局面,并直接影响到拥有世界最大石油资源的海湾地区的政治秩序和前景。这个背景之下,持久的伊朗"核危机"及其内贾德当政时期的强硬言论引起了国际社会的广泛关注。海湾六国中,巴林是唯一的什叶派穆斯林占多数的国家①,不过什叶派在巴林政坛和经济上并不占有优势。伊拉克战争引发的国际伊斯兰宗派实力对比的变化,将使海湾地区的宗教政治地理环境发生重大变化,这种变化在朝着有利于伊朗的方向发展。

二、海湾地区的逊尼派反击与核活动

2011年开始的也门动荡至今已有5年多,但是局势没有得到应有的控

---

① 赵国忠主编:《简明西亚北非百科全书》,中国社会科学出版社,2000年12月版,第666页。

制,其外部原因就是以美国为首的西方国家支持现任也门哈迪政权,而2012年交权给时任副总统的哈迪的阿里·阿卜杜拉·萨利赫总统属于什叶派穆斯林的一个分支栽德派(Zaydi),他统治也门时间长达33年,被指实行独裁,2014年11月7日被联合国安理会实施制裁——面临全球旅行禁令和冻结资产。哈迪政权代表的是伊斯兰逊尼派的利益,萨利赫政权的反对派实际上反映了逊尼派的政治经济诉求。特别是,也门北部的胡塞武装(被称为胡塞叛军)也属于栽德派,阿卜杜勒·马利克·胡塞(Abdul Malik Houthi)是胡塞武装的首领,栽德派伊玛目在1962年前长期统治着也门,也门现政府称胡塞叛军试图复辟该封建政权,并调动逊尼派政府军与胡塞武装组织对阵。2014年9月,胡塞武装组织使用武力夺取了萨那的控制权,在随后的内阁改组、军队改革等问题上与也门哈迪政府摩擦不断。由胡塞反政府武装控制的也门通讯社(Saba)2016年8月6日公布了胡塞组织拟定的"总统委员会"的人员组成,10名成员中将产生未来政府的"总统和副总统"。2015年3月,也门国内冲突导致沙特为首的10国联盟(其中以由6个阿拉伯国家组建的贸易集团"海湾合作委员会"为骨干)的直接武装干预(另外还有埃及、苏丹、约旦、摩洛哥4国宣布加入),这些国家都是伊斯兰逊尼派当政,因此胡塞武装遭到联盟国家空军的直接轰炸的主要原因就不言自明了。沙特表示,它准备用100架战机、15万军人,来"保护和支持也门(哈迪)合法政府",防止伊朗支持的激进的胡塞武装组织接管这个国家。① 摆在人们面前的事实是:逊尼派和什叶派在阿拉伯半岛上正在进行赤裸裸的相互厮杀,最近一年半的时间内,已有超过6400名平民死于战火。

伊斯兰教宗教派别的长期争端导致政治上的敌对,逊尼派阿拉伯人为主的海湾国家认为伊朗是一个实行扩张主义且富有侵略性的国家,当伊朗富有争议的核计划引致美国等西方国家的制裁时,海湾西边的国家们正在不露声色地推行其雄心勃勃的核电计划。国际核不扩散组织的专家们对此表示关注——包括沙特阿拉伯、阿拉伯联合酋长国和巴林在内的海湾主要石油生产国,目前已经开始着手发展民用核能计划。与此同时,海湾合作委员会正在与国际原子能机构合作建造一座核反应堆。阿联酋迪拜海湾研

---

① 《沙特空袭胡塞武装,也门总统抵达沙特利雅得》,新浪博客,2015年3月27日。

究中心智囊机构的高级顾问穆斯塔法·阿拉尼（Mustafa Alani）表示，在过去两年里，几乎所有的海湾国家都对核能发电表现出浓厚的兴趣，他说："现在这片地区的核电项目很火热。"

海湾地区追捧核能发电的原因之一是该地区经济的发展以及对淡水的需求，因为核能发电是对能源密集型海水淡化产业的最佳选择。但是，一些核不扩散组织的专家们指出，对于伊朗几近开发出核武器现状的恐惧，也许才是海湾国家不断增长的兴趣背后的真正原因。抛开太阳能的潜力不说，在石油和天然气产量无比巨大的地区考虑建设核电站，这一点让人觉得奇怪：核电站的建造成本极其昂贵，仅一个电站就要耗费70亿美元。此外还需要花费大量时间并且会牵涉到政治因素。举例来说，一个国家如果建造核电站就必须进行立法，以便处理赔偿责任和安全问题，并且需要一个独立的管理机构来监督核电站的运行。

阿联酋已经签署了国际《不扩散核武器条约》。这份文件承诺援助那些放弃进行核军备竞赛权利的国家发展民用核技术。阿联酋和其他许多海湾国家已经宣布他们不会发展核技术中的关键技术：浓缩铀以及核燃料的处理。这两项技术都可以用来制造核反应堆燃料，但是也可以用来提炼武器级核材料。

三、21世纪初期以来伊朗面临的其他重大国际环境

可以说，伊朗是美国发动伊拉克战争和阿富汗战争的最大受益者：美国帮助伊朗消灭了身边最危险的两大敌人——推翻了西边的伊拉克萨达姆政权、削弱了东面的阿富汗塔利班政权，为伊朗向东、西方向扩张扫除了主要障碍，南向海湾和印度洋、北向里海和中亚延伸的战略空间也明显扩大了。

2015年7月，伊核协议终于签署，使得2003年浮出水面进入国际舞台、成为世界瞩目焦点的伊朗核问题（或称"核危机"）终于画上了句号，为伊朗卸下了漫长而沉重的国际包袱，大大改善了伊朗在国际舞台上的形象，拓展了伊朗的国际经济、政治和文化交往空间——与除美国以外的西方大国、同俄罗斯以及发展中国家的经贸关系迅速改善和提升。

但是，由于历史和现实的原因，或者说，因为国家利益和文化的冲

突，主要是美国的霸权态度（美国指责伊朗支持恐怖主义）和美国对中东逊尼派国家、以色列的支持，伊朗同美国的敌对关系没有因为签署伊核协议而得到根本改变，这种敌对状态在最近的将来还将维持下去。但是，2016年初，美国派运输机向伊朗空运了价值4亿美元的多国货币，尽管伊朗政府解释说，那是美国必须偿还的1979年以前伊朗政府向美国购买军火而美国没有交货欠下的账款①，这肯定是伊美关系趋于改善的一种动向。美国民主党的奥巴马政府已经开始解冻被冻结在美国30多年的伊朗资产，美国媒体报道，根据2016年9月8日披露的美国国会质询会专家证词，2014—2016年，伊朗可能收到了奥巴马政府秘密拿出的总额高达336亿美元的现金和黄金。从2014年1月至2015年7月，奥巴马政府在敲定伊核问题协议最后细节期间，伊朗方面每月收到7亿美元，而这些钱都来自此前受美国制裁被冻结在美国的伊朗政府资金。② 这显然是伊核协议带给伊朗的红利，也是伊朗与美国关系解冻发出的信号。

但是，摆在伊朗面前的国际威胁并未消除。2017年1月走马上任的美国共和党特朗普政府对伊朗的态度和政策给未来伊朗美国关系乃至国际环境的改变增添了很大的变数，仍然是伊朗摆脱国际困境的最大拦路虎。伊朗德黑兰大学副校长穆罕默德·阿里·穆萨维2016年11月14日在中国义乌表示，新当选美国总统特朗普具有保护主义、恐惧伊斯兰，美国是恐怖主义的幕后根源和支持者，对伊朗怀有敌意。事实上，美国1996年通过并开始实施的、套在伊朗脖子上的经济绞索《伊朗制裁法案》严格禁止对伊朗能源、银行、国防等领域进行投资，以禁止伊朗直接或间接获得核武器，该法案本该在伊朗核协议签署一年多之后的2016年底失效，但是美国众议院2016年11月15日却以419∶1的压倒性多数票通过将其延长到2026年，据说是美国议员们"普遍认可应该继续对伊朗保持经济上的施压"，而且该提案在参议院也获得了广泛的支持。对此，伊朗最高国家安全委员会秘书明确表示，针对美国延长该法案10年的行为，"德黑兰将以有力的技术手段予以回应"③，特别是，特朗普曾在竞选中多次放言，他

---

① http://finance.ifeng.com/a/20160804/114681110_0.shtml.
② 《奥巴马政府被指向伊朗秘密运送300多亿美元现钞和黄金》，央广网，"中国之声"，2016年9月10日。
③ 《伊朗之家》，环球网，2016年11月17日。

"上任后的第一件事就是要取消伊朗核协议",或"至少改写其中的部分条款",伊朗最高领袖对此的回答是:"伊朗不会违背核协议,但是如果美国首先撕毁核协议,我们会把它烧成灰烬。"① 事实上,伊核协议签署一年多来,美国并没有完全撤销对伊朗的经济制裁,只是象征性地解冻了过去冻结在美国的少量伊朗资产。可见,伊朗与西方、特别是伊朗与美国的关系仍然充满了挑战性和不确定性。

---

① [苏] 伊凡诺夫:《20世纪60—70年代的伊朗》,《西南亚资料》,1983年第1期。

第八章 六大人文地理区域[①]

第一节 发展水平最高的首都核心区

一、伊朗六大经济地理区域的初步划分

本书根据地理区位和地理环境、行政区划、经济发展水平和地理区域特征等基本一致的原则，将伊朗大致划分为六个经济地理区域：首都核心区域、中部传统经济地理区、西部混合型经济发达地理区、北部里海沿岸农耕经济地理区、南部沿海陆海经济地理区、东部粗放农牧业经济地理区。各地理区包含的省级行政区域见表8—1。

表8—1 伊朗及其分省基本情况

省 份	面积（平方千米）	GDP总值（10亿伊朗里亚尔）	对全国GDP的贡献率（%）	平均海拔（米）	耕地面积（公顷）	首府城市
东阿塞拜疆	45650	58805	3.8	1316	104352	大不里士
西阿塞拜疆	37411	29773	1.9	1313	59407	乌尔米耶

[①] 西南大学地科院余玲硕士在她的毕业论文《伊朗综合经济区划研究》（2016年3月）中，采用主成分分析法和聚类分析法相结合的方法，印证了地理位置和自然环境对经济区形成发展的深刻影响，将伊朗划分为六个综合经济区：东南经济区、中部经济区、西北经济区、德黑兰经济区、里海岸经济区、波斯湾沿岸经济区。但是，除德黑兰经济区外，其余五个综合经济区在地理方位上与各区名称及其地理空间范围均有不符之处，本书的六大经济地理区范围划分更加重视地理区位与地理环境的影响，因此划分结果与余玲的经济区范围均有不同。

续表

省 份	面积（平方千米）	GDP总值（10亿伊朗里亚尔）	对全国GDP的贡献率（%）	平均海拔（米）	耕地面积（公顷）	首府城市
阿尔达比勒	17800	15333	1.0	1314	73654	阿尔达比勒
伊斯法罕	107029	99369	6.4	1600	45100	伊斯法罕
伊拉姆	20133	11275	0.7	1363	72074	伊拉姆
布什尔	22743	48552	3.1	20	34119	布什尔
德黑兰	18814	385928	24.9	1190	39933	德黑兰
恰哈马哈勒—巴赫蒂亚里	16332	9146	0.6	1991	26182	沙赫尔库尔德
南呼罗珊	95385	6677	0.4	1491	7199	比尔詹德
呼罗珊	118854	76483	4.9	990	243191	马什哈德
北呼罗珊	28434	9470	0.6	1091	54096	博季努尔德
胡齐斯坦	64055	224506	14.5	23	171684	阿瓦士
赞詹	21773	13311	0.9	1663	49539	赞詹
塞姆南	97491	12917	0.8	1171	16694	塞姆南
锡斯坦—俾路支斯坦	181785	15791	1.0	1370	10980	扎黑丹
法尔斯	122608	67355	4.4	1488	153226	设拉子
加兹温	15567	20740	1.3	1278	32136	加兹温
库姆	11526	15529	1.0	877	17593	库姆
库尔德斯坦	29137	15095	1.0	1373	31992	萨南达季
克尔曼	180726	37012	2.4	1754	26644	克尔曼
克尔曼沙阿	24998	23013	1.5	1322	102652	克尔曼沙阿
科吉卢耶—博耶尔艾哈迈迪	15504	60946	3.9	1880	37627	阿苏季
戈莱斯坦	20367	22069	1.4	13	79831	戈尔甘
吉兰	14042	33810		-7	5309	拉什特
洛雷斯坦	28294	18672	2.2	1125	192423	霍拉马巴德
马赞达兰	23842	52287	1.2	23	24650	萨里
中央	29127	33679	3.4	1708	37784	阿拉克

续表

省　份	面积（平方千米）	GDP总值（10亿伊朗里亚尔）	对全国GDP的贡献率（%）	平均海拔（米）	耕地面积（公顷）	首府城市
霍尔木兹甘	70697	31784	2.2	10	3514	阿巴斯港
哈马丹	19368	22980	2.1	1749	59277	哈马丹
亚兹德	129285	16650	1.5	1230	4708	亚兹德
全国	1628777	1488957	1.1		1817572	

资料来源：Iran statistics yearbook 1385（即公元2007年）。

说明：厄尔布尔士省是2011年6月新建立的，由原德黑兰省西部四个县划出组成。

表8—2　2007年 伊朗分省经济结构情况

省份	GDP（10亿里亚尔）	Ⅰ∶Ⅱ∶Ⅲ（%）
东阿塞拜疆	58805	11∶37∶52
西阿塞拜疆	29773	19∶20∶61
阿尔达比勒	15333	23∶17∶59
伊斯法罕	99369	6∶47∶47
伊拉姆	11275	7∶71∶22
布什尔	48552	5∶76∶20
德黑兰	385928	2∶21∶77
恰哈马哈勒—巴赫蒂亚里	9146	21∶22∶56
南呼罗珊	6677	23∶21∶56
呼罗珊	76483	11∶25∶64
北呼罗珊	9470	18∶30∶52
胡齐斯坦	224506	4∶79∶17
赞詹	13311	20∶33∶47
塞姆南	12917	13∶37∶50
锡斯坦—俾路支斯坦	15791	18∶18∶64
法尔斯	67355	17∶29∶54
加兹温	20740	14∶40∶46
库姆	15529	7∶31∶62
库尔德斯坦	15095	16∶20∶63
克尔曼	37012	23∶37∶41
克尔曼沙阿	23013	13∶29∶59

续表

省份	GDP（10亿里亚尔）	Ⅰ：Ⅱ：Ⅲ（%）
科吉卢耶—博耶尔艾哈迈迪	60946	3：85：12
戈莱斯坦	22069	21：19：60
吉兰	33810	12：24：64
洛雷斯坦	18672	21：19：60
马赞达兰	52287	24：20：56
中央	33679	10：46：44
霍尔木兹甘	31784	8：41：51
哈马丹	22980	20：22：58
亚兹德	16650	10：40：50

资料来源：依据 Iran statistics yearbook 1389-1391年（即公元2011—2013年）计算所得。

表8—3　伊朗六大经济地理区域概况

	包括省份	面积（平方千米）	对国家经济发展贡献率（%）	耕地面积（公顷）	经济中心（主要城市）
首都核心区	德黑兰、厄尔布尔士、加兹温、库姆	45907	27.2	89662	德黑兰、卡拉季、加兹温、库姆
西部经济区	西阿塞拜疆、东阿塞拜疆、赞詹、库尔德斯坦、哈马丹、克尔曼沙阿、洛雷斯坦、伊拉姆、胡齐斯坦	290819	27.0	843402	大不里士、阿瓦士、霍梅尼港、乌鲁米耶、赞兼、萨兰达季、哈马丹、克尔曼沙阿、伊拉姆、霍拉马巴德
中部经济区	中央、塞姆南、伊斯法罕、亚兹德、克尔曼、恰哈马哈勒—巴赫蒂亚里、科吉卢耶—博耶尔艾哈迈迪、法尔斯	698102	21.8	347965	伊斯法罕、设拉子、阿拉克、亚兹德、克尔曼、塞姆南、沙赫尔库尔德

续表

	包括省份	面积（平方千米）	对国家经济发展贡献率（%）	耕地面积（公顷）	经济中心（主要城市）
里海沿岸经济区	阿尔达比勒、吉兰、马赞达兰、戈莱斯坦	76051	8.0	183444	阿尔达比勒、拉什特萨里、戈尔甘
南部经济区	布什尔、霍尔兹木甘、锡斯坦—俾路支	275225	6.2	48613	阿巴斯港、布什尔、扎黑丹
东部经济区	北呼罗珊、呼罗珊、南呼罗珊	242673	5.9	304486	马什哈德、博季鲁尔德、古昌、比尔詹德

资料来源：依据 Iran statistics yearbook 1385（即公元 2007 年）整理计算得出。

自然环境的地域差异，也成为影响伊朗城镇和人口分布不平衡的直接因素。伊朗人口分布密度的区域差异是北部和西部的人口密集，东部、南部和中部人口分布稀疏。

从 2006 年伊朗城市网密度看，伊朗城市空间分布的特征是西密东稀、北密南稀，中部居于中间状态。

德黑兰省是伊朗城市分布最密集的省区，平均每万平方千米有 15.95 个人口超过 2 万的城市网；吉兰、马赞达兰、加兹温、戈莱斯坦 4 个省区是伊朗城市分布次密集地区，人口超过 2 万的城市网密度为每万平方千米 4.00 个以上；库姆、塞姆兰、呼罗珊、南呼罗珊、亚兹德、克尔曼、霍尔木兹甘 7 个省区人口大于 2 万的城市网密度稀疏，为每万平方千米 0.50 到 1.00 之间；而锡斯坦—俾路支斯坦省人口大于 2 万的城市网密度最稀疏，每万平方千米还不到 0.50 个城市。

对表 8—1 和表 8—3 进行分析，可以得到如下结论：无论是经济实力的区域配置，还是人口、城市的空间分布，伊朗的中北部和西北部地区是当今伊朗的核心区；中部和东北部地区发展水平次之，南部和东南部发展水平较低。德黑兰为中心的首都核心区的经济总量大、综合实力强，对国家经济社会发展起着支撑和引领作用。

二、首都核心区（即德黑兰经济区）

（一）位置和范围

本区位于伊朗中北部，总面积45907平方千米，包括德黑兰省（18814平方千米，2005年人口约1200万。2011年6月，原德黑兰省西部4县被划分出来，成立新的厄尔布尔士省）、加兹温省（面积15567平方千米，2005年人口约116.69万）、库姆省（面积11526平方千米、2005年人口约200万），人口约1517万人，约占全国总人口的19%，人口密度785人/平方千米，在全国六大经济地理区域中，人口密度最大。

本区位于国家的中部内陆心脏地带，是六大经济地理区中唯一不靠边、不靠海的内陆地区。地形以厄尔布尔士南麓山前平原为主，海拔1000—1500米左右，地势比较平缓，区域南部的纳马克湖（大部分在库姆省境内）与其东面的卡维尔盐漠为邻，虽有加拉河等河流注入，也只能算作暂时性湖泊。[①] 本区属于温带大陆性半干旱—干旱气候，气温年较差和日较差大，降水较少。在纳马克湖周边地区分布着比较广泛的盐漠、荒漠。

本区处于厄尔布尔士山南麓，南面为扎格罗斯山系北段的开阔地带，东南面为广阔的卡维尔盐漠，因而地势比较开阔平坦，气温和降水比较适合于农耕业发展，人类较早在此生活劳作，是伊朗社会经济文化发展史上具有深远影响的区域，更是当代伊朗经济社会的核心地区。

（二）历史地理发展特征

首都核心区的地理环境有利于本区成为现代伊朗政治经济的核心，而地理环境也对其发展具有长期影响：

1. 文明起源地之一

考古证据表明，旧石器时代的人类曾在伊朗的许多地方居住过，其范围起自西北部的雷扎耶湖（乌米耶湖），扩展到西南部的设拉子和里海东

---

① ［英］W. B. 费舍尔主编，北京大学地质地理系经济地理专业译：《伊朗》，北京人民出版社，1977年版，第116页。

南岸，并向东进入呼罗珊地区南部。这些地区的平原及山麓地带相对比较湿润，温度适宜，适合于早期的游牧民族和定居民族居住。这些地区也是现在伊朗人口比较稠密地区。因此伊朗文明起源的核心区应该是伊朗西北部的山麓、绿洲及平原地带。

2. 宗教文化核心区

早期的琐罗亚斯德教、现今的伊斯兰教等，在今天的扎格罗斯山北段地区和厄尔布尔士山南坡地区以及伊朗高原中北部都曾留下了广泛而深刻的烙印，库姆就是一座被称作"什叶派的摇篮"的圣城，这里有什叶派第八代伊玛目阿里·本·穆萨·里扎之妹法蒂玛·马尔苏玛陵墓，在萨法维时期库姆的城市建设和宗教文化地位都得到极大的巩固和提升，这里有闻名伊斯兰世界的培养什叶派宗教学者的库姆宗教学院，接收来自伊朗学生和其他伊斯兰国家的留学生，许多著名的什叶派宗教学家、法学家、教法学家、阿亚图拉都出自于这所学院。[①]

3. 政治管理核心区

伊朗的政治核心区位于德黑兰和库姆。德黑兰是当代伊朗的首都，全国的政治中心。国家的政府机构、各国使领馆等重要政治部门均设立在德黑兰。每当进行总统、议会等各种选举之时，各派别组织在德黑兰的活动就更为频繁。与世界上大多数国家不同的是，伊朗除了首都德黑兰之外还有一个政治中心就是库姆。伊朗是一个神权统治的国家，国家大权掌握在教法学家手中。库姆是伊朗的宗教圣地，许多政治要员均在库姆学习过。每当伊朗发生重大政治事件时，很多政治要人都会在库姆进行各种政治活动。伊朗的许多国家大事也会在库姆做出决定。

4. 现代经济核心区

伊朗2003年和2004年的国内生产总值分别为1375.35亿、1652.01亿美元，分别较上年增长7.0个百分点和6.6个百分点。首都核心区占到了全国国内生产总值贡献率的27.2%，但是该区的土地面积仅占全国的2.82%。其中，德黑兰一个省的贡献率就几乎达到了全国的1/4（24.9%），可见其在全国的经济地位举足轻重。以德黑兰为中心的"X"型铁路骨架，造就了"X"状轴状地带工业区，本区也是伊朗传统农耕业

---

① 孙博编：《伊朗》，中国旅游出版社，2006年10月版，第128页。

比较繁荣的地区。

(三) 主要区域经济中心

1. 首都德黑兰

德黑兰位于扎格罗斯山地的东北边缘，地理位置居于国家中北部，历史上这里曾经是经济社会繁荣之地，德黑兰城附近的一些城市，由于具有一定的地理区域中心的职能，在不同时代都成为伊朗的政治首都或精神首都，例如位于伊朗中部、连接南北交通的枢纽、多次成为王朝（例如阿巴斯王朝）首都的伊斯法罕城（直线距离距德黑兰南面约320千米），一度叫作"阿斯帕达纳"（意思是军队会合的地方）；库姆城位于从德黑兰出发向西南部和东南部的铁路交汇点、紧靠库姆河畔和卡维尔沙漠的地方（位于德黑兰南面、直线距离约150千米）。这些城市都具有一定的地理环境特别是地理位置上的特色和优势。

德黑兰城位于伊朗北部东西向大道与通往伊朗南部大道的交叉点，是古代丝绸之路上的驿站，位于厄尔布尔士山脉南麓山前平原上，地势由北向南倾斜。德黑兰的历史可追溯到2000多年前的安息王朝时期。公元9世纪时德黑兰只是雷伊（Rey）城的一个村落（郊区），雷伊在公元1220年前曾作为波斯的首都，13世纪时因遭蒙古军入侵，雷伊城被毁，德黑兰因其独特的地理位置兴而代之，逐渐繁荣起来，并很快发展成为中等规模的城市和贸易中心，1340年成为了"著名的村庄"。17世纪，德黑兰曾作为萨非王朝的首都，18世纪，恺加王朝的第一任国王穆罕默德汗于1795年将德黑兰定为波斯首都。[1] 德黑兰的地理位置和综合条件，适合于其成为现代伊朗的政治中心：属于大陆型首都，位于厄尔布尔士山南麓的大绿洲上，海拔1200—1500米，其西、北、东三面被山环抱，距其东北约80千米处的厄尔布尔士主峰达马万德峰高达5671米，一定程度上，阻挡了从东北方向南下的冷空气，使德黑兰冬季不太冷，也很少刮风，最低气温零下4度，夏季最高气温42度，"德黑兰"一词的意思就是"暖地"[2]。德黑兰北依山险，南控内陆盆地，地形易守难攻，从安全角度考虑，是一个绝佳

---

[1] 邢秉顺：《伊朗文化》，文化艺术出版社，2003年2月版，第102—103页。
[2] 《世界地名词典》，上海辞书出版社出版，1981年1月版，第1397页。

的作为首都的位置。今天,德黑兰处于伊朗经济发达地区的中心位置,有利于对整个国家的管理,城市用地扩展的地理方向指向厄尔布尔士山麓,城市拓展的空间资源比较宽裕。

德黑兰是当今伊朗的政治、经济、文化和交通中心。全市面积6000余平方千米,2006年市区人口779.752万[1],人口总数约1100多万(约占全国人口的1/6),是伊朗第一大城市,基础设施比较完善,除缺乏水上交通外,铁路、公路、航空、地铁(轨道)等交通设施齐全而发达。除波斯人以外,德黑兰还有阿塞拜疆人、亚美尼亚人、犹太人和普什图人等居住。德黑兰也是伊朗的文化教育中心,集中了全国著名的高等学府、科研机构、新闻出版机构、博物馆和艺术团体,这里有国立大学15所,其中,德黑兰大学、伊斯兰自由大学最为著名[2],德黑兰大学旅游景区已成为德黑兰主要的景点之一。穆罕默德·汗·恺加选择德黑兰为首都是有其原因的,最主要的原因是它靠近土地肥沃的瓦拉明地区,该地区由支持他的阿夫沙尔控制。此外,德黑兰距四季如春、气候适宜的马赞德兰地区不远,那里也居住着支持他的军事首领。在恺加王朝期间,德黑兰市进行了颇具规模的规划,许多建筑设施都留下了恺加王朝时期的建筑风格。1926年之后,巴列维王朝推行现代化,对德黑兰市进行了大规模的改造和扩建,使它成了中东地区现代化的大都市之一。1979年伊斯兰共和国成立后,德黑兰增添的新建筑不多,具有伊斯兰建筑风格的清真寺遍布城中,南部是老城区,以色拉官场为中心,北部是新城区,公园园林较多。古列斯坦宫、加扎里电影城建筑群、德黑兰自由广场纪念塔等是德黑兰的标志性建筑。20世纪末期修建的最著名的城市设施是德黑兰地铁。

德黑兰还是伊朗最大的工业中心,工业(制造业)数量和产值占全国一半以上,现代工业包括汽车、电子、电器、装备、军工、炼油、有色冶金、水泥和化工工业,传统工业部门主要有纺织、榨糖、卷烟、食品、罐头、家具、制药、玻璃、陶瓷、皮革制品等,地毯、丝织品、刺绣等手工业久负盛名。

现代德黑兰城市正处于继续发展之中。2010年,德黑兰的原有城市中

---

[1] http://www.citypopulation.de.sixxs.org/Iran.html#Stadt_alpha.
[2] 《伊朗之家》,中国驻伊朗经商参处,2016年12月1日。

心城区与卫星城之间的过渡区域也已经建设成居住区和工业区,原本的卫星城也已经变成了建成区范围内的次一级"中心"。

德黑兰城市在快速扩张,在扩张过程中,原本位于城市近郊区的农业用地转变成了城市建设用地。位于城市建成区和乡村农业区结合部的新增建设用地就形成了德黑兰的城市"边缘"区。随着城市的进一步发展,各"边缘"区很可能彼此连接,最终发展成包围城市中心区和次中心区的"新城市"地带。

2. 圣城库姆

伊斯兰圣城库姆——库姆城位于伊朗中北部库姆河畔,紧靠卡维尔沙漠,北距首都德黑兰约150千米,是伊斯兰教什叶派圣城,这里有该派创始人阿里之妻法蒂玛陵墓。库姆城位于从德黑兰通往伊朗西南部与东南部的铁路干线与公路干线的分岔口,2006年人口约95.9万。[①] "kum"一词的阿拉伯语含有"起来"之意。什叶派的许多圣训都宣称库姆曾是该派避难的地方。公元816—817年间,什叶派第八代伊玛目阿里·本·穆萨·里扎之妹法蒂玛·马尔苏玛因探望其兄,途经库姆时病故,后建陵墓于库姆河南岸,称为马尔苏玛墓。1502年,波斯萨法维王朝宣布什叶派为国家教派,并设总部于库姆。在国王的命令下,库姆得到全面整修。马尔苏玛墓饰以花砖金箔,墓北建起礼拜大殿和唤拜楼,并辟有宽阔的广场,以供商贾贸易。库姆作为圣地的名声日隆,萨法维王朝阿巴斯一世大帝(1587—1629年在位)号召什叶派信徒朝拜库姆与马什哈德,不要去奥斯曼帝国统治下的伊拉克的圣地朝拜。当时,伊斯兰学者云集库姆,宗教教育大大发展,名人陵墓也随之增多。从此,圣地的地位确立,至今不衰。

在库姆建有伊斯兰世界闻名的、培养什叶派欧莱玛(宗教学者)的库姆神学院。除伊朗本国以外,还接纳来自伊斯兰各国的留学生。什叶派不少神学家、法学家,包括有名的教法创制者、阿亚图拉,皆出于该学院。1935年,筹建的库姆博物馆位于马尔苏玛陵墓大殿的西面,内藏《古兰经》手抄珍本等文物。陵墓旁还建有一座大清真寺。

库姆城是库姆省的首府和经济中心,工业有纺织、制鞋、玻璃、陶器等传统部门,库姆绿洲盛产瓜类、石榴、无花果、扁桃、阿月浑子、谷物

[①] http://www.citypopulation.de.sixxs.org/Iran.html#Stadt_alpha.

和棉花等,部分农产品向库姆城市集中,供应库姆城市居民需求或加工或向外输出,并已在库姆河上游筑坝,扩大了绿洲耕地面积。

3. 古城加兹温

加兹温城是加兹温省的首府,位于伊朗西北部,地处厄尔布尔士山南麓,海拔1270米,现有人口30多万,从德黑兰通往伊朗西北部、黑海和伊拉克的公路在此分叉。本城始建于公元4世纪,16世纪曾为萨非王朝首都[1],这里旅游资源丰富,有礼拜五清真寺(马斯杰迪·居麦,现称乔麦·卡比尔清真寺)、先知清真寺(也称马斯杰迪国王或皇家清真寺)、第八任伊玛目的嫡子扎法·侯赛因陵墓、历史学家哈姆杜拉·穆斯塔法维陵墓、阿萨辛古堡、赛菲德·鲁德水坝(位于克孜勒乌赞河与鲁德河的交汇处)等人文旅游景观和自然景观供游人游览,现在发展了棉纺、毛纺、地毯、酿酒、榨油、面粉、肥皂等传统工业部门。

4. 首都的卫星城卡拉季

卡拉季城2006年人口约138.6万人,是当代伊朗第五大城市[2],位于伊朗北部厄尔布尔士山南麓,东距德黑兰仅约40千米,从德黑兰通往伊朗西北部和里海沿岸的公路在此分叉,德黑兰通往伊朗西北部和土耳其的铁路也经过卡拉季,卡拉季城有甜菜制糖厂等传统加工产业,还有化肥厂、农药厂等。卡拉季城的未来将与德黑兰城的发展紧密联系起来,可以分担德黑兰的部分非首都功能,既能化解德黑兰发展中的"特大城市病"问题,又可以快速推进卡拉季自身的发展。

第二节 发展水平较高的西部地区

一、位置和范围

本区位于伊朗西部(和西北部)内陆地区,包括西阿塞拜疆(2005年人口约295万)、东阿塞拜疆(2005年人口约350万)、库尔德斯坦

---

[1] 陈光裕主编:《世界地名词典》,上海辞书出版社,1981年1月版,第377页。
[2] http://www.citypopulation.de.sixxs.org/Iran.html#Stadt_alpha.

（2005年人口约144万）、赞詹（2005年人口约97万）、克尔曼沙阿（2005年人口约194万）、哈马丹（2005年人口约174万）、洛雷斯坦（2005年人口约174万）、伊拉姆（2005年人口约54万）、胡齐斯坦（2005年人口约435万）等9个省，土地面积共约29万平方千米，占全国的17.86%；总人口1929.64万人，约占全国人口的27.51%，密度约为66人/平方千米；经济总量在伊朗六大地理区中居第二（略低于德黑兰经济区），贡献率占全国的27.0%。

本区包括扎格罗斯山脉北段—中段大部以及高加索山区的东南段，地形以山地为主，平均海拔1000米以上，本区地形起伏较大，河谷深切，发展水电具有一定的资源基础；高加索山地和扎格罗斯山地西向迎风坡带来了一定的降水，为在众多的山间陷落盆地和广阔的山麓地带发展农耕业、畜牧业提供了有利条件，因而成为传统农业生产活动分布的主要区域，这里的山间盆地、平原、山麓坡地自古以来一直是人们居住劳作的主要场所，虽然山地对人类经济活动造成了一定的障碍，但是山脉隘口之间也有山隘沟谷相通，便于人们通行。

本区处于西部邻边的位置，北面、西北面与阿塞拜疆、亚美尼亚、土耳其为邻，西面与伊拉克有漫长的陆地边界线（本区境内长约1000千米）。

二、经济特征

本区具有传统经济和现代经济都比较发达的特点，在全国的经济地位重要，对全国GDP的贡献率达到27%，仅比首都核心区低0.2个百分点，高出本区国土面积占全国比重的9个多百分点。

本区是伊朗主要的农耕地区和放牧业地区。本区的气候主要是亚热带半湿润气候和山地气候，区内年均降水量200—500毫米，年均气温10℃—15℃，适合于发展农牧业；区内山脉纵横，山间盆地和平原广布，耕地总面积达到8434.02平方千米，占全区总面积的2.9%，占全国耕地总量的46.40%。本区耕作业以水稻、小麦、大麦、棉花、烟草、甜菜为主，主要分布在山间盆地和平原以及山麓地带，山区则以畜牧业为主，养殖牛、羊，仅阿塞拜疆地区就拥有全国35%的羊、25%的牛。本区还是伊朗亚热带经济作物集中种植的地区。

本区是伊朗第二、第三产业发展的潜力地区，具有第二、三产业的发展优势：首先，具有位置优势和交通设施比较完善的优势。本区处于与土耳其、伊拉克、亚美尼亚、阿塞拜疆等周边邻国接壤处，已经基本形成公路、铁路、航空互为连接的现代陆空交通网络，铁路干线从德黑兰向西南经过库姆、中央省的阿拉克、洛雷斯坦省的道鲁德、胡齐斯坦省的安迪梅什克、阿瓦士，从阿瓦士分别抵达西南边境阿拉伯河岸的霍拉姆沙赫尔和南部波斯湾头的霍梅尼港；向北通过公路和铁路可以与里海沟通，与邻国和世界其他地区的经贸往来方便近捷，当前伊朗最大的工业自由贸易区阿拉斯自由贸易区就位于阿塞拜疆。其次，本区人口众多、人口密度大，因而劳动力资源和市场潜力大。再次，本区的科技实力比较雄厚，区内分布有德黑兰大学国际学院、伊朗医科大学国际学院、大不里士大学等重要的高校和科研机构。

三、经济重心区域

从目前的经济实力及其在全国、全区的经济地位来看，本区南部的胡齐斯坦省在西部地区，乃至全国经济中都具有举足轻重的意义，其对全国经济（GDP）的贡献率占到14.5%，占到西部地区经济总量的53.7%，仅次于德黑兰省（对全国GDP的贡献率24.9%）。胡齐斯坦省的经济中心——现代工业城市阿瓦士集中了大型的炼油、石化、汽车等工业。胡齐斯坦省分布着伊朗也是世界最大的陆上石油—天然气田：阿瓦士油田、阿加贾里油田等。当然，随着世界能源结构的变化和石油市场的波动，胡齐斯坦省的经济转型也是迟早之事。特别是利用靠近波斯湾的位置优势，可以发展滨海旅游业、休闲度假、海上养殖观光等新型朝阳产业。阿瓦士的主导产业部门也应当逐渐调整到电子、医药等知识技术密集型产业上来。

此外，本区北部的东阿塞拜疆也是西部经济地理区的一个经济重心地区，其对全国GDP的贡献率为3.8%，在全国31省中居第六位。东阿塞拜疆省府所在城市大不里士，是伊朗的历史名城，在历史上占有重要地位，具有辉煌的历史文化传统，也是当今伊朗经济发展水平较高的地区。

四、主要经济中心

本区的主要经济中心和城镇有大不里士、乌尔米耶、哈马丹、阿瓦士、霍拉马巴德、克尔曼沙阿、萨南达季、伊拉姆、赞詹等。

大不里士是伊朗阿塞拜疆地区最大城市，2006年人口约139.8万人[1]，是伊朗第四大城市，也是东阿塞拜疆省首府所在地，位于乌米尔耶湖盆地东北侧山麓地带，海拔1367米[2]，铁路从这里向西北通向邻国阿塞拜疆、亚美尼亚，向西通向土耳其。大不里士城始建于公元3世纪，历史上多次成为王朝都城，现在是伊朗西北部地区的农牧产品交易中心、工业中心，有重型机械、炼油、毛纺、棉纺、卷烟、啤酒、制革、面粉、肥皂、火柴等工业部门，地毯生产闻名于世。市区有众多温泉，有著名古迹蓝清真市，城东的萨维兰山是琐罗亚斯德教圣地。

阿瓦士（曾称纳济利）城是胡齐斯坦省省会所在地，1976年人口32.9万，2006年增至98.5614万人[3]，位于卡伦河流出扎格罗斯山地之处，是铁路和河运的交汇点，旧城在12—13世纪时是糖、稻谷、蚕丝的贸易中心，新城于19世纪以来随石油业兴起、铁路的修筑发展起来，有铁路联通霍拉姆沙赫尔港和霍梅尼港，还有油管通往阿巴丹，是伊朗西南部主要工业中心，有炼油、石化、钢铁、钢管、纺织、制糖等现代和传统工业部门。

哈马丹城是哈马丹省的省会城市，位于扎格罗斯山区一个肥沃盆地的边缘，东北距德黑兰直线距离约250千米，处于德黑兰—克尔曼沙阿—巴格达公路的中点，海拔1850米，2006年人口规模达到47.3149万。哈马丹是西亚古城，古称埃克巴坦纳，是丝绸之路上的重要站点。哈马丹曾是米底王国的首都，也是阿赫美尼德王朝诸多首都中的一个，古城在1222年被成吉思汗的蒙古帝国的哲别和速不台两位将军彻底毁灭。哈马丹城冬冷夏凉，是避暑圣地；原来叫作"厄克巴塔纳"，起源于古波斯语的"哈马格塔纳"（意思是会合的地方），从古至今都是区域贸易中心，传统工业部

---

[1] http://www.citypopulation.de.sixxs.org/Iran.html#Stadt_alpha.
[2] 陈光裕主编：《世界地名词典》，上海辞书出版社，1981年1月版，第22—23页。
[3] http://www.citypopulation.de.sixxs.org/Iran.html#Stadt_alpha.

门主要有毛纺、面粉、酒精、火柴、铜器制造等，地毯生产久负盛名（仅次于克尔曼），也是伊朗什叶派教徒的摇篮和精神中心。

乌尔米耶城，又名雷扎耶城，是西阿塞拜疆省首府，位于西亚最大的内陆盐湖乌尔米耶湖的西岸、乌尔米耶草原上，海拔约1340米，2006年人口为60万，是伊朗第十大城市，也是阿塞拜疆地区（包括东阿塞拜疆、西阿塞拜疆、阿尔达比勒和赞詹四省）仅次于大不里士的第二大城市。居民主要有土耳其人、库尔德人、亚美尼亚人等，是伊朗西北部传统的谷物、棉花、烟草、水果集散市场，更是当今伊朗的教育中心之一，有乌尔米耶大学、乌尔米耶医科大学、乌尔米耶技术大学、乌尔米耶伊斯兰自由大学、乌尔米耶帕亚穆努尔大学、乌尔米耶埃勒米·卡尔波尔迪大学、乌尔米耶阿塞拜疆大学等高校和乌尔米耶中心图书馆等。

萨南达季城是库尔德斯坦省省府所在地，有公路北通东、西阿塞拜疆省，南达克尔曼沙阿，东连哈马丹城，进而联通德黑兰，附近农区出产小麦、烟草和牛羊，工业有家具、食品、地毯编织等部门。

克尔曼沙阿城原名巴赫塔兰，是克尔曼沙阿省的省府所在地，位于扎格罗斯山区卡尔黑河上游支流加雷赫河（Qareh）谷地，海拔1358米，处于德黑兰—巴格达公路的中点，是伊朗西部地区公路交通的交叉点，该城2006年人口为79.4863万人，东北距首都德黑兰约525千米。这里名胜古迹众多，主要景点有詹姆－沙飞（Jame-Shafei）清真寺、卡扎尔王朝遗址、科赫内桥、贝希斯敦铭文等。工业部门主要有面粉、甜菜糖、纺织、地毯、炼油等。

伊拉姆省位于伊朗西部，北面与克尔曼沙阿省为邻，东面与洛雷斯坦省及胡齐斯坦省接壤，南面及西面则被伊拉克所包围。相较于其他省份，伊拉姆省的气候较为暖和（部分山区除外）。年均降雨量为578毫米。伊拉姆城是伊拉姆省的省府所在地，在古代，伊拉姆为埃兰王国的一部分。其后又成为阿契美尼德帝国及萨珊王朝的一部分。在11世纪后期至13世纪之间，伊拉姆为库尔德人管辖。1930年，伊朗划定省份，伊拉姆成为克尔曼沙阿省的一部分，并于其后成为独立之一省。伊拉姆城现在是伊朗的石化工业城，伊朗伊拉姆石化公司位于这里，该公司石化装置所使用的原料来自当地的天然气田，伊拉姆石化联合体年产50万吨的石化产品，伊朗15%的天然气储量集中在伊拉姆省。伊拉姆石化联合体的石蜡项目、高分子量聚乙烯项目等现代石化项目正在与国外公司合作。[1]

赞詹省2005年人口约97万，东面与加兹温省及吉兰省为邻，南面与哈马丹省接壤，西面与西阿塞拜疆省及库尔德斯坦省交界，北面与阿尔达比勒省及东阿塞拜疆省相连。境内北部为山区，南部为平原。雨季为春、夏两季。赞詹城是赞詹省的省府所在地，位于德黑兰向西北通向土耳其的铁路、公路干线上，向西南有公路连接库尔德斯坦省，进而进入伊拉克或南下波斯湾。附近农区出产小麦、葡萄、水果等，还有小型铁矿和铜矿，传统工业部门主要有地毯编织、火柴厂、手工棉织品、刀具制造等。

霍拉马巴德城是洛雷斯坦省省府，位于扎格罗斯山脉中段的山间盆地，距离克尔曼沙阿50千米，海拔高度1181米，年均降雨量510毫米左右，2006年人口规模达到32.8544万人。霍拉马巴德历史悠久，著名景点有霍拉马巴德古堡（Falak-ol-Aflak）、拥有900多年历史的砖尖塔、建于萨珊王朝时代的水井（Gerdab sangi）等。

第三节　里海沿岸传统农耕经济地理区

一、位置和范围

本区位于里海南岸、厄尔布尔士山脉主峰地带及其北坡地区，幅员东西延伸，地势逐步由南向北降低，山麓地带与里海沿岸平原相接，西部的阿尔达比勒省和吉兰省与阿塞拜疆共和国为邻，东部的戈莱斯坦省与土库曼斯坦相连，本区包括四个省，自西向东分别是：阿尔达比勒省（2005年人口125.76万）、吉兰省（2005年人口241.03万）、马赞达兰省（2005年人口281.88万）和戈莱斯坦省（2005年人口163.71万），区域总面积76051平方千米，占全国的4.67%。

---

[1] 伊朗Mehr通讯社，2006年11月16日报道。

二、经济发展特征

第一，本区是伊朗传统农业发达地区，被看作伊朗经济的"后花园"。由于本区属于伊朗少有的亚热带湿润气候，气候条件比较适合于传统农耕业发展（除西部处于山区的阿尔达比勒省以外，本区多数地区年均气温18℃左右、年降水多在1000毫米左右，属于全国降水最多地区），加上平原地区广阔、海岸线漫长，具有优良的地形土壤条件，本区是伊朗传统农耕业发达、一年可以两熟的地区：夏季种植水稻、棉花、洋麻、烟草等，冬春种植小麦、豆类，丘陵地带大量种植桑树、茶树、甘桔等经济水果林木，还是全国重要的绵羊、山羊和牛养殖区，本区农作物的单产水平较高，农业总产值占全国的1/6左右（耕地面积只占全国10%左右）；需要指出的是，本区是伊朗水稻的主产区，水稻年产量占全国的80%左右，橘子年产量占全国60%左右（以马赞达兰省最多），也是水牛的主要养殖区之一（此外，胡齐斯坦省是伊朗养殖水牛最多的地区，东、西阿塞拜疆省分别居于第二、第三位[①]），阿尔达比勒省和戈莱斯坦省还是骆驼养殖区。加之临近里海，渔业（鱼子酱）也成为本区的特色农产品。马赞达兰省还储藏有丰富的石油—天然气资源。

第二，本区的工业以轻工业为主。由于自然条件和历史的原因，食品加工、纺织、手工工业是本区主要的工业部门，吉兰省的鱼子酱、藏红花、马赞达兰的纺织品全国有名。

第三，本区具有发展外向型产业和旅游产业的先天基础。本区位于古代丝绸之路北缘，中国倡导的"一带一路"区域中部，除阿尔达比勒省以外，其余三个省都有较长的海岸线与里海相连，拥有安扎利港、托尔卡曼港等众多的港口，方便与里海沿岸国家的经济合作，安扎利港建立的安扎利自由贸易区就是吸引外资、与邻国合作的示范区，加之本区有连接中亚和土耳其、伊拉克的铁路贯通，阿尔达比勒省也与阿塞拜疆共和国为邻，位置优势为发展外向型经济奠定了基础；本区气候资源和自然风光拥有特色，北有里海，南靠厄尔布尔士高山，里海有丰富的水上旅游资源，陆上

[①] 徐晓云：《伊朗农业地理研究》，西南大学硕士学位论文，2010年4月，第33—34页。

有奇特的民俗建筑和传统农耕民俗文化，山区有森林旅游资源，这些都是发展旅游业不可多得的优势条件。

三、区域差异和主要经济中心

本区的马赞达兰省是区内经济第一大省，对全国的经济贡献率占3.4%，其次为吉兰省，占全国的2.2%。拉什特、阿尔达比勒、戈尔甘、萨里等是本区的经济、政治、交通中心。

拉什特城位于里海南部沿岸平原上，是里海南岸最大城市，也是吉兰省的省会，2005年人口约56万，是稻米、茶叶、花生、生丝的贸易中心，工业部门主要有丝织、针织、肥皂、火柴、玻璃、刀片、麻袋生产等，手工业主要有刺绣、编席等，也是一个著名的旅游城市。

阿尔达比勒城是阿尔达比勒省的省会城市，位于萨瓦兰山东麓、卡拉河上游谷地，处在伊朗北部，大不里士通往里海的通道上（距里海61千米），是座高原古城，海拔1675米，始建于公元5世纪，1980年人口约22万[1]，现有水泥厂、地毯厂、食品厂等工业企业。

萨里城是马赞达兰省的省会所在地，位于里海南岸平原上的塔兼河畔，位于德黑兰—托尔卡曼港铁路上，附近农产品（例如稻米、柑橘、甘蔗等）资源以及森林资源比较丰富，因此有食品厂、木材加工厂等工业企业。

第四节 滞后的南部地区（南部沿海陆海经济地理区）

一、位置范围

本区位于波斯湾沿岸和阿拉伯海北部沿岸，包括布什尔省（2005年人口81.6万，人口密度约40人/平方千米）、霍尔木兹甘省（2005年人口约131.5万，人口密度18.6人/平方千米）和锡斯坦—俾路支斯坦省（2005

---

[1] https：//baike.baidu.com/item/阿尔达比勒/2358478？fr=aladdin.

年人口 229 万，人口密度 1.26 人/平方千米），总面积约 27.5 万平方千米，约占全国的 16.9%，2005 年人口总量为 442 万多人①，仅占同年全国总人口 7015 万的 6.3%，人口密度仅 16 人/平方千米（2005 年伊朗平均人口密度为 42.6 人/平方千米）。可见，本区在伊朗也是一个地广人稀的地区。

二、发展条件

本区面临波斯湾，特别是本区的阿巴斯港扼守霍尔木兹海峡这个石油命脉的咽喉，又濒临阿拉伯海，对印度洋北岸的海上石油和物资运输具有举足轻重的影响，还为发展海洋渔业提供了条件；东面与巴基斯坦相邻，已有公路和铁路与巴基斯坦俾路支地区相连，发展与巴基斯坦的经贸往来具有区位优势和陆路交通设施基础。这些位置优势，可以更加充分地利用于未来本区的经济社会发展和对外交往之中。

本区自然环境比较恶劣，但是拥有丰富的浅海油气资源——本区处于亚热带（靠近热带）干旱—半干旱气候区，天气炎热、干燥少雨、气温年较差大，水资源缺乏。本区位于比较低缓的莫克兰丘陵和库赫鲁德山南段，地形以高原丘陵为主。扎格罗斯山前凹陷构造和波斯湾海槽区域，储集了大量的石油、天然气资源，位于本区的著名的陆地油气田有：帕尔斯油田、加奇萨兰油田、马伦油田、阿瓦士—阿塞曼里油田、阿加贾里油田等，浅海油田主要有西里岛 A&E 油田、阿布扎尔油田、塞勒曼油田、多鲁德油田②等。

三、经济发展特征

第一，本区经济发展水平低。在全国的 GDP 中，本区占比仅为 6.2%，大大低于土地面积的占比，仅与人口在全国的占比持平。

第二，农牧业经济为主，但是农牧业经营方式粗放。本区虽然农牧业经济地位重要，但是受自然环境约束，农业用地面积小，其中耕地仅有

---

① 南部地区人口总量据分省数据测算，分省人口数据分别见：http://baike.sogou.com/v8471206.htm；http://baike.sogou.com/v8471038.htm；http://baike.sogou.com/v68790093.htm。
② 刘苏：《伊朗能源工业地理研究》，西南大学硕士学位论文，2009 年 4 月，第 24—25 页。

486.13平方千米，仅占全国耕地的2.7%，耕地面积仅占全区土地面积的0.18%，其余大部分地区是荒漠和盐漠。2011—2012年，本区共有绵羊258.5万只、山羊435.9万只、牛26.9万头，分别占全国饲养总量的5.1%、19.7%、4.3%，年产奶18.3万吨、羊毛2188吨，占到伊朗的2.8%、4.9%[①]。在本区的一些山间平原和有河流流经之处，发展了一些种植业，主要种植谷物、甜菜、椰枣、柑橘等。渔业在本区、乃至在全国都具有重要地位。但是，锡斯坦—俾路支斯坦省长期以粗放的牧业经济为主，种植业在河流附近和绿洲地区才有发展。

第三，发展潜力较大。本区地域广阔，沿海和沿边优势比较突出，为经济转型和经济起飞奠定了一定的自然基础。恰赫巴哈尔港——位于锡斯坦—俾路支省南缘、阿拉伯海北岸，靠近巴基斯坦，具有天然的港湾，是传统的伊朗印度洋北岸渔港。在未来海洋经济和经济全球化发展中，该港口城市具有很大的开发潜力和国际战略吸引力，特别是对于打通伊朗东部地区与海洋的沟通具有重要意义，对阿富汗南下印度洋也具有引导和支持作用。21世纪初期以来开始发展现代海洋运输业——集装箱运输：集装箱工程第一期投资1亿美元，于2007年6月竣工，阿富汗的货物可以通过扎黑丹南下到达恰赫巴哈尔港，从而可以大幅度提高阿富汗通过印度洋运送货物的效率。据称，2016年4月9日印度宣布，拟出资200亿美元，与伊朗联合升级改造该港[②]，以抗衡其东面的巴基斯坦的印度洋岸深水良港瓜达尔港。

四、区域发展差异

本区西部是西北—东南向分布的狭长的布什尔省，地形以波斯湾东岸沿海平原为主，东部是比较平缓的扎格罗斯山西麓地带。布什尔省拥有丰富的石油资源，加之有现代化的开采、提炼产业和国家主要的石油输出港布什尔港，是南部地区经济发展水平较高的地区，对全国的经济贡献率为3.1%，占南部地区的一半。布什尔城是主要经济中心。

[①] 余玲：《伊朗综合经济区划研究》，西南大学硕士学位论文，2016年5月，第44页。
[②] 中华人民共和国商务部，http://www.mofcom.gov.cn/article/i/jyjl/j/201604/20160401292868.shtml。

本区中部是狭长的、大致东西向（在霍尔姆兹海峡附近的海岸及其土地的平面形态基本呈现出向北凹进的弧形）沿海延伸的霍尔木兹甘省。霍尔木兹甘省占据重要的战略位置：扼守着霍尔木兹海峡这个世界石油"油库"的出入口，拥有波斯湾内的格什姆岛、霍尔木兹岛等岛屿，具有优越的航海条件和发展近海经济的自然基础，还有丰富的海底石油天然气资源，因此其经济发展潜力巨大。阿巴斯城（港）是主要经济中心，还是伊朗的海军基地和海军司令部驻地。

本区东部是锡斯坦—俾路支省，位于伊朗东南部，东缘与巴基斯坦为邻，有共同的陆上边界线长约700余千米。本省的地形以西北—东南向的萨尔哈德高原和大致东西走向的莫克兰丘陵（低山）为主，锡斯坦位于本省的北部，这里海拔较低，而且地势开阔，以赫尔曼德湖为中心的赫尔曼德盆地（整个赫尔南德盆地面积约35万平方千米）约有一半位于这里。本区5—10月盛行剧烈的、炎热的"一百二十日风"，该风携带沙尘，摧毁树木，剥蚀土壤，因此只能用于牧场而不能用于耕作。再往南方是俾路支地区，其东部已经靠近巴基斯坦，是山地型高原，被称作萨尔哈德高原，与西北—东南向的库赫鲁德山脉的末梢以及东西向的莫克兰丘陵（山地）相会合，部分地区海拔1500—2000米，最高的塔夫坦山海拔约4000米。库赫鲁德山脉末端的南北两侧各有一个较大规模的比较平缓的盆地或平原：北面是卢特荒漠，南面是以贾兹木里安沼泽为中心的锡斯坦盆地，南部沿海是阿拉伯海沿海平原。扎黑丹是本省的经济中心。连接伊朗和巴基斯坦奎达的铁路止于扎黑丹，与中部克尔曼省的苏尔加兹仍然没有连通。

五、本区的经济中心

本区西部的经济中心是布什尔城，中部是阿巴斯港，东部是扎黑丹城。

布什尔城是布什尔省省府所在地，位于波斯湾北岸一个小半岛上，有深水港口，是伊朗的主要港口城市之一；该城始建于18世纪30年代；1972年人口4.5万，1982年增长到12万人口，2005年增加到16.5万余人，是伊斯法罕、设拉子等内陆城市对外联系的近便出海口；后来因为霍梅尼港的兴盛而衰落，20世纪末21世纪初以来发展较快，建有纺织厂、液化天然气厂、钢铁厂等工业企业，还有俄罗斯投资建设的布什尔核电厂。布什尔城具有发展海洋渔业经济、海洋运输、海洋观光旅游与对外经济合作的良好条件，其在国家的经济地位将持续上升。

阿巴斯港是霍尔木兹甘省省会，地理位置具有战略意义，是伊朗最重要的港口之一：位于霍尔木兹湾北岸，南面有格什姆岛和霍尔木兹岛作为屏障，扼守波斯湾进出口，守卫波斯湾海上石油的进出口通道，还有铁路连接首都德黑兰，可以不经波斯湾直接进入阿曼湾和阿拉伯海从而进入印度洋，该条铁路向西北延伸，联通大不里士，再向北进入阿塞拜疆共和国、亚美尼亚共和国，向西沿乌米尔耶湖北岸进入土耳其。阿巴斯港是在一个名为"贡布伦"的渔村基础上发展起来的，1623年被阿拔斯王朝建设成为伊朗的主要港口，但是因其港内自然水深不大，18世纪被西面的布什尔港取代，下降成为小港[1]，2005年人口已达35万余人。但是一直以来，阿巴斯港都是内陆以及中部克尔曼地区的地毯、水果等商品的集散地和输出港，港区主要码头泊位有11个，岸线长2020米，最大水深为12米。装卸设备有各种岸吊、可移式吊、汽车吊、浮吊、集装箱吊、叉车、牵引车、皮带输送机及拖船等，其中可移式吊最大起重能力为90吨，浮吊为70吨，集装箱吊为40吨，拖船功率最大为1839千瓦。油码头最大可停靠4万载重吨的油船，仓库容量为3万吨，货物堆场容量达10万吨。主要出口货物有铬矿砂、防锈漆、大理石、地毯、干果、及杏仁等，进口货物主要有茶叶、糖、棉织品、谷物、火柴、化肥、毛织品及建筑机械等。阿巴斯城发展有鱼类罐头厂、棉纺织厂、修造船厂和其他现代化工厂，还建设了阿巴斯港工业区。

扎黑丹城，原名杜兹布达，20世纪30年代，按照锡斯坦古都之名改名为扎黑丹[2]，现为锡斯坦—俾路支省省府所在地，是靠近巴基斯坦和阿富汗两国的邻边城市，也是一座绿洲城市，2006年人口规模达56.7万余人，是南部经济区最大的城市[3]。扎黑丹具有良好的陆路交通条件：公路北通马什哈德，南接阿拉伯海岸的恰赫巴哈尔港，西通巴姆、克尔曼等内

---

[1] 陈光裕主编：《世界地名词典》，上海辞书出版社，1981年1月版，第700页。
[2] 陈光裕主编：《世界地名词典》，上海辞书出版社，1981年1月版，第100页。
[3] http://www.citypopulation.de.sixxs.org/Iran.html#Stadt_alpha.

陆城市，向东则有铁路通往巴基斯坦的奎达城。

第五节 发展中的中部地区

一、位置范围

本区位于伊朗高原的中部，是伊朗高原的主体，包括中央省（2005年人口136万余人）、塞姆南省（2005年人口约59万人）、伊斯法罕省（2005年人口445.5万人）、亚兹德省（2005年人口95.8万余人）、克尔曼省（2005年人口约243.3万人）、恰哈马哈勒—巴赫蒂亚里（2005年人口84.2万人）、科吉卢耶—博耶尔艾哈迈迪（2005年人口695.1万人）、法尔斯（2005年人口438.6万人）等八省，本区总人口2005年约为1572万人，总面积698102平方千米，占全国的42.86%。

二、经济发展特征

本区地处内陆，是伊朗历史文明的发祥地，也是传统农业和工业部门都比较集中和发达的地区。当前经济发展水平居于全国中等，对全国的贡献率为21.8%。耕地面积3479.65平方千米，占全国的19.14%。

本区地貌类型多样，地形以山地、高原、盆地为主，宽展的库赫鲁德山地及其山间盆地、谷地、浩瀚的卡维尔盐漠（主要分布在塞姆南省）、卢特荒漠、锡斯坦盆地（主要分布在克尔曼省）等构成了本区的基本地貌景观。

本区传统农业比较发达，以亚热带、热带干旱气候为主，降水稀少，多数地区年降水200毫米以下，有些地区不足100毫米。年均气温较高，但是气温的年较差和日较差都比较大。本区传统农业水平较高，为了将远处高山上的雪水、雨水引入城市和农田，人们修建了独特的、可以有效防止水分蒸发的地下水渠——坎儿井，发展了农耕业，例如亚兹德省、伊斯法罕省、克尔曼省等都是小麦、大麦、棉花、甜菜等农作物和开心果、葡萄、石榴等水果的重要产区。伊斯法罕省和克尔曼省还发展了一定数量的温室农业，牲畜的存栏数也居于各经济区的前列。

本区非能源性矿产资源比较丰富，具有比较雄厚的工业基础。例如，亚兹德省有丰富的铁矿、锌矿、磷酸盐矿、建筑石材等矿产资源；近年还在中部地区发现了铀矿。加上方便的陆上交通（公路和铁路），中部地区将成为伊朗重要的工业基地。

三、区域经济差异

伊斯法罕省、法尔斯省和科吉卢耶博耶尔—艾哈迈迪省是中部地理区的经济中心区。

伊斯法罕省和法尔斯省是伊朗文化的发源地之一，也是伊朗历史上发展水平较高的地区。

法尔斯省古称"帕尔斯"（Pars）或"波息斯"（Persis），"波斯"（Persia）名称即源于此。阿赫门尼德王朝（公元前558—前330年）、萨珊王朝（公元224—651年）时期，本省是国家发展的重心。本省大部分处于扎格罗斯山区，海拔750米以上是"冷区"，以下为"暖区"，山区有以游牧为生的卡什加伊（Kashgai）族、卡姆色赫（Kamseh）族等民族生活；部分山区种植水果、谷物和烟草，盆地依靠灌溉发展成为农业区，出产谷物、棉花、椰枣、水果、葡萄、甜菜等。地毯是本省的主要手工业部门。

亚兹德省位于国家中部心脏地带；矿产资源丰富，是伊朗当今主要的黑色金属矿和建材产区。

克尔曼省幅员广阔，对于国家东南部地区的社会经济发展影响巨大。

四、区域经济中心

伊斯法罕省的省会伊斯法罕城位于伊朗中部、山间盆地的边缘、扎延德河畔，海拔1590米，距德黑兰435千米，2006年人口约为1602110人[1]，是伊朗第三大城市。伊斯法罕地处扎格罗斯山和库赫鲁德山山脚下的高地，是伊朗的交通要塞。

---

[1] http：//www.citypopulation.de.sixxs.org/Iran.html#Stadt_alpha.

伊斯法罕是一座著名的古城,始建于阿黑门尼德王朝时期,南北往来必经之处,历史上多次成为伊朗王朝的首都。[1] 它曾是丝绸之路南路的一处驿站,历史上是东西方物资交换和文化交流的中心。该城拥有众多的伊朗民族文化特色的古代建筑遗址和宗教圣地,例如伊玛姆广场、伊玛目清真寺、四十柱宫、阿里加普宫、哈朱桥、三十三孔桥、万克教堂、摇晃塔等。

伊斯法罕是当今伊朗经济发达的城市之一,不但商业繁荣,而且还是仅次于德黑兰的工业区。伊斯法罕的轻纺工业发达,也是全国纺织业的中心,拥有数十家纺织厂,其产品占全国纺织产品的一半。伊斯法罕还是伊朗的重工业基地,拥有现代化的冶金综合企业,有伊朗第一座钢铁厂,现在钢铁年产量达数百万吨,不但能满足本国大多数钢材的需要,还可以少量出口;此外还有炼油、石化、兵工厂、水泥、核工业等行业。伊斯法罕不仅是西亚地区规模最大的重工业基地,其轻工业企业的规模也不小,主要有家用电器、农产品加工、食品、饮料、火柴、水泥、造纸、榨油、手工工艺等企业。

设拉子城是法尔斯省的省府所在地,位于西南部扎格罗斯山脉的山间盆地中,海拔1486米,向西有公路与布什尔港、波斯湾相通,可以控制西南内地与波斯湾的众多通道,2006年人口为1227331人[2]。城市始建于公元前5世纪,城内古建筑主要是众多的清真寺和琐罗亚斯德教的庙宇,为旅游胜地,距离波斯波利斯、帕萨尔加迪等古迹也较近。工业部门主要有棉纺、棉籽榨油、面粉、食品、玻璃、水泥、陶器、机械、石化等,其中,地毯、手工织品、银器、镶嵌品、酿酒等久负盛名。

亚兹德省省府亚兹德城位于伊朗的中部(几乎处于伊朗国土的几何中心)的山间盆地,席尔山东北麓,海拔1240米,始建于公元5世纪[3],是伊朗最大的琐罗亚斯德教中心,由于资源和历史的原因,钢铁工业、纺织工业(丝纺、细毛围巾)以及地毯编织等比较发达。该城的琐罗亚斯德教圣地、寂没塔是很有历史文化和宗教价值的文化旅游资源。

克尔曼城是克尔曼省的省会,伊朗东南部最大的城市,2005年人口

---

[1] 陈光裕主编:《世界地名词典》,上海辞书出版社,1981年1月版,第518页。
[2] http://www.citypopulation.de.sixxs.org/Iran.html#Stadt_alpha.
[3] 陈光裕主编:《世界地名词典》,上海辞书出版社,1981年1月版,第453页。

53.8万。该城位于库赫鲁德山脉东南，库姆—扎黑丹铁路、克尔曼—阿巴斯港铁路都经过这里，因而是重要的交通中心。城市始建于公元3世纪，13世纪后屡遭破坏，19世纪恢复。克尔曼长期作为呼罗珊、波斯湾、马克兰之间的贸易中心，是伊朗两个主要的琐罗亚斯德教中心之一。工业部门主要有棉纺织、水泥、食品等。铜制艺术品、特别是地毯的质量和花色闻名于世，出口量居伊朗之首。

阿拉克城是中央省的省会城市，伊朗中西部城市，旧称"素丹阿巴德"。阿拉克城位于扎格罗斯山区一个山口的东侧，距库姆城西南120千米，为伊朗南北纵贯铁路与向西通往伊拉克的公路的交叉点。附近为农业区，产葡萄、水果、谷物。有地毯、毛纺织、火柴、甜菜糖等厂。根据2015年伊朗与伊朗核问题六国达成的协议，阿拉克核反应堆于2016年开始撤除。

第六节 待开发的东部地区

一、位置范围

本区位于伊朗东部，处于内陆地区，与土库曼斯坦、阿富汗接壤，包括北呼罗珊省（2005年人口78.89万人）、南呼罗珊省（2005年人口51万人）和呼罗珊省（2005年人口520.3万人）共三省，总面积242673平方千米，占全国的14.90%；2005年总人口650.2万，占同年伊朗总人口的9.27%。

二、经济发展特征

本区处于内陆，地域辽阔，地形结构比较复杂，气候干燥，降水稀少，气温年较差大。自然环境比较恶劣，盐漠（卡维尔）、荒漠、沙漠面积广泛，土层瘠薄，农耕及生活条件比较艰苦，工业、城镇的发展都受到了较大限制，因此人口比较稀少，经济发展水平处于全国最低。尽管如此，农牧活动依然是本区的主要经济活动，小规模的绿洲农业占有重要地位。牧业仍然以粗放的放牧业为主,种植业主要分布在山间平原和河流附近。呼罗珊省的农业在全国有重要地位,出产小麦、大麦、棉花、甜菜、开心果、葡萄、石榴等。本区比较缺乏矿产等工业资源,因此第二产业发展滞后,城镇化水平、第三产业的发展都居全国落后地位。

三、区内经济差异

本区北部（大部属于北呼罗珊省）属于新构造运动比较活跃的不稳定地区,主要由西北—东南向、两列平行排列的比较规则的山系组成:东列山系是科比特山山系的主体部分即哈扎尔马斯杰德山,主要由古卢勒山、阿拉胡阿克巴尔山、哈扎尔马斯杰德山等组成,西列山系叫比纳卢德山,应当是厄尔布尔士山向东南挠曲的延伸,主要有:阿拉山、比纳卢德山、普什特山等组成,两列山系之间是海拔1000米以上的、比较宽敞的槽地地带。北呼罗珊省的经济总量也较小,对全国GDP的贡献率只有0.6%,博季努尔德是本区北部的经济中心。

本区中部是呼罗珊省,面积最宽,经济地位重要,对全国GDP的贡献率达到4.9%,居于全国第四位,占到东部地区贡献率的83.1%。呼罗珊省具有悠久的历史文化传统。著名古都马什哈德与土库曼斯坦共和国邻近,与其首都阿什哈巴德的交通方便。

本区南部是南呼罗珊省,高地地形为主,主要是加恩—比尔兼德高地,高地大部分地区海拔600—800米,也有相当部分地区是海拔较高的山地,例如苏尔克山（最高峰约3300米）、比贾克山、赫瓦夫山等,这些山脉、山块之间有比较低的平地,但是平地有时是盐漠（例如比吉斯坦卡维尔、卢特荒漠）,或者是砂砾、沙质平原,靠近阿富汗的边境地区地势较低,海拔600米左右,与阿富汗共享纳马克萨尔湖、萨比里湖（界湖）。比尔詹德是本区的经济中心。本区目前是伊朗经济发展水平最滞后的地区,但是在靠近河流、湖泊的地区,可以发展灌溉农业、节水型农业。由于自然条件和历史发展的限制,南呼罗珊省的经济地位较低,对全国的贡献率仅为0.4%,至今处于粗放农牧业经济状态。

四、本区主要经济中心

本区主要经济中心城市有马什哈德、博季努尔德、比尔兼德等，它们也是本区的主要政治中心、交通中心和文化中心。

马什哈德城是呼罗珊省省府所在地、伊朗东北部最大城市、最大经济中心，当今伊朗第二大城市，2006年人口2427316人[①]；位于伊朗东北部科比特山系的阿特拉克谷地之中，历史上是伊朗北部、中亚与阿富汗之间的贸易中心，有铁路与土库曼斯坦相连，也是伊朗东部航空枢纽，主要有纺织、皮革、皮革制品、甜菜糖、碾米、面粉、酿酒、水果加工、地毯等轻工业部门。该城宗教文化地位显著，是伊朗什叶派圣地，有伊斯兰教什叶派第八代伊玛目阿里·礼萨的陵墓。

博季努尔德城位于伊朗东北部科彼特山以南的阿特拉克河谷地，距离马什哈德西北约300千米，是伊朗东北地区古今的交通要道，连接马什哈德—古昌—希尔万—博季努尔德的公路与阿特拉克河基本平行，与土库曼斯坦邻近，向西可以进入戈莱斯坦省首府戈尔甘，进而到达里海港口小城托尔卡曼港。博季努尔德是伊朗东北边境地区的经济中心，小麦、核桃、羊毛等农产品的集散地，传统的地毯业比较重要。

比尔兼得城位于马什哈德城以南约360千米处的绿洲、马什哈德—扎黑丹公路的中点，海拔1455米，沿马什哈德—扎黑丹公路经过扎黑丹南行，可以直达印度洋岸的恰赫巴哈尔港；在扎黑丹城北约20千米处，该公路向西南的分支可以经过巴姆通向霍尔木兹海峡的阿巴斯港。比尔兼得城有传统的地毯、毛织品、火柴、植物染料等工业企业。

[①] http://www.citypopulation.de.sixxs.org/Iran.html#Stadt_alpha.

第九章 伊朗与中国合作的人文地理前景

第一节 伊朗在"新丝绸之路"上的地位与作用

一、伊朗是古代丝绸之路的组成部分

西汉时期,张骞于公元前138年、公元前119年两次出使西域,开拓了横贯亚洲、连接欧洲的古代丝绸之路;公元73年,东汉时期的班超重新打通隔绝了58年的西域并将丝绸之路的东端起点从长安延伸到洛阳、西端伸展到罗马帝国的欧洲和非洲(埃及托勒密王朝),这条陆上丝绸之路至今延续了2000多年,它以西汉都城长安(今西安为起点,东汉时期以都城洛阳)为起点,跨越陇山山脉,穿过河西走廊,通过玉门关和阳关,抵达新疆,沿绿洲和帕米尔高原通过中亚、西亚和北非,最终抵达非洲和欧洲,经过的主要城市有中国长安(洛阳)—敦煌—和田—伊朗马什哈德、哈马丹—伊拉克巴格达—叙利亚霍尔姆斯(向西南则经过大马士革到达埃及)—土耳其安卡拉—伊斯坦布尔—保加利亚索菲亚,通过这条漫长的商贸大道,中国的丝、绸、缎、绫、绢等主要的出口商品,源源不断地输往中亚、西亚和欧洲,中国人也因此被希腊人、罗马人称作"赛里斯人"(赛里斯即丝绸之意),中国则交换回毛皮、玉石、香料、珠宝等物品。陆上丝绸之路因其在某些区域的地理走向不同,又分为北方丝绸之路和南方丝绸之路(在中国可以分为南、北、中三线)。19世纪末,德国地理学家李希霍芬在其著作《中国》中将这条东西方之间的商贸大道称作丝绸之路,另一位德国学者胡特森写成专著《丝路》,"丝绸之路"之名由此得到

世界公认。① 古代陆上丝绸之路示意图表明，这条古代国际商贸大道从伊朗东北侧进入，经过马什哈德，向西经德黑兰南侧，折向西南联通哈马丹，再向西南连接伊拉克的巴格达，伊朗处于连接中国和西方的中部地带，也是千百年来中国—伊朗经济文化交流的通道和纽带。

丝绸之路是古代东西方经济文化交流的主要通道，它包括横穿亚洲大陆的陆上丝绸之路和海上丝绸之路。海上丝绸之路形成于秦汉，发展于三国隋朝，兴盛于唐宋，转变于明清，又被称作陶瓷之路或者香料之路，它东起中国东部沿海港口城市福建的泉州市，南下经过台湾海峡、雷州海峡、南海西岸、暹罗湾、马来半岛沿岸，穿过马六甲海峡进入印度洋北部，绕行印度半岛，分几路或通过霍尔木兹海峡进入波斯湾再登陆上岸、或绕行阿拉伯半岛南岸经过亚丁湾进入红海北上抵达埃及或穿行北印度洋直抵非洲大陆东岸。可见，伊朗依然是海上丝绸之路的重要节点。

二、伊朗在"新丝绸之路"上的地位和作用

"新丝绸之路"指的是2013年以来中国国家主席习近平提出、倡导，中国政府与相关国家协调推进的"一带一路"倡议中的"一路"——陆上丝绸之路，新的陆上丝绸之路的路线、经过地区，基本上与古代丝绸之路一致，并且有明显的延伸和扩大。"一带一路"倡议是新时期中国提出的顺应世界和区域经济一体化发展的潮流，倡导和引领的联通亚洲—欧洲并辐射周边地区的国际经济文化深度合作的宏伟战略，在此战略带领之下，沿路及其周边国家的经济和基础设施建设将得到更快的发展和完善，各国的市场将大大扩展，经济文化交流将更加快捷，各国资源市场、经济优势互补以及相互投资成效将更加显著。毫无疑问，位于新旧丝绸之路陆路、海路中间区位的伊朗将在沿路国家经济文化合作中得到更快更好的发展，便于其发挥丰富的石油、天然气资源以及其他生产要素的优势，为伊朗经济走向亚洲、走向世界，创造和提供了新的空间与平台。可见，"新丝绸

---

① http://baike.sogou.com/v64476785.htm?fromTitle=%E4%B8%9D%E7%BB%B8%E4%B9%8B%E8%B7%AF.

之路"给伊朗经济社会发展带来了新的动力和机遇。

伊朗在"新丝绸之路"上的地理位置具有承东启西的枢纽作用。"新丝绸之路"建设首先是交通通信领域设施的建设和管理体制的协调融通，是区域国家之间进行经济文化交流的载体和必要手段，时间更短、规模更大、效率更高的货物、人员的交往必须依靠现代交通设施和网络，而伊朗正处于连接亚洲和欧洲、亚洲东西部、南北方以及与东北非洲的铁路、公路和航空运输的节点，还可以经过伊朗联通里海—波斯湾—印度洋。

伊朗还具有伊斯兰经济文化的串联者的地位。部分东南亚、南亚国家属于伊斯兰国家，与大多数北非、西亚国家一起构成了伊斯兰世界的主体，虽然有着宗教派别的差异和民族文化的不同，但是伊朗作为伊斯兰世界中不可缺少的一员，不管是地理位置，还是历史文化，也都具有强烈的联通作用，这个特点在"新丝绸之路"中是非常重要的。

第二节　伊朗与中国的利益契合点

一、国家利益契合点

发展对外关系对每个国家来说都是为了获得最大的国家利益，或保护本国利益不受损失。国家利益是任何一个国家制定内外政策的基础和出发点。

中国和伊朗都是发展中国家，都遭受过帝国主义国家的殖民入侵，进入21世纪以来，两国都仍然不同程度地受到世界霸权、强权势力的围堵和压迫，反对帝国主义、霸权主义依然是中伊人民共同的历史使命。当前，两国都面临发展经济、增强国力的重大任务：中国处于经济发展转型、继续实现现代化目标的关键时期，需要一个相对稳定的发展环境，和平、稳定的国内外环境将有利于实现中国最大的国家利益；对于伊朗来说，发展经济、军事实力，增强国力，使自己不继续受西方列强的欺辱，把国家建成"伊斯兰世界的典范"，这是伊朗的国家利益。可见，中国和伊朗的国家利益没有冲突。

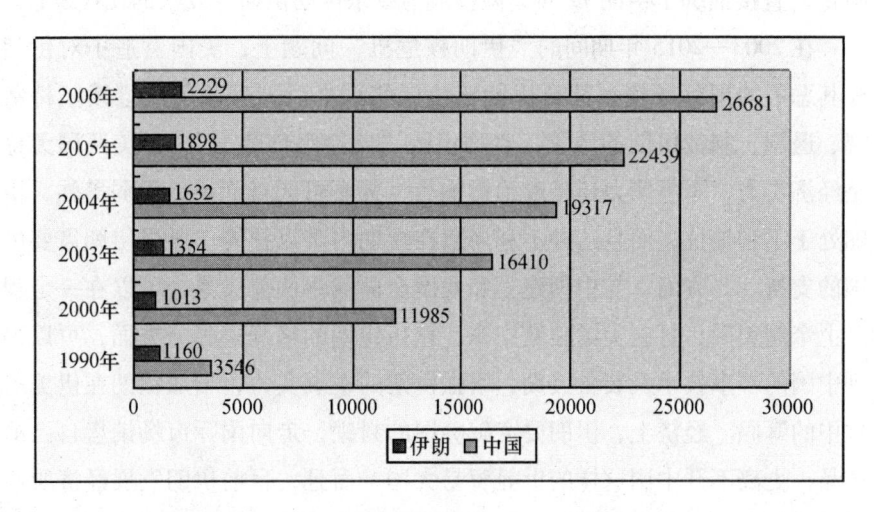

图9—1 伊朗和中国国内生产总值对比（单位：亿美元）

资料来源：世界银行数据库（Source：World Bank Database）。中华人民共和国国家统计局：《国际统计年鉴，2008》，中国统计出版社，2008年2月版，第44、45、47页。

伊斯兰革命以后，霍梅尼根本扭转了伊朗对美国的依附关系，美国在中东地区的影响力呈现出日渐减弱的趋势：首先，掌控伊朗丰富的石油天然气等战略资源的企图几近破灭；其次，借助伊朗，继续加大对俄罗斯遏制的图谋受阻；再次，伊朗从美国的中东走卒变成了美国推行中东霸权的屏障，二战后美国的中东战略布局从此被根本打破。试图用战争、挑拨离间、在中东推行西方价值观和"美式民主"的美国，用"反恐""反核"的名义发动了20世纪90年代初的海湾战争，2003年绕过联合国以伊拉克拥有大规模杀伤性武器和支持恐怖主义为名发动的伊拉克战争，21世纪初以报复"纽约恐怖袭击"为名发动的阿富汗战争，2010年前后中东爆发"阿拉伯之春"，美国推波助澜（突尼斯、埃及、也门、利比亚四个阿拉伯国家政权相继倒台；阿尔及利亚、约旦、沙特、阿曼、巴林、摩洛哥、科威特、黎巴嫩、卡塔尔、叙利亚等阿拉伯国家受到强烈冲击；伊朗前总统艾哈迈迪·内贾德第二次任期选举时，伊朗险些发生"颜色革命"，所幸军队及时维持秩序，才使社会恢复秩序）。[①] 美国人为制造的"伊朗核

---

① http://baike.sogou.com/v28010341.htm?fromTitle=%E9%98%BF%E6%8B%89%E4%BC%AF%E4%B9%8B%E6%98%A5.

问题"直接捆绑了伊朗12年,险些成为绞杀伊朗伊斯兰政权的现代绞索。

在2003—2015年期间的"伊朗核危机"问题上,美国营造了对伊朗极其恶劣的国际环境;甚至伊朗核协议签订之后,美国仍然继续坚持敌视、遏制、制裁伊朗的政策,宣称伊朗"支持恐怖势力"。伊美两国无论是经济实力、军事实力还是政治影响力,都不可同日而语,伊弱美强,伊朗处于不利地位,而且这种不利局面在短期内难以扭转。所以伊朗需要中国的支持。一方面,与中国建立和发展全面战略伙伴关系,可以在一定程度上牵制美国,打破美国独霸中东、欺压伊朗的格局;另一方面,可以得到中国的军事技术及装备援助,增强伊朗的军事实力,增加伊朗在伊美对抗中的筹码。经济上,伊朗要突破美国的封锁,走向国际市场销售自己的产品,更离不开中国这样的世界贸易大国。而且,目前伊朗发展经济所需要的大量资金、关键技术都能从中国得到,积极参与中国的"一带一路"倡议更能完善和提升伊朗的基础设施建设。对中国来说,拥有包括伊朗在内的广大发展中国家的理解与支持,有利于增强中国的国际影响力和在国际事务中的话语权。伊朗丰富的矿产资源与商品市场能够补充中国对能源和原材料的需求、拓展中国经济开放的空间。中国还能通过发展与伊朗的友好关系破解美国的"东移战略""重返亚太"战略构建的对华包围圈。可见,中伊交好符合两国人民的根本利益,有助于推动两国经济社会的健康发展和亚太地区的和平稳定。

中国坚持走和平发展之路的方向不变,内靠改革经济增长方式、管理体制机制等,激发活力,提升效率;外靠开放、吸引外资,主动走出国门,与包括伊朗在内的世界各国开展全方位的交流来实现富民强国,共享发展的成果;伊朗则抓住机遇,顺势崛起,依靠油气资源,走强军之路,与中国密切合作,实施挑战性外交来实现自身的发展目标。中国和伊朗的合作前景光明。

二、国际利益契合点

发展中国与伊朗的友好合作关系,有利于保持世界政治力量平衡、以和平手段维护国际秩序,将对中东地区与世界的和平与安宁发挥深远的影响。同时,中伊合作使两国在经济、文化、教育、科技等领域的优势资源得以高效流通和合理配置，从而取长补短，促进两国发展的互利共赢，这不仅符合中伊两国的共同利益，更体现了不同国家人民共同应对贫穷、落后、环境污染、经济危机等人类共同的敌人，获取更大的发展空间，逐步实现可持续发展所进行的不懈努力，因此是"推动构建人类命运共同体"的一环，符合全球利益。

当今世界格局依然是"一霸多强"，全球化成为主流，新的国际形势给伊朗和中国都带来了机遇和挑战。

第一，美国仍然竭力维持自己的"全球事务主宰人"的角色。尽管全球化、多极化浪潮蓬勃推进，但是美国为主的西方依然主导着世界经济和政治格局，美国经济、美国民主、美国文化成为世界"一体化"的标准。对抗美国的国家往往被贴上"无赖""邪恶轴心""支持恐怖势力"等标签，首先被进行思想道义声讨，然后武力推翻改造；崛起中的中国受到美国等西方国家遏制，但是当今世界重大事务离不开中国的配合与支持。

第二，中东政治格局大变化。从过去的伊朗伊斯兰革命、两伊战争、海湾战争、伊拉克战争、阿拉法特离世后的巴勒斯坦内部激烈的争斗，到如今的埃及、突尼斯、利比亚、叙利亚、也门等国局势的动荡，中东这个"世界的火药桶"不断地让世界投入关注的目光，二战后中东经历了近70年动荡，和平仍遥遥无期。这其中除了中东各国各自利益博弈的影响外，美国等西方外部强大势力的幕前幕后干扰是主要因素。伊朗是中东的经济政治大国，其影响越来越突出，要求重返中东强国地位的条件越来越具备，但是美国不允许这样的伊朗在中东做大做强。

第三，中东国家的拥核情结越来越浓厚，核军备竞赛的前景难以预测，这为伊朗核危机的解决增添了巨大压力、为美国制裁伊朗提供了理由。资料显示，中东14个国家已有核计划、核活动或公开表示将进行核研究。除了公认的中东核国家以色列外，利比亚、伊拉克都曾经被怀疑秘密开展核研究。2006年，中东阿拉伯国家突然集体要求加入核俱乐部[①]：

[①] 在2006年3月的阿盟首脑会议上，阿盟秘书长穆萨呼吁阿拉伯国家迈入核俱乐部，和平利用原子能；9月，阿盟外长会议呼吁阿拉伯国家联合行动，加大技术研究，和平利用原子能；同年9—12月，海合会峰会决定，海湾合作委员会成员国将制定联合发展核能的计划，研发和平利用核能技术；埃及、沙特、阿联酋、阿尔及利亚、突尼斯、摩洛哥、土耳其、利比亚以及其他海湾国家都表示或者已经启动民用核计划。

"海湾国家想表明,如果伊朗继续核技术开发的话,将迫使我们也成为具有核能力的国家",沙特告诫美国"要么阻止伊朗,否则我们也要有",一位土耳其将军也说,"若伊朗拥有核武器,那么土耳其也将不得不发展核武器。"阿拉伯国家与土耳其都认为,伊朗有核将打破地区力量的平衡状态。

中国一向致力于实现世界各国和谐共处、世界经济和谐发展、不同文明的和谐进步,认为意识形态、社会制度、发展方式、发展模式的差异,不应成为人类文明交流的障碍,更不能成为相互对抗的理由。中国外交的落脚点是积极维护世界文明的多样性,推动不同文明的对话与交流。

在中东问题上,中国一贯主张通过外交谈判解决争端,反对动用武力将自己的意志强加于他人,认为包括伊朗在内的广大主权国家有权选择自己的发展之路。在伊朗核问题上,中国一直主张充分发挥联合国的作用,在国际原子能机构框架内通过外交途径解决问题,呼吁美伊双方保持冷静和克制,避免矛盾的进一步激化。[①] 2015年7月,伊朗与六国终于就核问题达成协议,和平的曙光照亮了中东和平之路,这再次用事实证明了中国的和平外交理念的正确性。

国际形势推动着伊朗外交战略的重大转变,从"不要西方,不要东方,只要伊斯兰"演变为"既要西方,也要东方,更要领导伊斯兰"。拉夫桑贾尼担任总统期间把伊朗外交政策总结为三句话,"全面发展与伊斯兰国家的关系,着重发展与周边特别是阿拉伯国家的关系,缓和与周边以及欧美国家的紧张关系。"哈塔米上任后继续坚持这个务实的外交政策。哈塔米政权在外交上主张,"融入国际社会,改善伊朗国家形象;主张对外促进伊斯兰国家间的团结,减少彼此冲突;提倡不同文明间进行对话,不搞'文明的冲突',愿意与所有尊重伊朗的国家发展友好关系。"哈塔米执政期间加强了同周边国家的关系,缓和了主要因为核危机、发展理念与欧美国家的紧张关系,鲁哈尼总统的伊朗新政府采取务实的对外政策,最终与六国达成了有关伊朗核问题的协议,极大地改善了伊朗的国际环境和国际形象。

---

① [德]《时代周报》,2006年7月27日。

三、国际地缘政治因素契合点

因为伊朗具有特殊的地缘政治区位，过去、现在和将来伊朗都会成为世界大国利益的交汇点和利益争夺的集中地。伊朗位于亚洲西部，欧亚大陆的中南部地区，北邻俄罗斯，东近中国，西看中东，南滨印度洋，是美国掌控中东、威胁俄罗斯、包抄中国的全球战略的前沿陆地阵地。伊朗处于欧亚大陆交通枢纽的地带，素有"欧亚路桥""东西方空中走廊"之称。冷战时期，伊朗就是美国遏制苏联南下印度洋的一张王牌、扼守世界能源海上运输通道咽喉的桥头堡。

美国是影响当代伊朗、中国国际发展的主要因素，虽然美国与伊朗远隔万水千山，与中国也有浩瀚的太平洋相隔，根本没有领土领海之地缘交互关系。但是当今美国继续着昔日的霸权扩张、"一超独霸"的全球战略，把世界都看作是自己的利益范围，因此，整个世界都成为了美国"利益攸关之地"，伊朗更是这样的美国全球"战略要地"，特别是美国不能容忍他国强大到与自己平起平坐、甚至威胁自己霸权的状况出现，中国今天的发展壮大就成为美国设局打压的主要目标，俄罗斯也在其中。当前，美国正在通过控制伊朗和阿富汗，控制中国从中东进口能源的海上命脉，从西面陆地和海上威胁中国的国家安全；南面拉拢印度，并挑动与中国有陆海边界（特别是有领土领海争议的国家）的南亚、东南亚国家结成抗衡中国的同盟；东面美国亲自披挂上阵，打出"重返亚太""亚太再平衡"旗号，扶植日本极右势力和军国主义，推进美日同盟，拉拢韩国，以朝鲜核问题为借口，从朝鲜半岛和太平洋上夹击中国，从而大致完成对中国的战略包围。现实的地缘政治经济形势是，如果伊朗落入美国的圈套，重新成为美国世界战略的一颗棋子，则可能对中国努力倡导实施的"一带一路"倡议造成陆海方向的战略撕裂和障碍。

伊朗因为从听命于美国的"中东盟友"变成了反对美国霸权的"仇国"，所以30多年来，伊朗遭受了美国的全面封锁，借口"伊朗核问题"并给伊朗带上"支持恐怖主义轴心国家"的帽子，从经济、政治、军事上全面打击压制伊朗，这种情况至今未有根本改变。可以预料，只要伊朗触犯了美国在中东、在全球的利益，伊朗的发展就将继续遭受美国的地缘封锁。

　　顺便指出，俄罗斯也把伊朗看作其破解美国包围的一道战略屏障，伊朗的态度事关俄国家利益的延伸。因此，俄罗斯一直对俄伊关系持积极态度，甚至对伊朗核电建设提供技术支持。俄伊经贸往来密切，尤其在国防工业方面。伊朗现已成为继中、印之后俄罗斯国防工业产品的第三大买家。然而，伊朗一旦被美国操纵，俄罗斯的利益将会受损，俄里海石油通道安全也将受到直接影响。

　　中国可以在当今伊朗依然处于比较紧张的邻国关系中充当调解人，或者利用这种关系扩展中国自己的利益空间。伊斯兰革命后，伊朗的激进内外政策疏远了海湾阿拉伯国家，它们的对伊朗态度直接关系到伊朗的国家安全，两伊战争就是最有说服力的证据。因此，伊朗必须努力改善同这些国家的关系。如果伊朗和海湾国家都有意愿的话，中国在这里应当可以有所作为。

　　以色列是影响伊朗在中东崛起的一个特殊国家。由于历史和现实的原因，伊朗和以色列的关系急转直下，明争暗斗是当今两国关系的真实写照。从长远看，中国也可以为改善伊朗—以色列关系做出一定的贡献。

　　欧盟和日本则在现实和未来对中国—伊朗的经济合作带来较大的竞争和挑战，增大了中国的经济扩展难度，但是为伊朗进行国际经济合作拓宽了领域。因为欧盟与伊朗的经济关系历来紧密，伊朗国内生产的石油40%输往欧洲，欧盟的产品也大量销往伊朗。因为伊朗核问题，欧盟被迫参与对伊朗的经济制裁，伊朗核问题和平解决之后，欧盟必将在经济上大举重返伊朗。核危机之前，日本和伊朗贸易往来频繁，伊朗把日本作为主要的油气输出市场，日本也把伊朗作为重要的投资场所和商品市场，伊朗核危机结束之后，日本在伊朗卷土重来，也是必然之势。

四、历史文化契合点

（一）历史文化的契合

　　中国与伊朗都是历史悠久的文明古国，友好交往历史源远流长。据考古资料记载，在公元前4世纪，两国民间就已经开始了交往。秦汉时期,伴随着丝绸之路的兴起,中国与波斯的贸易和人员往来活跃起来。唐宋时期,两国交往达到鼎盛,唐朝的都城长安和南方经济重镇扬州等地有大批经商的波斯人。近代以来,受帝国主义的欺凌,中伊两国都曾沦为外国列强的半殖民地,两国人民都有着反帝反殖民斗争的经历。相近的历史遭遇促使两国人民增进了对彼此的理解,也有利于两国关系的发展。

伊朗曾是古丝绸之路上重要一环,中国的丝绸等商品只有经过伊朗,再通过小亚细亚才能到达西方。明代,郑和七下西洋中有三次到过波斯当时最繁盛的商港——忽鲁莫斯(今霍尔木兹岛),双方的大量物产通过商路输往对方国家,有很多物产还在对方国家生根发芽:中国的硝石、茶、杏、桃、黄连、肉桂、大黄、甘蔗、母患子、土茯苓等,伊朗的胡麻、苜蓿、葡萄、茉莉、无石子、阿月浑子、阿魏(药物)、波斯枣、无花果绿盐、迷陀僧等,对两国人民生产、生活都产生了积极的作用。

(二)古代文明交往的契合

中国的四大发明通过丝绸之路传入波斯,陶器、丝绸、漆器、铜器、货币等大量流入波斯,波斯还从中国引入养蚕法、冶铁业等先进技艺。而波斯竖箜篌、波斯球艺(即马球)、音乐(如琵琶)、舞蹈、建筑艺术传入中国,波斯人还给中国带来了葡萄、胡萝卜、胡桃、苜蓿等物种。两国的交往对推动古代中国、波斯经济文化发展起到了十分重要的作用。

世界上,中国和伊朗都是具有重要影响的文化大国,两国长达 2500 年的文化交流,对世界文明的进步做出了巨大贡献。古往今来,历史、宗教、文化联系成为了跨越万水千山连接中国—伊朗的桥梁和纽带。

现实中,中伊友好源于两国在历史上没有战争纠葛,在现实中没有领土纷争、没有根本矛盾。中伊友好既源于历史上的友好交往,也源于困难时期的相互扶助,源于重大问题上的无私支持,更源于互利共赢的合作理念。[①]

[①] 搜狐公众平台,2016 年 1 月 24 日。

第三节 伊朗与中国的合作现状

一、当今的中国—伊朗关系

当今中伊关系是友好合作的国际关系,是经历了国际风云变幻考验的发展中国家互助共荣的国家关系。

中国与伊朗于1971年建立正式外交关系。2000年哈塔米总统访华期间,发表了《中伊联合公报》,两国一致决定建立"在相互尊重主权和领土完整、平等互利、和平共处等原则基础上提高双边合作水平,开辟双边关系的新前景,建立面向21世纪长期稳定、内容广泛的友好合作关系",为两国关系的发展指明了方向。2016年1月21日,中国国家主席习近平在伊朗的《伊朗报》发表了题为《共创中伊关系美好明天》的文章,期间习近平主席会见了伊朗最高领袖哈梅内伊,与伊朗总统鲁哈尼进行了会谈,中伊签署了范围广泛的17项合作文件,伊方建议研究制定两国25年全面合作协议,中方欣然同意,两国关系乘势提升为全面战略伙伴关系。[①]习主席提出了深化中伊全方位合作的一揽子倡议,两国在联合声明中宣布,扩大双方在交通运输、铁路、港口、能源、贸易和服务业等领域的相互投资和合作。伊朗总统鲁哈尼认为,习近平主席是伊朗核问题解决后首位到访伊朗的外国元首,这反映了伊中积极友好关系的水平。伊方重视中方在国际事务中的重要作用,铭记中方长期以来给予的支持和帮助,感谢中方为推动伊朗核问题政治解决做出的贡献。伊方愿同中方保持高层交往,深化经贸、投资、能源、金融、环保等领域合作,积极参与"一带一路"建设,密切双方在国际事务中沟通协调。[②] 伊朗驻华大使阿里·阿斯加尔·哈吉表示,伊中两国在能源方面的合作互补前景非常广阔,因为伊朗天然气和原油总储存量世界第一,中国则是世界上最大的能源进口国之一。将来,中国在能源进口方面,特别是对天然气等清洁能源的需求会继

---

① http://news.xinhuanet.com/world/2016-01/24/c_1117875177.htm.
② 搜狐公众平台,2016年1月24日。

续增长。伊朗欢迎中国企业参与伊朗的油气和石化项目。伊朗政府已经组建了一个跨部门委员会，中伊双方同意在习主席访问期间签署"一带一路"合作备忘录。[①] 中国政府也始终从战略高度和长远角度看待同伊朗的关系，习主席此访是中国国家主席时隔14年再次访伊，对中伊关系发展具有承上启下、继往开来的历史性意义。习主席访伊开启了两国关系的新篇章，两国最高领导人对中国—伊朗关系现状的准确概括，也是对未来两国关系发展的定向。

二、政治关系

中国和伊朗的社会制度不同，文化传统也有各自的特色，两国同属发展中国家，在许多重大国际和地区问题上有一致或相似的看法，在困难时刻，两国加强了相互理解、相互合作与支持，在两伊战争问题、伊朗核问题等重大问题和紧急关头，中国给予了伊朗无私的帮助，伊朗在恢复中国在联合国的合法权利、支持中国的领土统一完整等重大问题上，旗帜鲜明地支持中国，这些友好合作符合两国及两国人民的根本利益，有利于促进地区及世界的稳定与和平。20世纪80年代以来，伊朗和中国保持了高层之间的密切交往和沟通；2015年，还建立了两国外长定期磋商机制；2016年初，中国国家主席习近平访问伊朗，把两国关系提升到了全面战略伙伴合作关系的层次，伊朗表示将全面参与"一带一路"战略中的伊朗部分的经济合作。21世纪两国关系将按照"和平合作、开放包容、互学互鉴、互利共赢"的丝路精神持续向前推进。

三、经贸关系

经贸关系是当今中伊关系发展的基础和核心，特别是20世纪70年代后期以来，中国伊朗两国的经贸关系发展迅速。因为，中国进入了改革开放的新时期，中国经济持续高速增长，对能源、资源和市场的需求都急剧增加。伊朗则是建立了崭新的伊斯兰共和国政权，接踵而来的是经历了惨

[①] http://china.cnr.cn/yaowen/20160116/t20160116_521152262.shtml.

烈的两伊战争、发生在国家周边的阿富汗战争、海湾战争、伊拉克战争和持续12年的伊朗核问题导致的国际封锁，国际环境严峻，国内经济发展遭到重大创伤。中国倡导的"一带一路"倡议把中伊经贸合作提升到了新的高度，2016年2月，伊朗出台了第六个"五年社会经济发展计划"，这些都成为推动中国—伊朗经济贸易关系不断前进的强大动力。

（一）商品贸易关系不断发展

1. 贸易的基本状况

1994年，中伊两国贸易额不到5亿美元，1999年，首次突破10亿美元，2000年，迅速增长到24.868亿美元，2004年，中伊贸易额超过70亿美元，2005年突破100亿美元大关，2008年猛增到277.57亿美元，到2014年年底，更达到518.42亿美元，比2000年增长了近20倍，其中，伊朗对华出口275.04亿美元、伊朗从中国进口243.38亿美元[1]，表9—1、图9—4反映了2000—2009年之间中国伊朗贸易的发展状况。

表9—1 2000—2009年中伊贸易统计表　（单位：亿美元）

年份	中伊贸易总额	向伊朗出口	自伊朗进口
2000	24.86	7.13	17.73
2001	33.13	8.89	24.24
2002	37.39	13.93	23.46
2003	56.22	23.15	33.07
2004	70.46	25.55	44.91
2005	100.84	32.97	67.87
2006	144.48	44.9	99.58
2007	206.64	73.63	133.01
2008	277.57	81.63	195.94
2009	212.06	79.19	132.87

数据来源：中华人民共和国驻伊朗伊斯兰共和国大使馆经济商务参赞处网站。

---

[1] 中华人民共和国国家统计局主编：《中国统计年鉴（2015）》，中国统计出版社，2015年9月版。

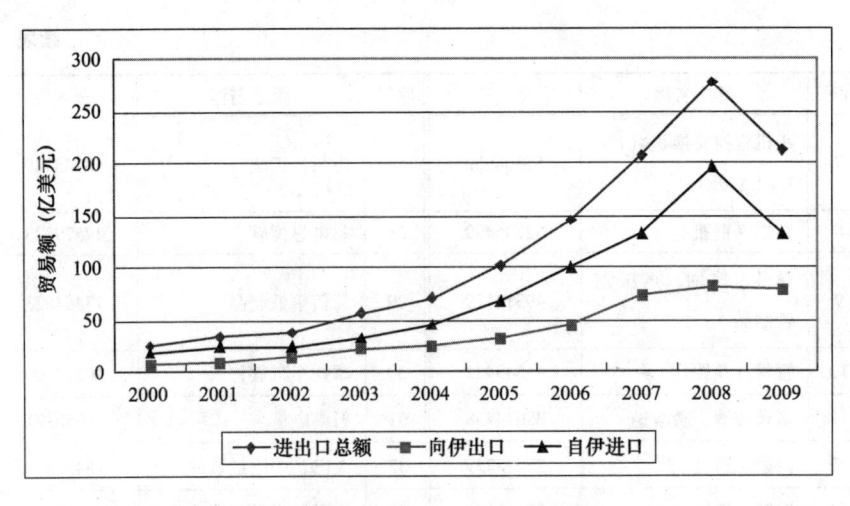

图 9—2 2000—2009 年期间中国—伊朗贸易变化趋势（单位：亿美元）

资料来源：据中华人民共和国驻伊朗伊斯兰共和国大使馆经济商务参赞处提供的数据绘制。

2. 贸易的商品结构特征

从中伊贸易的商品结构看，中国对伊朗出口的产品以工业制成品为主，从伊朗进口则是以能源、矿产品为主。以 2008 年为例，中国向伊朗出口的产品中，机电产品所占比例超过 50%，化工产品占 18%，钢铁制品占 8%。机电产品中出口最多的是汽车、摩托车及配件、电子产品、矿山设备及发电设备等（见表 9—2）。近两年，伊朗对机电产品的进口比例上升较快，其中汽车及其配件增长最快，占机电产品的 30% 以上，达到 20 多亿美元，表明伊朗汽车市场的潜力很大。

表 9—2 2008 年伊朗从中国进口的主要商品 （单位：美元）

序号	商品名称	金额	序号	商品名称	金额
1	挂拖斗拖拉机	330015797	21	抗生素	20897859
2	非合金钢铁制品	205834695	22	手表、钟表机芯	20013734
3	10 人或 10 人以上机动车	114272848	23	镀有其他材料的钢铁制品	19573961
4	50—250CC 活塞电机	99731612	24	焙烧过的石油焦炭	19341319
5	铁棒、钢棒	72677686	25	无缝钢管	18573610
6	270 马力铲车、挖掘机、装卸机械	58756446	26	无线电发射、接收装置	18383355

续表

序号	商品名称	金额	序号	商品名称	金额
7	手机程控交换机（1+1+1除外）	55304938	27	磁带复读机	18143739
8	装煤气钢瓶	52795499	28	彩电显像管	17579323
9	热轧、热抽、热压钢铁制品	49314179	29	笃信钢铁制品	17464823
10	管材（筑路用）	45549422	30	摩托车减震弹簧	16373900
11	多磷酸钠、磷酸钠	38674438	31	石墨电极	16050321
12	内燃压缩机	35978359	32	大巴、中巴散装件	15447877
13	钢锭、铁锭	35112196	33	注射器磨具制造设备	15413125
14	聚苯乙烯	34630658	34	镀锌铁丝	15203404
15	焦炭、半焦炭（生产电极用）	33831369	35	钻探设备	14784299
16	磷酸盐（精品）	32301547	36	厚度不超过2.0的合金铝箔	14774998
17	6毫米厚纤维板	25025234	37	电机启动器零配件	14377521
18	卡车、小型卡车散装件	22689567	38	印报纸	14335098
19	杀虫剂	21569986	39	铸造机、翻砂机	14208710
20	一次性液化天然气罐	21257349			

注：上述统计由伊朗海关提供，商品价格在1400万美元以上。

2007年度伊朗从中国进口总额为4292469803美元。

说明：中伊石油贸易单独统计。

中国从伊朗进口的商品主要是矿产资源（见表9—3），当然，石油、天然气占了进口矿产的主要部分。石油在中伊贸易中处于十分重要的地位，也是中国自伊朗进口的第一大商品，每年进口原油的价值都占中国从伊朗进口总额的80%以上。显然，进入21世纪以来，伊朗对中国出口的商贸关系已经步入以能源出口为主的快速发展期。

表 9—3　2008 年伊朗向中国出口的主要商品　　（单位：美元）

序号	商品名称	金额	序号	商品名称	金额
1	铜矿石、铜精矿	5374164	13	大理石	29779748
2	硫磺类	5591621	14	硫磺	32870489
3	铜锌合金	6138886	15	铅矿石	36771671
4	甘草浆汁	6574270	16	精炼铜	38075452
5	异戊二烯	7558186	17	甲醇	39987556
6	锌矿石、锌精矿	8279069	18	乙醚类	88141509
7	机车	10642400	19	二甲苯	90840900
8	乙烯	11800000	20	铁矿石、精铁矿	98835070
9	二甲苯异构体	12567803	21	硫磺土	101040881
10	乙醛	16130531	22	丁烷	101602265
11	石料	27064969	23	丙烷	154702590
12	铬矿石	28071845	24	聚乙烯	189714371

注：上述统计由伊朗海关提供，以上商品价格均在 500 万美元以上。

2007 年度伊朗向中国出口（不包括原油）1243524760 美元。

说明：中伊石油贸易单独统计。

表 9—4　相关年份中国从伊朗进口的主要矿产品

类别（年份）	从伊朗进口量（吨）	进口总量（吨）	占进口总量的比重
铁矿（2007）	5039016.820	383093283.809	1.3%
铬矿（2007）	185593.060	6090317.491	3.1%
铅矿（2007.1—4）	13765145	442472487	3.1%
锌矿（2009.1—9）	42181.71	2417824.14	1.7%
铜矿（2005）	63000	4059000	1.6%

数据来源：中商情报网，http://www.askci.com/，2011 年 12 月 24 日。

当然，这也暴露出伊朗对中国出口商品结构单一、以农矿初级产品居多、商品技术含量不高等问题，如果国际能源—资源市场剧烈波动或发生不利于两国交易的情况，将对两国的商品贸易产生极大的影响，导致两国贸易额下降，2009 年中伊贸易额比 2008 年有所减少就是明证。

图9—3中数据:

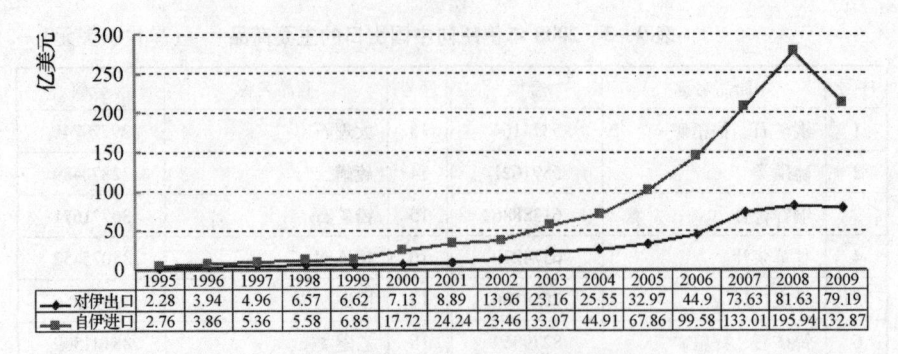

年份	1995	1996	1997	1998	1999	2000	2001	2002	2003	2004	2005	2006	2007	2008	2009
对伊出口	2.28	3.94	4.96	6.57	6.62	7.13	8.89	13.96	23.16	25.55	32.97	44.9	73.63	81.63	79.19
自伊进口	2.76	3.86	5.36	5.58	6.85	17.72	24.24	23.46	33.07	44.91	67.86	99.58	133.01	195.94	132.87

图9—3 1995—2009年中伊进出口统计

资料来源：1995—2005年数据来自中华人民共和国驻伊朗经参处；2006—2009年数据来自联合国商品贸易统计数据库。

另据伊朗海关公布，2010年，伊朗前五大进口国依次为：阿联酋、中国、韩国、德国和土耳其；伊朗前五大非石油商品出口国依次为：中国、阿联酋、伊拉克、印度和阿富汗，中国已成为伊朗第一大出口国和第二大进口国。

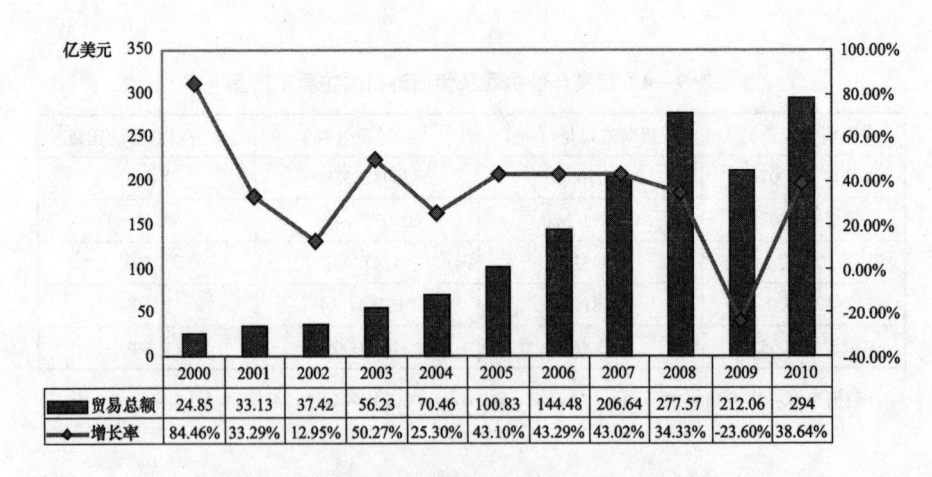

图9—4中数据:

年份	2000	2001	2002	2003	2004	2005	2006	2007	2008	2009	2010
贸易总额	24.85	33.13	37.42	56.23	70.46	100.83	144.48	206.64	277.57	212.06	294
增长率	84.46%	33.29%	12.95%	50.27%	25.30%	43.10%	43.29%	43.02%	34.33%	-23.60%	38.64%

图9—4 21世纪初中伊贸易走势图（2000—2010年）

资料来源：2000—2009年数据源自据联合国商品贸易统计数据库。

表9—5 1994—2005年中国—伊朗贸易统计 （单位：万美元）

年份	总额	年均增长率	向伊出口	自伊进口	贸易差额
1994	44728	——	26575	18153	8422

续表

年份	总额	年均增长率	向伊出口	自伊进口	贸易差额
1995	50445	12.78%	27789	22656	5133
1996	78000	54.62%	39400	38600	800
1997	103200	32.31%	49600	53600	-4000
1998	121500	17.73%	65700	55800	9900
1999	134746	10.90%	66274	68472	-2198
2000	248547	84.46%	71341	177306	-105965
2001	331289	33.29%	88898	242391	-153493
2002	374205	12.95%	139563	234642	-95079
2003	562331	50.27%	231554	330778	-99224
2004	704626	25.30%	255471	449155	-193684
2005	1008293	43.10%	329655	678738	-349083

资料来源：中华人民共和国驻伊朗伊斯兰共和国大使馆经济商务参赞处（网站），中伊贸易统计。

表9—6 2001—2009年中国对伊进出口情况①

（单位：十亿美元）

	2001年	2003年	2005年	2007年	2009年
合计	3.3126	5.6225	10.0833	20.6648	21.2052
对伊出口	0.8886	2.3152	3.2966	7.3633	7.9187
从伊进口	2.4240	3.3074	6.7867	13.3015	13.2865
贸易收支	-1.5354	-0.9922	-3.4901	-5.9382	-5.3678

资料来源：根据 UN COMTRADE 数据库 SITC（Rev.3）编码整理计算所得，网址：http://comtrade.un.org。

根据HS编码的分类标准，所有商品共分为22类（见表9—7）：

---

① 由于伊朗政府认为石油、天然气出口纯属资源消耗性出口，对提升国家工业化作用不大，因此，特别关注非石油产品出口情况，在其核算与贸易伙伴国的贸易平衡状况（如逆差或顺差、统计出口贸易）时，伊朗政府也均以非石油产品为准，此处数据为中国统计口径。

表 9—7 HS 商品分类

第一类	活动物与动物产品
第二类	植物产品
第三类	动、植物油、脂及其分解产品；精制的食用油脂；动、植物蜡
第四类	食品；饮料、酒及醋；烟草、烟草及烟草代用品的制品
第五类	矿产品
第六类	化学工业及其相关工业的产品
第七类	塑料及其制品；橡胶及其制品
第八类	生皮、皮革、毛皮及其制品；鞍具及挽具；旅行用品、手提包及类似容器；动物肠线（蚕胶丝除外）制品
第九类	木制品；木炭；软木及软木制品；稻草、秸秆、针茅或其他编结材料制品；篮筐及柳条编结品
第十类	木浆及其他纤维状纤维素浆；纸及纸板的废碎品；纸、纸板及其制品
第十一类	纺织原料及纺织制品
第十二类	鞋、帽、伞、杖、鞭及其零件；已加工的羽毛及其制品；人造花；人发制品
第十三类	石料、石膏、水泥、石棉、云母及类似材料的制品；陶瓷产品；玻璃及其制品
第十四类	天然或养殖珍珠、宝石或半宝石、贵金属、包贵金属及其制品；仿首饰；硬币
第十五类	贱金属及其制品
第十六类	机器、机械器具、电气设备及其零件；录音机及放声机、电视图像、声音的录制和重放设备及其零件、附件
第十七类	车辆、航空器、船舶及有关运输设备
第十八类	光学、照相、电影、计量、检验、医疗或外科用仪器及设备、精密仪器及设备；钟表；乐器；上述物品的零件、附件
第十九类	武器、弹药及其零件、附件
第二十类	杂项制品
第二十一类	艺术品、收藏品及古物
第二十二类	其他的未分类产品

表9—8 2001—2009年中国与伊朗的贸易商品种类与金额

（单位：百万美元）

	中国向伊朗出口					中国从伊朗进口				
	2001年	2003年	2005年	2007年	2009年	2001年	2003年	2005年	2007年	2009年
第一类	0.34	0.87	0.6	8.08	5.57	6.74	2.93	1.65	4.76	1.43
第二类	1.75	173.8	133.97	28.36	60.07	5.63	13.46	14.15	30.69	21.28
第三类	0.04	0.1	0.14	0.22	0.8	0	0.00	0	0	0
第四类	0.88	3.21	13.68	34.98	31,87	0.14	0.17	0.00	0.00	0.1
第五类	64.51	104.58	98.75	94.75	33.67	2244.21	3107.71	6428.2	12617.06	11522.99
第六类	138.35	182.49	264.25	475.99	513.72	60.5	100.76	172.76	293.46	829.84
第七类	16.01	41.15	100.72	293.85	479.12	51.09	39.87	63.93	183.68	638.27
第八类	0.29	3.64	9.52	24,96	51.55	0.15	1.26	2.93	5.19	2,62
第九类	0.63	1.09	8.12	56.53	63.77	0.03	0	0	0	0
第十类	20.49	14.71	42.51	132.75	95.67	0	0.14	0.04	0.51	0.01
第十一类	77.68	422.42	505.19	538.37	622.55	2.36	3.39	10.486	4.71	1.60
第十二类	5.64	21.65	31.09	54.23	139.79	0.31	0.09	0.32	0.27	0.25
第十三类	9.51	32.11	64.10	135.66	231.09	0	0	0	0	0
第十四类	0.1	0.18	1.35	3.68	7.21	0	0	0	0.06	0.03
第十五类	132.34	120.47	373.358	2211.13	1167.17	50.54	37.07	91.08	153.36	265.94
第十六类	382.07	702.4	981.74	1954.24	2946.6	2.21	0.48	1.12	0.4	1.92
第十七类	44.34	382.92	478.66	950.35	949.71	0.05	0.01	0.01	7.32	0.24
第十八类	13.48	32.33	57.22	124.23	183.95	0	0	0.03	0.06	0.02
第十九类	1.6	2.09	0.12	0.1	1.07	0	0	0	0	0
第二十类	5.75	20.18	68.03	197.34	332.66	0	0	0	0	0
第二十一类	0	0.02	0.03	0.03	0.09	0	0.01	0	0	0
第二十二类	23.57	0	63.47	43.68	1.77	0	0	0	0	0

资料来源：根据UN COMTRADE数据库HS（96）编码整理计算所得；网址：http://comtrade.un.org。

表9—8表明，2001—2009年间中国向伊朗出口量最大的商品为第十六类——机器设备及零件类产品，其次是贱金属及其制品、车辆、航空器、船舶及有关运输设备、纺织原料及纺织制品等。从2001—2009年的变化来看，中国向伊朗出口量增幅最大的商品是第十七类——车辆、航空器、船舶及有关运输设备，9年间增长了20倍；贱金属及其制品增长了近

8倍；机器设备及零件类产品增长了7倍。也就是说，中国向伊朗出口的商品以工业制成品为主，初级产品所占份额比较小，未来，制成品的比重还有逐渐增大的趋势。

中国从伊朗进口的产品主要是油气及其他矿产品，其次为化学工业及其相关工业的产品、塑料及其制品；还有橡胶及其制品、贱金属及其制品。与2001年相比，2009年中国从伊朗进口的主要商品种类基本未变，进口额呈现逐渐增长的趋势。可见，中国从伊朗进口的商品基本为初级产品和原材料，进口制成品所占的份额非常小。

表9—9　2001年中伊贸易前十位商品　（单位：亿美元）

中国对伊出口	金额	比重（%）	中国从伊进口	金额	比重（%）
核反应堆、机械器具	2.83	30.14	矿物燃料、矿物油	21.63	89.23
电机电气设备	0.99	10.54	有机化学品	0.59	2.43
钢铁制品	0.94	10.01	矿砂、矿渣及矿灰	0.56	2.31
无机化学品	0.56	5.96	钢铁	0.47	1.94
矿物燃料、矿物油	0.55	5.86	塑料及其制品	0.45	1.86
化学纤维长丝	0.49	5.22	盐、硫磺、石灰	0.25	1.03
车辆及零件	0.40	4.26	橡胶及其制品	0.06	0.25
杂项化学产品	0.38	4.05	水果及坚果	0.04	0.17
有机化学品	0.32	3.41	肉及食用杂碎	0.04	0.17
纸及纸板	0.15	1.6	铜及制品	0.03	0.12
精密仪器及附件	0.12	1.28	机械器具	0.02	0.08
总计	7.73	82.32	总计	24.14	99.59

资料来源：根据 UN COMTRADE 数据库 HS（96）编码整理计算所得；网址：http://comtrade.un.org。

表9—10　2009年中伊贸易前十位商品　（单位：亿美元）

中国对伊出口	金额	比重（%）	中国对伊进口	金额	比重（%）
核反应堆、机械器具	18.03	22.77	矿物燃料、矿物油	105.67	79.53
电机电气设备	11.44	14.45	矿砂、矿渣及矿灰	8.19	6.16
车辆及其零件	7.14	9.02	有机化学品	8.17	6.15
钢铁制品	5.57	7.03	塑料及其制品	6.29	4.73

续表

中国对伊出口	金额	比重（%）	中国对伊进口	金额	比重（%）
塑料及其制品	2.91	3.67	铜及其制品	1.59	1.2
钢铁	2.6	3.28	盐、硫磺、石灰	1.37	1.03
橡胶及其制品	1.88	2.37	铝及其制品	0.85	0.64
有机化学品	1.87	2.36	水果及坚果	0.21	0.16
家具与照明装置	1.82	2.3	钢铁	0.21	0.16
精密仪器及附件	1.62	2.05	无机化学品	0.1	0.08
化学纤维长丝	1.61	2.03	橡胶及其制品	0.1	0.08
总计	56.49	71.33	总计	132.75	99.91

资料来源：根据 UN COMTRADE 数据库 HS（96）编码整理计算所得；网址：http：//comtrade.un.org。

（二）主要贸易商品

1. 油气产品贸易

有着丰富油气资源的伊朗和对油气资源需求量巨大的中国具有开展能源贸易的客观条件。伊朗经济对石油资源的生产和出口的依赖是众所周知的，长期以来，石油都是伊朗主要的出口创汇产品，2004—2007 年，伊朗石油及油品出口收入分别为 275 亿美元、456 亿美元、600 亿美元、788 亿美元[①]，石油出口收入占外汇总收入的 80%，占政府预算收入的 40%—50%，占国内生产总值的 10%—20%[②]，2008 财年伊朗石油天然气出口总额为 818.55 亿美元[③]。

中国从 1993 年成为石油净进口国以来，随着经济的发展，对能源的需求量也与日俱增，油气进口量逐年增长。伊朗油气资源丰富，是世界主要的石油生产国与出口国之一，具有与中国进行能源贸易的先天条件，2004 年中国累计进口原油 1.2 亿吨中，来自伊朗的进口石油 1323.74 万吨，伊朗位列当年中国进口石油国家中的第四位[④]，2007 年，中国从伊朗进口原

---

① 国务院发展研究信息网，http：//www.drcnet.com/cn/；中国化工信息网，cheminfo.gov.cn。
② http：//yunnan.mofcom.gov.cn。
③ http：//politics.people.com.cn。
④ 中国海关总署主要统计数据，http：//www.customs.gov.cn/。

油 2053.68 万吨，占中国进口原油总量的 12.59%[①]。可见，较长时期以来，伊朗已经逐渐成为中国的海外油气资源供应国，中国则成为了伊朗油气的主要销售市场。

表 9—11　2000—2009 年中国—伊朗油气产品贸易额

（单位：亿美元）

	2000 年	2001 年	2002 年	2003 年	2004 年	2005 年	2006 年	2007 年	2008 年	2009 年
出口至伊额	0.48	0.55	0.36	0.92	0.80	0.77	1.15	0.85	1.19	0.25
自伊进口额	15.91	21.63	20.79	29.65	39.83	60.65	90.28	116.43	167.99	105.67

资料来源：根据 UN COMTRADE 数据库 HS（96）编码整理计算所得；网址：http://comtrade.un.org。

2. 矿产品贸易

伊朗还是其他矿产资源比较丰富的国家，非油气矿产品综合储量排名世界前十五位，资料显示，伊朗拥有 500 多亿吨矿产资源，但是 2010 年只开采了 1.3 亿吨，目前也只有 1/3 的矿藏被开采[②]。伊朗开采的主要矿产品是铁、铜、铬、铅、黄金、锡等。2008 年，伊朗共出口固体矿产品 1900 万吨，创汇 47 亿美元，成为仅次于石油的第二大出口产品；2009 年，伊朗矿业产值占国家 GDP 的 5%，矿业就业人数占全国就业人数的 30%，矿产品出口占到了非石油产品出口的 30%[③]。

伊朗目前出口的矿产品基本上是没有经过精加工的初级产品，主要向伊拉克、中国、阿联酋、印度和阿富汗等国出口。伊朗政府已注意到矿产工业在国家非石油产品出口中的重要作用，决定加大对矿产工业的支持力度，目前政府正为固体矿产项目引资以减少对石油收入的依赖。中国经济的持续发展，导致对矿产资源的需求还将上升。伊朗发展矿产资源的生产和出口为中国提供了合作的机会，两国矿产品的贸易将会进一步扩大，中国向这个领域的投资也具有较大的潜力。中伊之间交易的重要非油气矿产品主要是：其一，铜矿。2000—2005 年中国从伊朗进口的铜精矿总量分别

---

① 环球能源网，油气中心油气数据，www.worldenergy.com.cn/。
② http://www.chinaccm.com。
③ 国土资源网：http://www.clr.cn。

为9.5万吨、11.2万吨、10.2万吨、6.8万吨、6.1万吨和6.3万吨,伊朗是中国进口铜矿的第六大来源国。其二,铁矿。2007年中国进口铁矿石总量为38309万吨,其中从伊朗进口铁矿石504万吨,占当年进口总量的1.3%。2008年1—10月中国铁矿石进口总量为37669万吨,其中从伊朗进口铁矿石为489万吨,也占当期进口总量的1.3%。其三,铬矿。2007年中国共进口铬矿609.03万吨,其中从伊朗进口18.56万吨,占当年进口量的3%。2011年中共中央政治局常委贺国强访问伊朗期间,中伊签署了铬矿和天青石贸易协议。虽然从伊朗进口的矿产占中国总进口的比重较小,但在资源紧张的现在和将来,扩大从伊朗的矿产资源进口,对中国经济发展具有重要意义。

3. 汽车贸易

伊朗霍德罗(IRANKHODRO)和塞帕(SAIPA)是伊朗的两大汽车生产集团。2008年,伊朗生产各类车辆包括轿车、皮卡车、商用车共118万辆,比2007年增长10%,其中轿车、皮卡车116万辆,商用车(卡车、中巴、大巴)2万辆,伊朗霍德罗和塞帕分别占总产量的55%和45%。[1]

伊朗政府为了保护其民族汽车工业,多年来一直采取高关税的措施限制进口汽车(20世纪90年代伊朗进口汽车关税曾高达300%),为加入世界贸易组织,2006年伊朗将汽车进口关税降到90%(而零部件进口关税只有30%)。从伊朗进口汽车数量上看,2005年为1.2万多辆,2006年度增加到了3万多辆,2007年度近3.6万辆,2008年度前9个月进口汽车4.42万辆,总金额8.2715亿美元,价值和数量分别比上一年同期增长49.3%和62.7%,汽车进口呈大幅度上涨势头[2]。

2006年,中国向伊朗的汽车出口总额5.9亿美元,整车出口1.0606万辆,2008年分别增长到12.18亿美元和3.4253万辆。货车和客车向伊朗出口量飞速增长,由2005年的3305辆、9辆分别增长到2008年的16104辆、5434辆,年均分别增长30.64%和844.73%。中国重汽、得利卡、东风、奇瑞、一汽、宇通、力帆等汽车在伊朗随处可见。此外,中国

---

[1] 驻伊朗使馆经商参处, http://ir.mofcom.gov.cn/aarticle/ztdy/200903/20090306126646.html.

[2] 驻伊朗使馆经商参处, http://ir.mofcom.gov.cn/aarticle/ztdy/200903/20090306126646.html.

的汽车配件在伊朗市场占有率也很大。据统计，2011年4—7月份，伊朗共进口各类汽车配件达1.89亿美元，其中有45%的汽车配件是从中国进口的。照目前发展趋势，中国向伊朗的汽车出口还将继续扩大，伊朗将成为中国扩大工业产品"走出去"的重要平台。

4. 大型机械贸易

近10年来，中国的中船、中航技等公司分别向伊出口了包括5条30万吨油轮在内的数十条各类大型船只和30余台大型港机设备及数台海关检测仪，总金额近10亿美元。由于双方技术互补性较强，中国在大型机械，尤其是油轮、船舶工业出口上占据优势，伊朗对大型油轮和船舶的需求量较大，在船舶工业领域双方合作还会逐步扩大。

5. 笔记本电脑贸易

目前，伊朗笔记本电脑市场50%的商品来自中国，30%来自阿联酋，20%来自其他国家，中国制造的笔记本电脑占据伊朗笔记本市场的半壁江山，是因为中国笔记本电脑具有质优价廉的优点，在伊朗的市场认可度较高，性价比较强，中国笔记本在伊朗市场占有较大优势。

6. 手机贸易

目前，在伊朗手机市场，中国产品占有20%的份额，中国生产诺基亚、索尼、爱立信等许多品牌手机在伊朗所占市场份额较大，因为中国手机具有价格优势，也深受伊朗民众欢迎。

7. 拖拉机贸易

由于伊朗经济发展迅速，农业机械化水平加快，拖拉机及农机需求量大增。2000年，伊朗拖拉机销售量为1.24万台，到2003年，销售量增长为2.19万台，2006年，其销售量达到2.897万台。但由于机械工业落后，拖拉机及农用机设备主要靠进口。2000—2006年，伊朗进口拖拉机2.1563万台，占同期市场销售量的15.70%。2000年我国对伊朗的农机出口额为863.04万美元，2003年增至2216万美元，2005年，再增加到1.1978亿美元，2006年，中国对伊朗的农机出口额增至2.4789亿美元，是2000年的28.7倍[①]。中国拖拉机和农用机械将成为伊朗市场的销售热点。

---

① 《近年来伊朗拖拉机生产与市场销售浅析》，http://ccn.mofcom.gov.cn/spbg/show.php?id=7912，2011年11月16日。

(三) 相互投资

对外投资能力与水平是衡量国家经济实力及其开放程度的重要标准，国家经济结构及其发展水平的差异程度和互补程度则决定了投资活动的方向和领域。2016年年初，中国国家主席习近平访问伊朗期间，中伊双方签署的17项合作文件中，涉及了能源合作、工业合作、丝绸之路、铁路交通、航运港口以及科技合作等多个领域。

中国已经具备了向外投资的强大能力和各项条件。2010年，中国的GDP已经接近6万亿美元，成为世界第二大经济大国[1]，2006年以来迄今10年，中国的外汇储备量稳居世界第一。2013年以来，中国继续深化改革，推进供给侧改革使得中国传统的或者具有生产优势的产业，以及以交通为主的基础设施生产建设企业的向外转移能力大大提升，具备了向国外投资的内外条件。

伊斯兰革命以来，伊朗一直遭受美国的施经济制裁，这种被西方经济制裁的状况已经持续30多年。"9·11"事件以后，伊朗被美国视为"邪恶轴心"国，经济制裁被延长并强化，使得许多跨国公司和国际金融机构不敢对伊朗投资，并拒绝向伊朗提供贷款和援助。在2015年7月核协议签署、核问题基本解决之前，伊朗的对外经济交往，特别是吸引外资受到极大阻碍，经济发展的技术、资金遭遇了瓶颈，在石化、水利、水泥、电力等许多领域都需要外资注入。即便伊朗核问题谈判六方已经于2015年7月签署了解决核问题的协议，美国至今还是维持着对伊朗的经济制裁。这个大背景为中国对伊朗的石化、水利、道路基础设施、机械、交通运输工具制造（以汽车、摩托车为主）、轻工（以家电、纺织为代表）、农业、旅游领域开展投资提供了一定的机遇，中资企业在伊朗的这些领域投资比较活跃，大多趋于积极发展之中。伊朗向中国投资的规模则小得多（2013年、2014年伊朗对华投资额分别只有325万美元、380万美元[2]）、领域窄得多，主要集中在传统工艺和特色经济作物等产业。伊朗核问题结束之后，中国在伊朗的投资会受到来自欧盟、日本等的竞争，难度

---

[1] http://www.china.com.cn/news/txt/2011-02/14/content_21915401.htm.

[2] 中华人民共和国国家统计局：《中国统计年鉴（2015）》，中国统计出版社，2015年9月版。

将会增加，但是在"一带一路"倡议引领之下，中国伊朗之间的相互投资领域会更加广泛，规模会越来越宏大。伊朗德黑兰大学副校长穆罕默德·阿里·穆萨维 2016 年 11 月 14 日在中国义乌表示，在中国提出的"一带一路"倡议中，伊朗可以扮演非常重要的角色，可以成为"一带一路"非常好的伙伴①。

1. 相互投资的背景

伊朗经济发展急切需要外国的资金和技术。伊朗财经部副部长贝赫鲁兹·阿里西里曾表示：伊朗"五五计划"要实现年均 GDP 增长 8% 的目标，需要约 1 万亿美元的投资。预计石油收入可落实其中 2000 亿美元的投资；通过国内银行等可筹得 4000 亿美元的投资，剩余 4000 亿美元的投资需要引进外资。伊朗是中国在中东地区的重要投资地。

中国对伊朗的直接投资起步较晚，2003 年，中国对伊朗的非金融类投资仅为 783 万美元，2006 年达到 6578 万美元②，2009 年中国对伊朗的直接投资流量③为 1.25 亿美元，位列中国对外投资流量第 25 位。根据中国商务部统计数据，中国对伊朗的累计直接投资由 2010 年的 7.15 亿美元，增加至 2014 年的 34.8 亿美元，大部分都投放到石油及天然气领域④。伊朗欢迎外国投资者投资其能源开发、基础设施建设和工业生产等领域，为吸引国外资金以及先进的技术、人才和管理经验，伊朗政府制订了一系列的优惠政策。伊朗实施"五五计划"，在铁路方面的投资金额就需要 400 亿美元，中国拥有成熟的铁路技术和高铁技术，成为中国投资伊朗铁路项目的契合点。

2. 伊朗的主要投资领域

除油气资源领域投资外，中国对伊朗的投资领域主要集中在工程承包、投资建厂、汽车工业等方面。近年来，中国对伊朗的主要投资项目包括：海尔集团公司在伊朗伊斯法罕工业园合资成立伊朗海尔公司，秦皇岛

---

① http://finance.sina.com.cn/meeting/2016-11-14/dol-ifxxsmif2984594.shtml.
② 韩少卿：《新时期伊朗投资环境及中国对伊朗投资战略研究》，西南大学硕士学位论文，2008 年，第 31 页。
③ 对外直接投资流量指的是一段时间（通常是一年）内对外直接投资的总和。——笔者
④ 香港贸发局网站，http://china-trade-research.hktdc.com/business-news/article/%E4%B8%80%E5%B8%B6%E4%B8%80%E8%B7%AF/%E4%BC%8A%E6%9C%97%E5%B8%82%E5%A0%B4%E6%A6%82%E6%B3%81/obor/sc/1/1X3CGF6L/1X0A3P4T.htm.

市冠宇鸵鸟发展有限公司在伊朗投资建立合资鸵鸟养殖场，苏州阀门厂在伊投资建立合资阀门生产厂，北方工业公司、长春客车厂与德黑兰城乡铁路公司合资组装地铁客车，以及大众陶瓷厂在马什哈德投资生产磁砖等。目前，伊朗市场需求旺盛，对外投资需求有增无减。据悉，伊朗已经有10座城市规划建设地铁，伊朗交通和城建部欢迎中国对伊朗城市地铁建设投资。

（1）矿产业

目前，正值伊朗矿产行业扩大生产规模的关键时期，伊朗"五五计划"期间计划在矿产资源领域投资700亿美元。其中大部分投资需要外资注入。中国在矿产资源开采领域拥有丰富的生产经验，更有雄厚的技术实力和资金支持。在钢铁行业领域，中国是当今世界钢产量第一大国。中国钢铁企业在设备制造、项目建设与管理等方面经验丰富，许多公司都具备集EPC（设计、采购、施工）工程总承包、资源开发、技术装备制造于一体的多专业、跨行业的国际化综合性投资能力，在伊朗进行单独的资源开发和投资不存在技术上的难题。初步资料显示，目前中国在伊朗投资的矿产项目已达数十项（见表9—12）。在矿产收购领也有所突破，但规模偏小。2010年5月，镇江韦岗铁矿有限公司与伊朗O.N.T公司合作开采伊朗铁矿签约，收购位于伊斯法罕的一座铁矿，该矿露采地质储量150余万吨，可采储量80万吨，平均铁品位大于60%，属易采易选小型岩浆热液型脉状矿床，韦岗铁矿拥有该矿山65%的股权。伊朗将给予最高40%的免税优惠，以吸引中国企业向伊朗的矿业和工业投资。

表9—12 中国对伊朗矿产资源收购或投资情况

投资项目	投资地点	合同签署时间	投资金额	方式	中国投资主体
伊朗哈通阿巴德铜冶炼厂	克尔曼省	1993年	2.2亿美元	投资	中国有色金属建设股份有限公司
阿拉克电解铝厂	阿拉克市	2001年	不详	投资	中国有色金属建设股份有限公司

续表

投资项目	投资地点	合同签署时间	投资金额	方式	中国投资主体
佳嘉母氧化铝厂	呼罗珊省佳嘉母市	2001年9月	380万美元	投资	中国有色金属建设股份有限公司
大不里士氧化铝项目	大不里士	2007年10月9日	3.8亿欧元	投资	中国有色金属建设股份有限公司
克尔曼省KOHNOJ县钦矿矿山	克尔曼省	2008年4月	不详	投资	辽宁机械设备成套有限公司
阿尔达坎钢厂	亚兹德省阿尔达坎地区	2008年6月9日	1.3亿欧元	投资	中国冶金建设集团
伊斯法罕铁矿	伊斯法罕省	2010年5月29日	不详	收购	镇江韦岗铁矿有限公司

资料来源：中华人民共和国驻伊朗大使馆经参处。

表9—13 中国对伊朗工程投资（非能源、资源工程）主要项目一览表

项目名称	投资地点	合同签署时间	合同金额	中国投资主体
阿拉克4 X 32.5MW火力发电站	阿拉克	1995年	2.4亿美元	中国东方电气集团有限公司
萨汉德2 X 32.5MW火力发电站	阿塞拜疆	—	1.677亿美元	中国机械设备工程有限公司
莫拉萨德拉2 X 55MW水力发电站	设拉子	—	7570万美元	中国安徽国际经济技术合作公司
塔里干2 X 9MW水力发电站	塔里干	—	1.5亿美元	中国水利水电股份有限公司
萨维两座水力发电站			800万美	北京机械

续表

项目名称	投资地点	合同签署时间	合同金额	中国投资主体
塔瓦尼 2×55MW 火力发电站	伊斯法罕	—	2863 万美元	哈尔滨电站工程有限责任公司
西玛瑞 3×160MW 水力发电站	西玛瑞	2003 年 3 月	1.2 亿美元	哈尔滨电站工程有限责任公司
莫汉水电站提供设计和设备	—	—	790 万美元	江苏国际公司
塔里干水利枢纽工程	德黑兰西北 135 千米处	2001 年 1 月	1.43 亿美元	中国水利水电建设股份有限公司
伊朗莫拉萨德拉大坝和水电站工程	设拉子市和 Eghlid 市	2002 年 9 月	7570 万美元	中国葛洲坝集团股份公司
巴哈提亚瑞（Bakhtyari）大坝和水电站工程	洛雷斯坦省巴哈提亚瑞河下游河段	2011 年 7 月 11 日	—	成都勘测设计研究院与中国水电建设集团国际工程有限公司
伊朗穆山帕大坝项目	赞詹省	2010 年 9 月 29 日	100.35 亿人民币	中国水利水电建设股份有限公司
一揽子大型电站项目（装机总容量 5000MW，包括 325MW 等级及以上共 7 个电站 14 台机组）	—	2009 年 11 月 18 日	—	中国东方电气集团有限公司
德黑兰地铁 1、2 号线	德黑兰	1991 年签署，1996 年生效	5.83 亿美元	中国国际信托投资公司
德黑兰 5 号线	德黑兰	2004 年 5 月 15 日	8.36 亿美元	中国北方工业公司
伊朗里海高速公路 2 期项目	—	2007 年 8 月	3.27 亿美元	上海经济技术国际合作公司

资料来源：通过中华人民共和国商务部网站和网络、报刊整理。2010 年数据源自中国外交部伊朗概况。

表 9—14　中国对伊朗直接投资一览表

投资项目	地点	时间	合同金额	成效	投资主体
水泥厂项目	萨马干	2008年7月26日	项目合同金额2720万欧元，其中设备款2585万欧元，设计和技术服务费为135万欧元。该项目中国成分为80%，建设期2年，资金全部由业主自筹	截至2008年7月，中技公司近两年已在伊朗成功签约四个日产3300吨水泥厂项目，金额合计约1.4亿欧元	中国技术进出口总公司
水泥厂项目	伊朗拉夫桑贾	2008年7月11日	项目合同金额4154.4万欧元，其中设备款3917.4万欧元，设计和技术服务费237万欧元。该项目中国成分为80%，建设期2年，由中国贷款解决部分项目融资问题		中国技术进出口总公司
CNG气瓶生产线			该厂30%的设备由中国和意大利生产和测试的，其余部分实现了国产化。该厂总投资1500亿里亚尔（约合1600多万美元）	年产气瓶12万个，规格分别为28、57、75、101、113、130立升	中、意、伊合作
钢厂项目	伊朗中部亚兹德省Ardakan地区	2008年6月9日	1.31亿欧元，由中冶集团负责项目的设计、采购和建设，工期为32个月	伊朗目前钢铁年产量为1100万吨，今年计划通过新建几个钢厂项目提高一倍，并争取在2010年达到年产量3000万吨的发展目标	中国冶金建设集团

续表

投资项目	地点	时间	合同金额	成效	投资主体
伊南部亚达万兰油田合同	伊朗胡泽斯坦省会阿瓦士以西	2007年12月9日	价值高达20亿美元,是伊朗迄今为止与外国签订的最大金额能源合同之一。该油田开发的全部投资由中方承担,中石化计划用4年时间分三期进行开发。其中第一期投资20亿美元,建成45口油井,稳产后日产原油85000桶	中石化收益率14.98%	中石化集团公司在德黑兰与伊朗国家石油公司以回购服务方式
伊朗NEYRIZ日产3300吨水泥熟料厂项目	法尔斯省NEYRIZ市	2007年10月29日	合同总金额4730万美元		中国技术进出口总公司和成都建材设计院共同承建
伊朗鲁德巴—洛雷斯坦大坝发电站工程	伊朗洛雷斯坦省	2007年10月15日	3.1亿欧元（其中中国1.5亿欧元）	满足该地区灌溉和供电需要	中国葛洲坝集团股份公司与伊朗当地公司SEPASED工程公司组成的联合体（简称"CGGC-SEPASED联合体"）

续表

投资项目	地点	时间	合同金额	成效	投资主体
伊朗大不里士氧化铝项目	伊朗大不里士	2007年10月9日	项目总金额约3.8亿欧元		中国有色金属建设股份有限公司与伊朗当地公司合作承建
伊朗里海高速路二期项目		2007年8月	3.27亿美元（85%中方融资，其余15%为项目预付款）		中国上海经济技术国际合作公司
S21经济型汽车（即QQ6）	伊朗马赞达兰省	2007年8月10日	3.7亿美元（中国：30%，伊朗：49%，加拿大：21%）		中国奇瑞汽车股份有限公司，伊朗（KHODRO）汽车集团公司，加拿大SOLITAC投资公司
新一代萨满德汽车			6000万美元（中国：70%，伊朗：30%）		山东省京华青年汽车公司与伊朗霍德罗（KHODRO）汽车集团公司合资
"力帆520"汽车	伊朗汽车工业重镇克尔曼省BAM市	2007年7月	项目预计总投资约1亿元人民币	力帆汽车所开发的系列轿车适合伊朗市场，借助力帆品牌在中东市场的影响力，将直接提升KMC公司在伊朗以及周边市场竞争力，并意味着力帆汽车将正式驶入中东市场	中国力帆实业（集团）有限公司，伊朗汽车集团KMC

续表

投资项目	地点	时间	合同金额	成效	投资主体
伊朗NGCC 3300 t/d水泥熟料生产线建设项目	法尔斯省NEYRIZ市	2007年1月	合同金额4730万美元，采用EP总承包模式建设。	伊朗NGCC 3300t/d水泥熟料生产线是继伊朗FARS NOV3300t/d熟料生产线后，在该国承建的第二条新型干法水泥生产线	成都建材设计院和中国技术进出口总公司联合签定
北帕尔斯气田开发及液化天然气炼厂	波斯湾	2006年12月12日	160亿美元（50亿美元用于勘探和生产，110亿美元用于下游）		伊朗国家石油公司，中国海洋石油公司
伊朗中国商贸城	伊朗胡齐斯坦省霍拉姆沙赫尔市阿娃达自由区内	2006年12月2日	6亿元		浙江商人、伊朗中国商贸城集团有限公司董事长边柏功投资
Aras Khodro Diese汽车组装厂	东阿塞拜疆的大不里士	2004年6月	合同总额3.5亿美元	为中国重汽"走出去"奠定了坚实的基础，也是中国汽车工业在海外市场获得的重大突破	中国重型汽车集团有限公司，山东泰安远东经贸公司，伊朗Amico公司合作承建

续表

投资项目	地点	时间	合同金额	成效	投资主体
德黑兰—北方高速		2003年8月17日	2.57亿美元（中方：1.8亿美元）	对货物过境和伊朗、印度、俄罗斯三国签订的南北运输走廊协议具有极其重要的意义	由中国上海外经（集团）有限公司与中铁隧道集团有限公司、上海亚联进出口贸易有限公司组成的联合体与伊朗德黑兰北方高速公路公司
西玛瑞3×160MW水力发电站项目	胡齐斯坦省卡尔赫河	2003年3月5日	合同总金额1.2亿美元（中方负责7800万美元）	西玛瑞水电站项目合同是一个互利双赢的合同，是中国公司到目前为止在海外承揽的装机容量最大的水电机械设备交钥匙工程总承包项目，对带动中国机电产品出口、取得在国外承揽大型水电站工程项目业绩、促进中国在国外承揽新的大型机械设备水电总承包项目具有非常重要的意义	哈尔滨电站工程有限责任公司，伊朗国家水利电力公司

续表

投资项目	地点	时间	合同金额	成效	投资主体
冠宇鸵鸟开发有限公司	伊朗加兹温省	2003年	双方共投资180万美元，其中伊中双方各占60%和40%的股份。按合同规定，伊方提供5公顷土地并负责养殖场的基建；中方提供40头种鸵鸟、2000枚种蛋、16台孵化机和养殖技术	这是中伊两国第一个农业领域的合资项目	中国秦皇岛市冠宇鸵鸟发展有限公司，伊朗私商卡里姆内嘎达共同投资建立合资养殖开发鸵鸟公司
德黑兰铁路车辆制造厂	德黑兰	2003年	1000万美元	中伊合资成立的德黑兰铁路车辆制造公司为解决伊朗运输问题发挥了重要作用，同时标志两国在交通领域开展互利合作和双向投资已经有了一个好的开始	中国北方工业公司（29%），长春铁路客车厂（20%），伊朗德黑兰市城郊铁路公司（31%），伊朗克尔曼省GPIG公司（20%）共同投资
伊朗莫拉萨德拉大坝和水电站工程	位于伊朗法尔斯省省会设拉子市西北184千米，兴建在Eghlid市Sedeh镇附近的Kore河上	2002年9月	合同总价7570万美元（中方承包4100万美元）	莫拉萨德拉水电站是中国葛洲坝集团公司在伊朗参与建设的第一个工程项目，该电站是法尔斯省重要的电力供应基地，对伊朗中部地区的经济和社会发展有着重要的影响	中国葛洲坝集团股份有限公司与伊朗国家建筑公司合作承建

续表

投资项目	地点	时间	合同金额	成效	投资主体
扎兰德焦化厂	克尔曼省扎兰德市	2001年12月25日	投资3100万美元和7710亿里亚尔，其中85%由中方提供出口信贷。年产炼焦40万吨，副产品1.9万吨，直接就业人员500人，间接就业人员1000人	随着该厂投产，伊朗将大幅度减少炼焦的进口	中信国际合作公司
伊朗佳嘉姆氧化铝厂改造项目	伊朗霍拉桑省佳嘉姆市	2001年9月	380万美元	解决了困扰伊朗政府多年的问题，使得该投资达5亿美元的项目起死回生，开始了正常的生产；该厂投入正常生产，可提供1500个直接就业机会和3000个间接就业机会，在提高就业率、消除地区贫困和发展地区经济等方面都有着重要的意义；同时，该项目改造成功使得伊朗可利用本国的矿石生产氧化铝，每年可为伊朗节省约8000万美元的外汇，更为重要的是，提高了伊朗铝工业的国产化水平，有利于提高伊朗综合国力和增强其民族自豪感	中国有色金属建设股份有限公司

续表

投资项目	地点	时间	合同金额	成效	投资主体
伊朗11万吨阿拉克电解铝厂	伊朗中央省阿拉克市	2001年		伊朗阿拉克铝厂项目共210台电解槽，计划年产量11万吨	中国有色金属建设股份有限公司承建
塔里干水利枢纽工程	首都德黑兰西北约135千米处的塔里干山谷	2001年1月	合同金额为1.43亿美元	中国公司迄今在伊朗从事的最大的水利工程项目，主要功能包括调节塔里干河流地表水，满足灌溉、城市生产、生活用水的需要，并利用水力发电；同时，利用水库小环境发展旅游业	中国水利水电建设股份有限公司
伊朗炼厂改造项目（CROS项目）	德黑兰、内卡、大不里士	2001年1月	工程总投资1.5亿美元，其中EPC工程合同额1.43亿美元，其余部分为计划安排的两年备品备件采购额	中国石化的工程公司在伊朗CROS项目的炼厂改造中取得了成功，为伊朗的炼厂改造树立了好的榜样	中国石化工程建设公司与英国Vitol和香港亚联公司组成联合体参与
卡山项目	伊朗卡山地区	2001年1月	1.6亿美元	第一个海外油气风险勘探项目	中国石油化工集团公司，伊朗国家石油公司

续表

投资项目	地点	时间	合同金额	成效	投资主体
海尔家电装配厂	伊斯法罕省	2000年		洗衣机生产线于2003年建设完成并投入生产。由于海尔洗衣机质量优秀，且价格极富竞争力，相当受伊民众欢迎。2005年内，海尔洗衣机产品线中最受欢迎的两种型号在伊销售总量达到30万台，截至年底，海尔洗衣机已占领60%伊国内市场	海尔集团与伊朗SNOWA公司联合设立
伊朗胡齐斯坦省卡伦三号水电站		1997年	3000万美元（设备部分）		中国哈尔滨电站工程有限责任公司
伊朗德黑兰地铁项目		1995年	包括中信实业银行在内的国内14家商业银行组成银团，为其提供2.93亿美元的买方信贷	这是中国建国以来最大的综合性民用机电产品出口项目之一，也是完全按照国际惯例运作的国际竞标承包工程	中国北方工业公司承建，德黑兰城市铁路公司，中信国际合作公司

续表

投资项目	地点	时间	合同金额	成效	投资主体
阿拉克4×32.5万千瓦电站项目	伊朗中央省阿拉克市	1995年	中国东方电气集团有限公司承建伊朗阿拉克4×32.5万千瓦电站建设提供了6.9亿元贷款	这是中国32.5万千瓦机组首次出口。合同执行至今，4台机组已全部建设完成，并已相继投入使用。电站至今已发电316亿度，总功率1400万千瓦，是伊朗第三大电站，在伊朗能源供应中发挥着重要作用，已连续两年被评为伊朗模范电站	中国东方电气集团有限公司与伊朗MAP-NA公司
伊朗哈通阿巴德铜冶炼厂	伊朗中部的克尔曼省	1993年	合同总金额2.2亿美元，是当时中伊两国在有色金属领域最大的合作项目	该项目的投产使伊朗年生产铜能力上升到28万吨	中国有色金属建设股份有限公司与伊朗国家铜业公司
伊朗国家天然气干线第七期工程			总价值8.5亿美元，付款方式为买方信贷		中国辽阳钢管有限公司
天然气钻井项目	伊朗法尔斯省塔布纳克(TABNAK)		该项目标的为7200万美元，外加1000亿里亚尔（1美元约合8000里亚尔），参与该工程的伊方公司为伊朗穷人基金会发展和住房组织；工程总量的2/3由中国公司承担，伊方承担1/3		2个中国公司，伊朗穷人基金会发展和住房组织

续表

投资项目	地点	时间	合同金额	成效	投资主体
萨汉德电站	伊朗阿塞拜疆萨汉德		1.677 亿美元		中国机械设备工程股份有限公司承建
莫汉水电站			合同金额 790 万美元（提供设计和设备）		江苏国际公司
克尔曼省 KOHNOJ 县钛矿矿山	克尔曼省		拟投资		中国辽宁机械设备成套有限公司
矿产开发、矿石筛选和矿产加工			拟进行科研合作		伊朗地质测量组织与中国江西地质协会
伊朗北帕斯油气项目	伊朗北帕斯		将签订合同并投资 160 亿美元		中国海洋石油总公司

资料来源：中国驻伊朗大使馆经济商务参赞处资料整理而得。

表 9—15 中国对伊朗能源投资情况

投资项目	地点	合同签署时间	合同金额	中国投资主体
天然气钻井	伊斯法罕	不详	7200 万美元	不详
扎兰德焦化厂	克尔曼省扎兰德市	2001 年 12 月 25 日	3100 万美元	中信国际合作公司
伊朗喀山油田	库姆市	2003 年 12 月	—	中石油

续表

投资项目	地点	合同签署时间	合同金额	中国投资主体
MIS 油田	波斯湾地区扎格罗斯山褶皱冲断带中部	2004 年 5 月	—	中石油
3 块区项目	伊朗西南部扎格罗斯山脉	2005 年 5 月	—	中石油
北帕斯气田开发和液化天然气炼厂	波斯湾	2006 年 12 月 21 日	160 亿美元	中海油
伊朗南部亚达瓦兰油田合同	胡齐斯坦省阿瓦士以西	2007 年 12 月 9 日	20 亿美元	中石化
北阿扎德甘油田	胡齐斯坦西部 120 千米处	2009 年 1 月	17.6 亿美元	中石油
南帕斯气田	波斯湾地区	2009 年 7 月	47 亿美元	中石油
南阿扎德甘油田	阿瓦士城西南部 83 千米处	2009 年 8 月	25 亿美元	中石油

数据来源：中华人民共和国驻伊朗大使管经参处网站和网络资源。

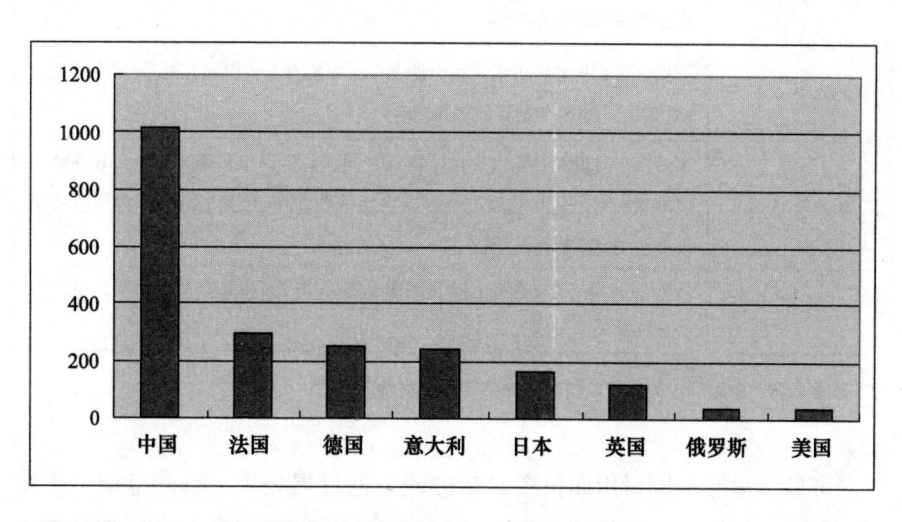

图 9—5　2000—2007 年各主要国家对伊朗累计投资金额柱状图　（单位：亿美元）

表 9—16　中—伊两国汽车领域合作

时间	合作内容
2003 年 5 月	一汽集团与伊朗萨姆（SAM）汽车公司签约，在伊斯法罕合作建设年产 1000 辆卡车和 50000 辆轿车生产线各一条，但因萨姆公司自身经营原因破产，该合作未果
2004 年 7 月	东风公司与伊朗塞帕公司签订了 400 辆商用车出口伊朗的合同。东风重卡已向伊朗赛帕内燃机厂出口 1.35 万台，且每年以 30% 速度递增，东风轻卡已向伊朗出口 7300 台，2008 年伊朗共订购 404 台东风客车，现已交付 300 台，东风风行 MPV 也获得 200 台采购订单
2006 年 2 月	中国重型汽车集团与伊朗霍德罗公司签署了价值 3.5 亿美元的汽车出口合同，向伊朗出售 1 万辆重型汽车，并签署了 10 年销售协议，每年以 5%—20% 的速度递增
2006 年 9 月	北京福田汽车也与一家伊朗公司达成项目合作协议，向伊朗出口 5000 辆皮卡散件供其组装生产整车
2006 年 12 月	福建东南汽车工业有限公司在北京与伊朗 MEHREGHAN 投资公司签订了 1 万辆"得利卡"轻型面包车整车出口合同，赢得了伊朗政府 2006 年度 1.5 万辆面包车采购计划中的最大份额
2007 年 2 月	伊朗 MST 集团（MAJMOEH SAZI TOOS）和奇瑞汽车厂开始以 CKD 方式合作生产 A15CNG 车
2008 年 9 月	力帆汽车 529 型轿车正式在伊朗上市，力帆汽车与伊朗 KMC 公司合资建立 KD 工厂，2008 年预计销售 5000 台
2007 年前后	宇通汽车与伊朗赛帕内燃机厂签订合同，向伊朗出口整车 500 台和 500 台 CKD 散装件，该厂将在三年内向宇通采购 5000 台客车，但不包括给首都公交公司 800 辆燃气大巴
	江淮、金龙、长安奔奔、哈飞路宝也随后与伊方达成合作协议开始生产各自的产品

数据来源：中国驻伊朗大使馆经济商务参赞处资料整理而得。

可见，虽然中国对伊朗投资起步较晚，但发展较快，目前呈现出平稳中略有波动的态势。中国已成为目前伊朗最大的投资国之一；但是与中国在整个亚洲和全球的投资相比，对伊朗投资的比重仍然较低。

中国对伊朗直接投资主要分布在以下省份：德黑兰、中央、伊斯法罕、亚兹德、克尔曼、法尔斯、胡泽斯坦、加兹温、阿塞拜疆、呼罗珊等，其中德黑兰、克尔曼、法尔斯、中央、胡泽斯坦等更是投资的重点地区。目前中国对伊朗投资比较集中的地区是：以德黑兰为核心的"X"型铁路骨架周围轴状地带的机械、轻工、交通运输工具制造等工业投资开发区；以胡泽斯坦为核心的西南区及以马赞达兰省为核心的里海南部沿岸的油气投资开发区。

（2）工程承包

工程承包是中国与伊朗合作的重点领域，据中国商务部统计，2009年中国企业在伊朗新签承包工程合同62份，其中承包工程合同额114.7亿美元。2009年中国企业完成承包工程营业额21.04亿美元，年末在伊朗劳务人数达1365人。[①]

除能源和资源领域的工程项目外，中国在伊朗的工程承包主要集中在：电站建设项目，如火电站、水电站项目；水资源开发项目，如大坝、输供水、污水处理等；车辆组装项目，如轿车、大客车、载重卡车、地铁列车、火车机车和客车车厢等；交通项目，如公路、地铁、铁路、机场、港口建设等。目前新签大型项目包括中国水利水电建设股份公司承建的伊朗穆山帕大坝项目、成都勘测设计研究院与中国水电建设集团国际工程有限公司承建的巴哈提亚瑞（Bakhtyari）大坝和水电站工程，2010年伊朗交通与运输部已经陆续与中国中铁、中信建设等公司签署了近100亿美元的铁路项目合同，同时还有多个铁路项目与中国公司洽谈中。

（3）投资建厂

投资建厂是中国对伊朗投资战略的重要组成部分，建厂一方面是由于伊朗对外资的吸引力度逐年增强以及良好的投资环境和投资政策，另一方面也是基于扩大伊朗市场的考虑，投资建厂可直接在伊朗生产商品并销售，避免了诸多不利，降低了中国商品在伊朗的销售成本。目前中国在伊朗建设的项目主要包括汽车厂、水泥厂、养殖场和商贸城等。

---

① 王京烈：《伊斯兰世界的命运与前途》，http//iwaas.cass.cn/show/show_fruit.asp?id=561。

表 9—17 中国在伊朗投资建厂主要项目情况一览表

项目名称	投资地点	时间	投资金额	投资公司
海尔家电装配厂	伊斯法罕	2000 年	—	海尔集团
德黑兰铁路设备制造厂	德黑兰	2003 年	1000 万美元	中国北方工业公司、长春铁路客车厂
冠宇鸵鸟开发有限公司加兹温鸵鸟厂	加兹温	2003 年	180 万美元	中国秦皇岛冠宇鸵鸟开发有限公司
Aras Khodro Diese 汽车组装厂	大不里士	2004 年 6 月	3.5 亿美元	中国重型汽车公司、山东泰安远东经贸公司
伊朗中国商贸城	胡齐斯坦省霍拉姆沙赫市	2006 年 12 月	6 亿元	伊朗中国商贸城有限公司边柏功投资
伊朗 NGCC3300t/d 水泥厂	法尔斯省 Neyriz 市	2007 年 1 月	4730 万美元	成都建厂设计院院和中国技术出口总公司
力帆 520 型汽车厂	克尔曼省 Bam 市	2007 年 7 月	1 亿元人民币	中国力帆实业（集团）有限公司
新一代萨满德汽车			6000 万美元	山东京华青年汽车公司
S-21 经济型汽车	马赞达兰省	2007 年 8 月	3.7 亿美元	中国奇瑞汽车股份有限公司
伊朗 Neyriz 日产 3000 吨水泥厂	法尔斯省 Neyriz 市	2007 年 10 月	4730 万美元	中国技术进出口公司和成都建材设计院
CNG 气瓶生产厂			1500 亿里亚尔	
伊朗拉夫桑贾水泥厂	拉夫桑贾		4154.4 万欧元	中国技术进出口总公司
萨玛干水泥厂	萨玛干	2008 年 7 月	2720 万欧元	中国技术进出口总公司
伊朗海尔分公司	伊斯法罕	2010 年		海尔集团
苏州阀门厂伊朗分厂			3600 万元人民币	苏州阀门厂
大众陶瓷厂伊朗分厂	马什哈德			大众陶瓷厂

续表

项目名称	投资地点	时间	投资金额	投资公司
长安奔奔伊朗分厂	马赞达兰萨里市	2008年5月	1亿人民币	长安汽车股份有限公司
中国长城汽车公司WINGLE皮卡车生产厂	德黑兰	2010年11月		中国长城汽车公司

资料来源：通过中国驻伊朗大使馆经参处、网络资料等整理。

第四节　伊朗与中国合作的人文地理前景

一、当前中国和伊朗在中东地区的机遇和挑战

首先，中东地区局势依然动荡不安。一直以来，中东的能源资源和文化安全影响早已波及世界，生产和消费对世界的影响也在增强，其中，伊朗就是最引人注目的中东国家之一。今天伊朗在全球化背景下，集中了太多的国际利益，长期来看，虽然减少对伊朗石油依赖的呼声不断，但主要石油消费国从伊朗的石油进口不减反增。伊朗提出"东向"的亚洲战略，在大力发展油气工业的同时，积极促进经济发展多样化，尽快改变经济对石油天然气的依赖，改善经济环境，创造有利条件，重视发展同中国的关系，视中国为最重要的外交力量之一，有利于中国加强与伊朗的各种联系。

其次，美国独霸中东的格局趋于改变。海湾战争以来，中东事务一直由美国独霸。但是，近年来美国、以色列等都表示希望中国在中东发挥建设性作用，这是前所未有的。过去美国一直不希望中国介入中东事务，现在却试图拉中国"入伙"，表示不能再让中国"搭便车"，应该让中国在解决中东地区的冲突上发挥更为积极的作用。美国认为：（1）中美两国应在稳定中东局势、保证中东能源供应方面展开讨论与合作；（2）两伊的局势发展、叙利亚和黎巴嫩的关系、哈马斯的崛起，以及中东国家政治和经

济的治理问题等等，需要中美两国进行更多的协商，共同促进战略上的协调①。

但是，机遇往往和挑战同在，国际形势的变化也给中国与伊朗的关系带来一些新问题：

首先，传统的中伊友谊，越来越受到新形势下的国家政治和社会发展的制约。事实上，由于双方的发展水平存在较大差距，面临的发展环境也有很大不同，彼此需求及对利益的认同都有一定差异，贸易不平衡问题日益显现，总体而言，中国关注经济利益，伊朗更关注政治和安全利益。

其次，中国对外开放的力度超越了伊朗，中国的和平发展战略越来越与世界休戚与共，政治和经济利益的外延不断扩大，加入国际体系的程度越来越深。然而，国际环境和中东局势却使伊朗在全球政治和经济体系中处于比较孤立的地位，导致双方对当今世界和地区事务的看法产生差异，使双方对世界事务的共同语言有所减少。

最后，伊朗对中国的期望提升。随着中国的快速发展和国际地位的提升，伊朗希望政治上得到中国更大的支持，经济上得到中国更多的帮助。事实上，伊朗对中国在中东地区角色定位的思考及希望中国发挥制衡美国作用的呼吁，更多地是出于自身的期待和需求。中国与伊朗的关系是中国国际关系中的有机组成部分，在国家安全、经济、政治问题日趋复杂、影响因素多元且相互交叉的情况下，传统的"非敌即友"的思维方式在中国外交中已经被改变了。

上述机遇和挑战相伴而来，给未来的中国—伊朗交往带来了多样性和不确定性影响，但是两国关系友好发展的大趋势不会改变。

二、未来中国—伊朗合作的人文地理基础

国家关系是复杂的、恒久的，现实是未来发展的基础和依据。特定因素的变化，导致国家关系变化具有不确定性：友善合作关系、紧张对抗关系或者居于二者之间的不温不火关系，对于两个不同发展道路的国家来说，两国关系同样面临这些考验。但是，对伊朗、中国两个国家未来发展

---

① ［德］《时代周报》，2006 年 7 月 27 日。

的初步预测表明，中伊合作的可能性更大，这是一种长远趋势，因为：

第一，国家的根本利益要求伊朗—中国全面合作。当前伊朗、中国面临的最大、最紧迫任务都是加快各自国家经济社会的现代化发展，不断提升人民大众的生活水平，不断增强各自国家的整体综合实力和国际影响力，因此，两国都需要一个和平稳定的邻国和国际环境，都需要积极开展与邻国和其他周边国家的合作，中国和伊朗正是一对可以相互信赖、可以开展全方位合作的好伙伴。从古到今，无论是领土，还是政治、经济、文化、军事等领域，两国都不存在国家利益的根本冲突点。在可以预见的将来，这些领域也不会出现原则性对抗，即便存在差异，也属于技术和局部层面的差异，都可以通过相互理解、包容和协商得到解决。

第二，资源环境条件要求继续合作。在石油天然气等能源资源和某些矿产资源方面，对于中国来说，伊朗具有先天优势和持久优势，中国则给伊朗提供了广阔的市场；在劳动力数量和多数领域的技术人才方面，中国具有明显优势。

第三，技术经济水平和市场层次差异要求经济合作。在某些技术领域、经济发展水平和经济规模、实力等方面，中国具有现实优势。通常情况下，这种优势还将保持相当长时期，而这些优势条件，是双方未来经济发展必不可少的，双方可以通过合作，取长补短、互利共赢。

第四，国际上遭受到不公正的待遇要求政治合作。中国是世界大国，正朝着世界强国奋斗；伊朗是地区大国，正向着地区强国迈进，因此，两国的发展目标是大致相同的。中国是联合国安理会五个常任理事国之一，在世界上的影响越来越重要。当伊朗受到一些国家的不公待遇时，中国会秉持正义，声张国际公道，比如这次伊朗核协议的签署，中国在其中的努力是功不可没的；当然，某些国家在国际上刁难中国，伊朗也会声援中国。

第五，文明融合要求文化合作。世界公认伊朗、中国传统文化的时代性及其对世界文明的贡献，随着时代的进步、社会的发展，不同文化文明的相互借鉴、相互包容和相互学习是必然趋势，中伊文化将在传统文化文明的共存基础上，更加广泛、更加深入地交流与合作，将更好地造福于两国人民和世界人民。

主要参考文献

1. 陈光裕主编：《世界地名词典》，上海辞书出版社，1981年版。
2. 陈麟书、朱森溥：《世界七大宗教》，重庆出版社，1987年版。
3. 范毅、周敏主编：《世界地图集》，中国地图出版社，2005年版。
4. 哈全安：《阿拉伯封建形态研究》，天津人民出版社，2000年版。
5. 何小莲：《宗教与文化》，同济大学出版社，2002年版。
6. 冀开运、蔺焕萍：《二十世纪伊朗史》，甘肃人民出版社，2002年版。
7. 金宜久：《伊斯兰教史》，中国社会科学出版社，1990年版。
8. 金宜久：《当代伊斯兰教》，东方出版社，1995年版。
9. 李春放：《伊朗危机与冷战的起源（1941—1947年）》，社会科学文献出版社，2007年版。
10. 李铁匠：古代伊朗的种姓制度，《世界历史》，1998年第2期。
11. 刘德森主编：《世界自然地理》，高等教育出版社，1992年版。
12. 刘强：《伊朗国际战略地位论》，世界知识出版社，2007年版。
13. 吕大吉：《宗教学通论新编》，中国社会科学出版社，1998年版。
14. 彭树智：《论人类的文明交往》，《史学理论研究》，2001年第1期。
15. 彭树智：《中东国家通史·伊朗卷》，商务印书馆，2002年版。
16. 秦惠彬主编：《伊斯兰文化与现代社会》，沈阳出版社，2001年版。
17. 曲洪：《当代中东政治伊斯兰：观察与思考》，中国社会科学出版社，2001年版。
18. 孙博编著：《伊朗》，中国旅游出版社，2006年版。
19. 王恩涌等编著：《政治地理学——时空中的政治格局》，高等教育出版社，1998年版。

20. 王怀德、郭宝华：《伊斯兰教史》，宁夏人民出版社，1992年版。

21. 吴云贵：《当代伊斯兰教法》，中国社会科学出版社，2003年版。

22. 肖欢容：《地区主义：理论的演进》，北京广播学院出版社，2003年版。

23. 邢秉顺：《伊朗文化》，文化艺术出版社，2003年版。

24. 杨景城、朱克柔：《当代中东热点问题的历史探索》，北京人民出版社，2000年版。

25. 杨兴礼、冀开运、陈俊华：《伊朗与美国关系研究》，时事出版社，2006年版。

26. 杨兴礼、冀开运、陈俊华、杨珊珊：《现代中国与伊朗关系》，时事出版社，2013年版。

27. 伊朗伊斯兰共和国驻华大使馆：《走进伊朗》，《使馆商社贸易快讯》，2007年第2期。

28. 赵国忠主编：《简明西亚北非百科全书》，中国社会科学出版社，2000年版。

29. 赵伟明：《近代伊朗》，上海外语教育出版社，2000年版。

30. 朱杰勤：《中国和伊朗关系史稿》，新疆人民出版社，1985年版。

31. 朱听昌：《中国周边安全环境与安全战略》，时事出版社，2002年版。

32. ［埃及］艾哈迈德·爱敏著，纳忠等译：《阿拉伯——伊斯兰文化史》，商务印书馆，1982年版。

33. ［英］P. 奥沙利文著，李亦鸣等译：《地理政治论——国际间的竞争与合作》，国际文化出版社，1991年版。

34. ［伊朗］阿宝斯·艾克巴尔·奥希梯扬尼著，叶奕良译：《伊朗通史》，经济日报出版社，1997年版。

35. ［美］兹比格纽·布热津斯基著，中国国际问题研究所译：《大棋局——美国的首要地位及其地缘战略》，上海人民出版社，2007年版。

36. ［美］詹姆斯·多尔蒂、小罗伯特·普法尔茨格拉夫著，阎学通等译：《争论中的国际关系理论（第五版）》，世界知识出版社，2003年版。

37. ［英］W. B. 费舍尔主编，北京大学地质地理系经济地理专业译：

《伊朗》，北京人民出版社，1977年版。

38. ［美］丹尼尔·奥·格雷厄姆著，张健志等译：《高边疆：新的国家战略》，军事科学出版社，1988年版。

39. ［伊朗］鲁霍拉·穆萨维·霍梅尼著，香港穆民先驱审译：《伊斯兰革命的篇章》，香港穆斯林布道会出版，1990年版。

40. ［美］罗伯特·吉尔平著，武平等译：《世界政治中的战争与变革》，中国人民大学出版社，1994年版。

41. ［美］查尔斯·库普乾著，潘忠岐译：《美国时代的终结》，上海人民出版社，2004年版。

42. ［美］阿尔费雷德·马汉著，安昌荣等译：《海权对历史的影响（1660—1783）》，解放军出版社，1998年版。

43. ［伊朗］阿布杜尔扎萨·胡尚格·马赫德维著，元文琪译：《伊朗外交四百五十年》，商务印书馆，1982年版。

44. ［伊朗］马雷基著，余建华译，鹰子校译：《伊朗伊斯兰共和国的外交政策：伊朗的观点》，《现代外国哲学社会科学文摘》，1997年第3期。

45. ［英］哈尔福德·麦金德著，刘从德译：《地缘政治学：过去、现在和未来》，新华出版社，2003年版。

46. ［英］哈尔福德·麦金德著，林尔蔚等译：《历史的地理枢纽》，商务印书馆，2010年版。

47. ［美］杰费里·帕克著，李亦鸣等译：《20世纪的西方地理政治思想》，解放军出版社，1992年版。

48. ［美］尼古拉斯·斯皮克曼著，刘逾之译：《和平地理学》，商务印书馆，1965年版。

49. ［美］F. J. 斯特伦著，金泽等译：《人与神：宗教生活的理解》，上海人民出版社，1991年版。

50. ［美］伊曼纽尔·沃勒斯坦著，罗荣渠等译：《现代世界体系（第一卷）》，高等教育出版社，1998年版。

51. ［苏］米·谢·伊凡诺夫著，李希泌等译：《伊朗史纲》，生活·读书·新知三联书店出版，1958年版。

52. ［美］卡尔多·伊奇著，周启明等译：《国际关系分析》，世界知识出版社，1992年版。

53. [日] 羽田亨:《西域文化史》,新疆人民出版社,1981 年版。

54. Ali Ansari, *Confronting Iran: the Failure of America Foreign Policy and the Next Great Crisis in the Middle East*, New York: Basic Books, 2007.

55. Wilfried Buchta, *Who Rules Iran? The Structure of Power in the Islamic Republic*, Washington: Washington Institute for Near East Policy and Konrad Adenauer Stiftung, 2000.

56. Mark Downes, *Iran's Unresolved Revolution*, Burlington: Ashgate Publishing Limited, 2002.

57. EIU, Country Report—Iran, May 2007.

58. David Menashri, *Education and the Making of Modern Iran*, New York: Cornell University Press, 1992.

59. David Menashri, *Revolution at a Crossroads: Iran's Domestic Politics and Regional Ambitions*, Washington: Washington Institute for Near East Policy, 1996.

60. David Menashri, *Post-Revolutionary Politics in Iran-Religion*, Society and Power, London: Routledge, 2001.

61. MehdiMoslem, *Factional Politics in Post-Khomeini Iran*, New York: Syracuse University Press, 2002.

62. Ahamad Naghibzadeh, Rectification of Iran's Foreign Policy Shortcoming During Khatami's Presidency, *Discourse* (*Quarterly*), Winter2002, Vo. l3, No. 3.

63. Asghar Schirazi, *The Constitution of Iran: Politics and the State in the Islamic Republic*, London: I. B. Tauris, 2010.

64. Ali Gheissari and Vali Nasr, *Democracy in Iran: History and the Quest for Liberty*, New York: Oxford University Press, 2009.

后 记

从 2013 年习近平主席在出访中亚和东南亚国家期间提出共建"丝绸之路经济带"和"21 世纪海上丝绸之路"的重大倡议，到 2015 年我国正式出台"一带一路"倡议，再到如今蓬勃发展的"一带一路"建设，短短 4 年，"一带一路"沿线国家的经济合作和文化交流取得了丰硕的成果，也为笔者编写本书提供了强大的动力和丰富的资料。然而，对于笔者而言，对"一带一路"地区进行整体性研究是个浩大的工程，受学识及各方面的局限无法胜任，也不能凸显自身的研究优势。当时，脑海中闪现出一个熟悉而亲切的名字——伊朗，这个位于"丝绸之路经济带"上的中国的朋友、拥有古老文明和特殊地理条件的中东大国，何不以它为研究对象呢？笔者曾经对伊朗的经济结构、社会状况和妇女问题进行过初步的研究，取得了一定成果，但更重要的是，笔者有幸能与一些走在国内伊朗研究前沿的专家学者合作并得到了他们的大力支持，其中包括重庆人文科技学院、西南大学的杨兴礼教授，西南大学伊朗研究中心主任冀开运教授，西南大学地理科学学院的陈俊华副教授和刘苏博士等。在这样一个研究团队的帮助下，笔者才能斗胆组织并且依靠团队的力量完成了本书的编写。

国内外对伊朗历史、伊朗能源、伊朗国际关系、伊朗宗教文化等方面的研究成果层出不穷，但从人文地理学的角度解读伊朗的成果却凤毛麟角，国内学界以"伊朗人文地理"为题的专著迄今没有发现，已发表的学术论文大多在人文地理的框架之下选取专题进行阐释，因此，全面、系统、深入地研究当代伊朗人文地理，并对伊朗在"一带一路"大格局中的发展趋势以及中伊合作的未来走势进行分析论述的论著当应时而生了，本书就是在这样的背景之下产生的。

本书的问世离不开时事出版社高冉编辑付出的辛勤努力和出版社其他工作人员的帮助，本书还多次参考或引用了 W. B. 费舍尔、赵国忠、赵伟明、彭树智、王铁铮等专家的著述以及吕薇、艾少伟、熊小庆、杨诗源、王珂、王传惠、宁娟红、鲁莎莎、刘今朝、曾丽、马超、李伟、王勇、徐晓云、李卫杰、谷秋峰、武星、韩飞、经海涛、郭巧梅、王珏玮、赵静、何胡、胡娟、郭蕊、万雪等学者的成果，在此一并向他们表示衷心感谢。

由于笔者对中东、伊朗研究的阅历和学识尚为肤浅，加之当今世界、地区的形势变幻难测，因此本书存在不足、乃至遗误之处在所难免，敬请专家、学者和读者不吝赐正。

杨珊珊
2017 年 10 月 31 日于西南大学